DIREITO E PROCESSO

Influência do direito material sobre o processo

José Roberto dos Santos Bedaque

DIREITO E PROCESSO

Influência do direito material sobre o processo

7ª edição,
revista e ampliada

2022

EDITORA *Jus*PODIVM | MALHEIROS EDITORES

www.editorajuspodivm.com.br

*1ª edição, 1995; 2ª edição, 1ª tiragem, 1997;
2ª edição, 2ª tiragem, 2001; 3ª edição, 2003; 4ª edição, 2006;
5ª edição, 01.2009; 6ª edição, 02.2011.*

*MALHEIROS EDITORES LTDA.
Rua Paes de Araújo, 29, conjunto 171
CEP 04531-940 – São Paulo – SP
Tel.: (11) 3078-7205 – Fax: (11) 3168-5495
URL: www.malheiroseditores.com.br
e-mail: malheiroseditores@terra.com.br*

Impresso no Brasil
Printed in Brazil
09. 2022

Dados Internacionais de Catalogação na Publicação (CIP)

B399d Bedaque, José Roberto dos Santos.
Direito e processo : influência do direito material sobre o processo / José Roberto dos Santos Bedaque. – 7. ed., rev. e ampl. – São Paulo : Malheiros/Juspodivm, 2022.

272 p. ; 21 cm.

Inclui bibliografia.
ISBN 978-65-5860-027-5

1. Tutela jurisdicional. 2. Direito processual - Brasil. 3. Direito material. 4. Garantia constitucional. I. Título.
1. Processo civil - Brasil. I. Título.

CDU 347.919.6

Índice para catálogo sistemático:
1. Tutela jurisdicional 347.919.6
(Bibliotecária responsável: Sabrina Leal Araujo – CRB 8/10213)

Il processo deve dare per quanto è possibile praticamente
a chi ha un diritto tutto quello e proprio quello
ch'egli ha diritto di conseguire. (Chiovenda)

La osservanza del diritto processuale nel processo è dunque
il mezzo preordinato al fine di ristabilire fuori del processo
l'osservanza del diritto sostanziale. (Calamandrei)

PREFÁCIO

Este é o segundo trabalho de tomo do prof. José Roberto dos Santos Bedaque. Foi a tese com que, em concurso de doutorado, obteve grau dez e louvor por deliberação unânime da Comissão Julgadora. Seu primeiro livro foi *Os poderes instrutórios do juiz*, igualmente laureado com nota máxima na Faculdade de Direito de São Paulo, em nível de mestrado. Ambos revelam o pesquisador minucioso, o estudioso sensível, o expositor perspicaz e criativo que é José Roberto dos Santos Bedaque.

Acima de tudo, o que transparece nas duas obras fundamentais desse jovem Mestre é o decidido e consciente engajamento nos movimentos renovatórios que vêm dando nova feição aos institutos tradicionais do direito processual. Frequentador dos congressos internacionais em que as novas tendências do direito processual são agitadas, ele assumiu solene compromisso ideológico com as novas diretrizes gerais, que em seus trabalhos transparecem muito visíveis.

Este livro é centrado no tema da *tutela jurisdicional*, que fora banido da ciência do processo como algo pernicioso, indesejável e metodologicamente inadequado, mas que agora readquire força e vigor na obra dos autores mais modernos. E o nosso Bedaque utiliza a ideia para a sua vitoriosa tentativa de projetar uma visão integrada e interativa do processo e do direito material numa unidade funcional e harmônica, apta a explicar os institutos e fenômenos daquele, em face da utilidade que possam ter para a efetivação dos valores residentes neste. Ele parte da premissa instrumentalista do direito processual e do *direito* como um todo, para chegar a conceitos muito interessantes e solidamente assentados nessa unidade funcional. Mostra-se consciente de que os tempos já não permitem aquela radical separação entre o processo e o direito, aceitando a tese da *relativização* desse binômio para extrair daí muitas consequências sistemáticas de notável coerência conceitual, de significativa utilidade para a dinâmica do sistema.

Assim é que, na segunda parte da obra, passa ao exame dos pontos específicos em que, com mais relevância, a realidade jurídico-substancial influi e determina a vida do processo em seus institutos mais importantes, que ele *revisita* a partir das premissas assumidas. A competência, o litisconsórcio, as condições da ação etc., que são velhos temas, até banais, quando focalizados à luz das premissas *autonomistas* desenvolvidas a partir do século passado, ressurgem na obra de Bedaque como realidades vivas e aderentes à dinâmica dos direitos e sobretudo à realidade das próprias situações da vida sobre as quais a função jurisdicional se destina a atuar.

Eis por que me orgulho da tese desse ex-discípulo que, vitorioso na vida, na profissão e no ensino universitário, colhe agora sua segunda vitória na carreira acadêmica. Orgulho-me como seu amigo e conterrâneo mas, sobretudo, orgulho-me porque vejo neste livro mais um fruto da unidade de pensamento que gravita em torno da mais legítima das molas motrizes de nosso desenvolvimento cultural e acadêmico – o nosso curso de pós-graduação da Faculdade de Direito do Largo de São Francisco. É a *Nova Escola Processual de São Paulo* em plena vida fecunda e criativa.

São Paulo, setembro de 1994

Cândido Rangel Dinamarco

SUMÁRIO

Prefácio de Cândido Rangel Dinamarco 7

Capítulo I – Considerações Introdutórias

1. Os dois planos do ordenamento jurídico 13
2. Revisitar o sistema processual 21
3. Instrumentalidade do processo 24
4. Direito e processo 27
5. Processo: instrumento ético 31
6. Breve notícia histórica 39

Capítulo II – A Tutela Jurisdicional

7. Noções gerais 43
8. O direito material, os institutos processuais e a tutela jurisdicional 47
9. O significado de tutela 54
10. Espécies de tutela e efetividade do processo 58
11. A natureza do direito e a tutela pleiteada 61
12. Tutela de direitos e tutela jurisdicional 64
13. O procedimento e a relação material 70

Capítulo III – Técnica Processual e Escopos do Processo

14. Acesso à ordem jurídica justa e flexibilização do sistema processual 77
15. Fatores determinantes da flexibilização 83
15.1 O juiz e o processo 83
15.2 A postura do processualista 85
15.3 O direito material 87
16. Escopos do processo 92
17. Princípio da adaptabilidade do procedimento às necessidades da causa 95

18. Tutela jurisdicional diferenciada 97
19. A interdependência entre direito e processo e a eficácia do sistema 101
20. Inadequação da técnica processual 107

Capítulo IV – Institutos Processuais Analisados à Luz do Direito Material

21. Jurisdição contenciosa e jurisdição voluntária 118
22. Competência 121
23. A garantia constitucional da ação 123
23.1 O exercício do direito constitucional de ação e as regras infraconstitucionais do processo 130
23.2 Ação, tutela e condições da ação 137
23.3 Legítimo interesse processual 144
23.4 Legitimidade e possibilidade jurídica 147
23.5 Decadência, impossibilidade e mérito (Código de Processo Civil/1973) 149
23.6 A título de reflexão doutrinária: os arts. 75 do Código Civil/1916 e 5º, XXXV, da Constituição Federal 151
23.7 Condições da ação, tutela jurisdicional e coisa julgada 153
24. Elementos da ação 155
25. Pressupostos processuais e relação material 159
26. Pluralidade de partes: litisconsórcio e intervenção de terceiros 160
26.1 Litisconsórcio 162
26.2 Intervenção de terceiros 164
27. Nulidade processual e instrumentalidade das formas .. 168
28. Coisa julgada 170
28.1 Coisa julgada e interesses difusos, coletivos e individuais homogêneos 172
28.2 A coisa julgada como qualidade da sentença e de seus efeitos 175
29. Tutela executiva 183
29.1 Repensando o processo de execução 184
30. Tutela preventiva 189
31. Tutela provisória 192

31.1 A função cautelar do mandado de segurança 199
31.2 Admissibilidade da tutela provisória 202
31.3 Tutela provisória cautelar e relação material 204
31.4 Antecipação dos efeitos da tutela jurisdicional mediante cognição sumária 206
31.5 Tutela provisória de urgência: cautelar e tutela antecipada 210
32. O mandado de injunção e o controle de constitucionalidade 222
32.1 Os direitos tutelados pelo mandado de injunção 229
32.2 O mandado de injunção e o direito material constitucional 230

Capítulo V – Conclusões
33. Conclusão geral 239
34. Conclusões específicas 240

Bibliografia 247

Capítulo I
Considerações Introdutórias

1. Os dois planos do ordenamento jurídico. 2. Revisitar o sistema processual. 3. Instrumentalidade do processo. 4. Direito e processo. 5. Processo: instrumento ético. 6. Breve notícia histórica.

1. Os dois planos do ordenamento jurídico

A vida em sociedade implica, necessariamente, a existência de relações entre seus membros. As pessoas mantêm umas com as outras relacionamentos de várias espécies e de natureza diversa. Imagine-se o leitor no seio de sua família, no âmbito de seus negócios ou da atividade profissional que exerce. Pense no convívio com seu grupo de amigos e com os adeptos de sua religião. Lembre-se dos inúmeros tributos exigidos pelo ente que, em contrapartida, deveria proporcionar-lhe segurança, saúde, educação, transporte etc.

Algumas dessas inúmeras relações mantidas entre os integrantes de determinada sociedade organizada são objeto de regulamentação pelo Estado, que edita normas de conduta, cuja observância é imposta a todos. Essas regras de comportamento compõem o ordenamento jurídico do País. O Direito é, pois, um fenômeno humano e social.[1]

1. Cf. José de Oliveira Ascensão, *O Direito – Introdução e Teoria Geral*, pp. 12 e ss.

Nem todas as atividades do homem constituem preocupação do Estado. Algumas são regradas por normas meramente sociais, cujo não acatamento pode gerar sanções impostas pela própria sociedade. A não observância de deveres religiosos ou de obrigações livremente convencionadas e aceitas por um casal de namorados não implica nenhuma reação estatal. Não existe, aqui, o caráter obrigatório das normas criadas pelo Estado.

Como nem sempre o legislador acompanha a evolução da sociedade, verifica-se muitas vezes o fenômeno da *crise do Direito*, representado pelo conflito entre os fatos e as normas, ou seja, a não correspondência entre as categorias jurídicas e a realidade social.[2] É frequente a existência de situações da vida não reguladas por disposições legais, mas que reclamam a inclusão no mundo do Direito, como também não é rara a regulamentação inadequada de certas relações. Esse fenômeno é preocupante, pois pode acarretar, e frequentemente acarreta, a atuação ilegítima da atividade jurisdicional, que não pode extrapolar os limites estabelecidos pelo legislador. Observações críticas sobre a "justiça" ou "injustiça" de determinada regra legal, fundadas em posições políticas ou filosóficas e em opções pessoais do juiz, não parecem pertinentes. Justiça em sentido jurídico não se confunde com justiça em sentido social,[3] muito embora nada obste – ao contrário, seja aconselhável – a que procure o julgador, mediante interpretação da lei, adequá-la à realidade social.

Assim, entre os homens ocorrem relações versando sobre objetos e valores de natureza distinta – amizade, religião, negócios

2. Na precisa observação de Antônio Cézar Peluso, pode definir-se a *crise do Direito* como "conflito entre os fatos e as normas, no sentido de que, quando as categorias e os conceitos jurídicos não acompanham a evolução da consciência social, há, na feliz expressão de Lopes de Oñate, uma revolta dos fatos contra os códigos" (cf. "A nova leitura da Súmula 380 do Supremo Tribunal Federal", p. 28).

3. Como observa Calamandrei: "La giustizia che amministra il giudice è, nel sistema della legalità, la *giustizia in senso giuridico*, cioè nel senso, più augusto, ma meno opinabile, di conformità al Diritto costituito, indipendentemente dalla corrispondenza di questo alla 'giustizia sociale'" (*Istituzioni di Diritto Processuale Civile*, p. 37).

etc. Algumas são reguladas pela lei, outras apenas por normas sociais. Interessa-nos a primeira categoria, ou seja, a das relações jurídicas.[4] A ocorrência de crises no âmbito dessas situações é consequência, invariavelmente, de divergências entre as partes quanto à incidência das regras legais destinadas a regulamentá-las, ou seja, do direito material aplicável à situação. A controvérsia pode decorrer de dúvida sobre a própria existência da relação ou do direito (crise de certeza), de suposto descumprimento de obrigação (crise de adimplemento) ou versar sobre mudanças no âmbito das relações, para criá-las, alterá-las ou extingui-las (crises de modificação jurídica). Essas controvérsias são solucionadas mediante tutelas, respectivamente, declaratória, condenatória e constitutiva.

Configurada violação à norma criada pelo Estado para regular as relações da vida, verifica-se a imposição de sanção pelo legislador, cujo rigor varia em função da natureza da regra jurídica violada e do bem por ela tutelado.

Por outro lado, o Direito não é constituído de departamentos estanques. Para fixação do exato alcance de determinado dispositivo, necessário levar em conta todos os aspectos da respectiva relação jurídica. Sua interpretação e compreensão exigem seja a análise realizada de forma global, de modo a serem considerados todos os eventuais interesses nele previstos. Por isso, a divisão entre público e privado não pode ser levada às últimas consequências. Os exageros devem ser evitados, pois quase sempre esses ramos do Direito se intercalam e se relacionam. Além do mais, essa distinção tem origem histórica, e nem sempre está fundada na natureza da matéria tratada.[5] Em suma, não se pode admitir os exageros do privaticismo ou do publicismo. Todas as questões acabam se intercalando.

O legislador, ao prever, em abstrato, situações da vida, estabelece posições de vantagem e de desvantagem. Isto é, determina quais interesses devem prevalecer e quais serão sa-

4. Cf. Chiovenda, *Instituições de Direito Processual Civil*, vol. I, p. 5.

5. "Isso importa em dizer-se que se pode volver à indiferenciação dos dois ramos do Direito" (Pontes de Miranda, *Tratado de Direito Privado*, t. I, p. 71).

crificados. Direito subjetivo nada mais é do que essa posição de vantagem assegurada pelo ordenamento jurídico material, que permite ao seu titular, em determinada situação concreta descrita abstratamente pela norma, invocá-la em seu favor.[6]

Tem direito subjetivo o titular de um interesse juridicamente protegido pela norma substancial.[7] A expressão *direito subjetivo* diz respeito sempre a determinado sujeito e indica certa posição favorável, pois amparada pelo legislador. Trata-se de situação concreta, que reproduz genérica previsão normativa.[8] Direito subjetivo é o resultado da incidência da regra jurídica sobre determinado suporte fático, inserindo-o no mundo do Direito e transformando-o em fato jurídico.[9]

A doutrina desenvolve também a ideia de direito potestativo, que não se confunde com direito subjetivo. Enquanto este corresponde a um poder correlato a um dever, aquele constitui faculdade decorrente de relação jurídica preexistente, em que uma das partes tem o poder de transformá-la, extingui-la ou criar outra, *submetendo* a outra parte à nova situação. O titular

6. Sobre a evolução histórica do conceito de direito subjetivo, cf. José Carlos Moreira Alves, "Direito subjetivo, pretensão e ação", pp. 110 e 111. Para exame mais aprofundado sobre as várias concepções de direito subjetivo, cf.: Chiovenda, *Instituições de Direito Processual Civil*, vol. I, pp. 3-5; Elio Fazzalari, *Note in Tema di Diritto e Processo*, pp. 55-107. V. também Ricardo Orestano, *Azione*, *Diritti Soggettivi*, *Persone Giuridiche*, pp. 115-188.

7. Adotando conceito de Silvio Perozze, Moreira Alves afirma que direito subjetivo: "É um poder, atribuído pela norma jurídica, e tutelado pela ordem jurídica, de exigir de outrem determinado comportamento" (cf. "Direito subjetivo, pretensão e ação", p. 113).

A importância desse conceito está no fato de apontar a necessária correlação entre um poder e um dever. Direito e dever são termos correlatos. Assim, a característica fundamental do direito subjetivo é exatamente esta: "a de ser um poder correlato a um dever, ambos emanados da norma jurídica" (p. 113). O cerne da definição está na ideia de direito subjetivo como poder da vontade do titular (v. também Ovídio B. da Silva, "Direito subjetivo, pretensão de direito material e ação", *Ajuris* 17/99).

8. "O direito subjetivo é efetivamente uma dessas situações concretas, resultantes da aplicação de uma genérica previsão abstrata" (José de Oliveira Ascensão, *O Direito – Introdução e Teoria Geral*, p. 36).

9. Pontes de Miranda, *Tratado de direito privado Tratado*, t. I, p. 5.

de direito potestativo prescinde de outrem, pois pode exercitá-lo unilateralmente, sujeitando outra pessoa a esse poder.[10]

Tais ideias devem ser complementadas pela noção de interesses inerentes a toda a coletividade, cujos titulares nem sempre são passíveis de identificação, razão pela qual são denominados *direitos difusos* e *coletivos*.

A partir dessas noções de direito substancial, possível distingui-lo do direito processual. Aquele é constituído por um conjunto de normas destinadas a regular os conflitos de interesses, de natureza individual ou coletiva, determinando qual deve prevalecer; já, o direito processual é formado por regras cuja finalidade é garantir a atuação da norma substancial, mesmo quando o destinatário não o faça espontaneamente.[11] Direito processual é, em outras palavras, a regulamentação do método de trabalho adotado pelo legislador, cuja observância é necessária à eliminação, pelo juiz, das controvérsias surgidas no plano do direito material.[12]

Já aqui se vislumbra o nexo entre direito e processo. O próprio conceito de direito processual está vinculado de forma inseparável a fenômeno verificado no plano do direito material, consistente na sua não realização espontânea.[13]

10. Cf.: Chiovenda, *Instituições de Direito Processual Civil,* vol. I, pp.14 e ss.; José Carlos Moreira Alves, "Direito subjetivo, pretensão e ação", pp. 120 e 121.

11. Cf. Andrea Proto Pisani, *Appunti sulla Giustizia Civile*, p. 9; *Lezioni di Diritto Processuale Civile*, pp. 5 e 6. Também valendo-se das lições de Proto Pisani, Carlos Alberto Alvaro de Oliveira destaca a distinção entre os planos material e processual do ordenamento jurídico (cf. *Teoria e Prática da Tutela Jurisdicional*, p. 7).

12. Sobre a coordenação entre direito material e direito processual, cf. Fazzalari, *Note in Tema di Diritto e Processo*, pp. 109-114.

13. Cf. Couture, *Fundamentos del Derecho Procesal Civil*, p. 12. Hermes Zaneti Jr. faz aguda observação a respeito da excessiva vinculação dessa ideia de processo à noção chiovendiana de atuação concreta da lei. Propõe seja o problema dos dois planos do Direito (substancial e processual) examinado segundo a teoria da circularidade dos planos, que propõe momentos de atuação, ora do direito material, ora do direito pelo debate judicial. O segundo momento "leva em consideração a norma material afirmada, mas não pressupõe sua veracidade e incidência fora e antes do processo" ("A teoria circular dos planos (direito material e direito processual)", p. 190). Compreendo a elegante

Tem-se, portanto, como direito processual aquele conjunto de princípios e regras, cuja finalidade é regular o exercício da jurisdição, da ação, da defesa e do processo. Essas normas estão dispostas na Constituição Federal, nas Constituições Estaduais, no Código de Processo Civil, em leis extravagantes e nas leis estaduais de organização judiciária. É a noção de direito processual determinada por seus elementos fundamentais, suficiente para distingui-lo do direito material.[14]

A jurisdição sai de sua inércia pelo exercício do direito de ação, assegurado no plano constitucional. Estabelece-se uma relação jurídica entre autor e juiz que, depois de chamado o réu para se defender, tende a se desenvolver, segundo um procedimento estabelecido em lei, até a decisão final, cujo conteúdo é a tutela jurisdicional. O processo é a síntese do procedimento animado pela relação jurídica e realizado em contraditório: porque os sujeitos têm poderes, deveres, ônus e faculdades (relação jurídica), praticam atos que se sucedem (contraditório) e vão dando vida ao procedimento.[15]

Processo também pode ser concebido como método estatal de solução de controvérsias. O legislador estabelece determinadas regras, visando a regular a atividade desenvolvida pelo juiz e pelas partes, com vistas à formulação e atuação concreta da regra de direito material. Adota as técnicas que, a seu ver, conferem segurança e celeridade ao método.

crítica. Observo, todavia, que também levo em consideração o direito simplesmente afirmado, como se verifica no próprio trecho transcrito pelo jovem processualista gaúcho. Reporto-me ainda às ideias sobre ação desenvolvidas não só na obra mencionada, como também em *Tutela Cautelar e Tutela Antecipada: Tutelas Sumárias e de Urgência (Tentativa de Sistematização)* e em *Efetividade do Processo e Técnica Processual*. Se a norma material afirmada pelo autor não incidir na situação concreta, o resultado do processo implicará atuação de regra favorável ao réu. De qualquer modo, se o direito objetivo interpretado pelo juiz no processo constitui novo direito (ob. cit., p. 192) ou representa mera declaração de direito preexistente, é questão estranha aos objetivos deste estudo.

14. "A delimitação de uma ideia se faz com o menor número de palavras possível, a fim de estabelecer os elementos que a caracterizam e que a diferenciam das ideias que a ela se aproximam, mas dela diferem" (cf. Moreira Alves, "Direito subjetivo, pretensão e ação", p. 112).

15. Cf. Dinamarco, *Execução Civil*, pp. 113 e ss.

Importante enfatizar o escopo maior desse método de trabalho, ou seja, aonde se pretende chegar com a prática desses atos em conformidade com o modelo legal. Esse caminho visa à atuação do direito material ou, em outras palavras, ao resultado pretendido pelo ordenamento jurídico substancial para o caso concreto, mediante formulação e efetivação da respectiva regra. O objeto do processo é constituído, pois, por esse direito afirmado, que, se reconhecido, será assegurado pela tutela.[16] A pretensão a um pronunciamento jurisdicional é de natureza processual e tem por conteúdo, sempre e invariavelmente, outra pretensão, esta fundada no direito material, ou seja, o direito afirmado. A pretensão processual só tem sentido em função da pretensão fundada no direito material.[17]

16. Segundo Goldschmidt, o objeto do processo é a própria tutela jurídica, cuja pretensão é constituída pelos elementos da relação material (cf. *Derecho Procesal Civil*, p. 3).

Para Schwab o conceito de objeto litigioso é puramente processual, nada tendo em comum com a pretensão material ou o direito material: "Según nuestra concepción, la función del derecho material en el proceso es unicamente de criterio jurídico. No es objeto del litigio ni determina tampoco el contenido del objeto litigioso. En el proceso, la pretensión procesal, la petición de la resolución judicial señalada en la solicitud, es la forma en que se hace valer el derecho material, la pretensión de derecho material. La pretensión procesal es el medio auxiliar para hacer prosperar el derecho material en el proceso" (*El Objeto Litigioso en el Proceso Civil*, p. 263).

17. As expressões *pretensão processual* e *pretensão material* têm sido empregadas pela doutrina em sentido diferente do adotado no texto. Cf.: Kazuo Watanabe, *Da Cognição no Processo Civil*, p. 77; Dinamarco, *Fundamentos do Processo Civil Moderno*, pp. 185 e 213 e ss.; Ovídio Baptista da Silva, *Curso de Processo Civil*, vol. I, pp. 61 e ss. Para o processualista gaúcho, enquanto não dotado de pretensão, o direito subjetivo permanece em estado de latência. Verificado o termo ou realizada a condição, ele se torna exigível. Essa faculdade conferida ao titular corresponde à pretensão, que pode deixar de existir por prescrição, ou seja, pelo não exercício no tempo previsto pelo legislador. Pretensão, portanto, é a faculdade de se poder exigir a satisfação do crédito. Ao notificar o obrigado, o credor estaria exercendo pretensão. Em caso de resistência, nasceria a ação de direito material, ou seja, o agir para satisfação do próprio direito. Como em regra a autotutela é vedada, o titular da pretensão pode exercer a ação de direito processual, que corresponde ao exercício do direito de acesso aos tribunais e no qual está contida a ação de direito material (cf. "Direito subjetivo, pretensão de direito material e ação", in Guilherme Rizzo Amaral e Fábio Cardoso Machado, *Polêmica sobre a Ação – A Tutela Jurisdicional na Perspectiva das Relações entre Direito e*

Processo e direito existente não caminham necessariamente juntos. É possível que a relação processual termine, sem que o juiz chegue a formular a regra sobre a situação da vida trazida para exame e julgamento.

Mas a afirmação de um direito, de uma relação jurídica substancial, constitui elemento imprescindível ao processo. A jurisdição atua sempre em função de um direito afirmado. A garantia constitucional da ação, segundo a qual todos têm acesso à Justiça, não pressupõe direito existente. Exige-se, para seu exercício, tão somente haja afirmação nesse sentido. Ao réu assegura-se, também no plano constitucional, a possibilidade de apresentar defesa, com alegação sobre defeitos do próprio instrumento (defesa processual) e impugnação à pretensão de direito material deduzida pelo autor (defesa de mérito).

Pode-se dizer, pois, que o direito processual é ciência destinada à construção do método adequado à verificação da existência, ou não, de um direito afirmado, para conferir tutela jurisdicional somente àquelas situações da vida efetivamente amparadas pelo ordenamento material.[18] Trata-se de visão do direito processual preocupada com seus resultados e com a aptidão do instrumento para alcançar seus fins.

Na concepção de direito processual, não se pode prescindir do direito material, sob pena de transformar aquela ciência em desinteressante sistema de formalidades e prazos. Sua razão de ser consiste no objetivo a ser alcançado, que é assegurar a in-

Processo, pp. 15 e ss.). Conforme se verifica nesta mesma obra, a construção é controvertida, especialmente no que se refere ao aspecto da inserção da ação de direito material como conteúdo da de direito processual (cf., por todos, Carlos Alberto Alvaro de Oliveira, "O problema da eficácia da sentença", pp. 41 e ss.; "Efetividade e tutela jurisdicional", pp. 83 e ss.; e "Direito material, processo e tutela jurisdicional", pp. 285 e ss.). Para os fins deste estudo a importância da polêmica reside na revelação do estreito relacionamento entre direito material e processo, a ponto de, até hoje, haver divergência entre os processualistas sobre o conteúdo do direito processual de ação, que para respeitável corrente consiste na pretensão à tutela jurídica, na realização coativa do direito vedada ao titular. Como ele não pode exercer a ação de direito material, pleiteia que o juiz o faça em seu lugar.

18. É o *metodo giudiziario* a que se refere Carnelutti (cf. *Diritto e Processo*, pp. 31-32).

tegridade da ordem jurídica, possibilitando às pessoas os meios adequados para a defesa de seus interesses.[19]

Mesmo nas hipóteses de ação rescisória (CPC, art. 966) ou de mandado de segurança contra ato judicial, pretende-se, em última análise, tutelar situações no plano material, ainda que indiretamente. Apenas a ação declaratória, versando sobre constitucionalidade ou inconstitucionalidade de lei e o pedido de inconstitucionalidade por omissão (CF, arts. 102, I, "a", e 103, § 2º), não se destinam a produzir efeitos sobre relações substanciais concretas.

2. Revisitar o sistema processual

Todo trabalho científico deve ser elaborado em função de duas premissas básicas: visão crítica da situação e projeto de reforma.[20]

Com esta preocupação, procurou-se desenvolver o tema da relativização do binômio direito-processo como meio de acesso à ordem jurídica justa. Sustenta-se, aqui, que os aspectos fundamentais do direito processual são concebidos à luz da relação jurídica material. As questões maiores do processo são solucionadas com dados inerentes à relação da vida e ao direito

19. Cf. Liebman, *Manual de Direito Processual Civil*, vol. I, pp. 35 e 36. Essas premissas foram retratadas em várias regras do Código de Processo Civil/2015, cuja preocupação é deixar clara a natureza instrumental do processo. Em consequência, parte da doutrina sustenta a adoção de novo princípio pelo legislador processual, denominado "primazia do julgamento de mérito". Com o devido respeito, não me parece correta a construção. Essa primazia integra a própria essência do fenômeno processual. Trata-se de elemento antológico do processo, não de princípio, cuja observância dependa de previsão legal.

20. Cappelletti afirmou que sua obra foi toda inspirada por uma visão crítica da situação, isto é, partiu sempre da verificação de um problema a ser resolvido, aspirando por um projeto de solução e de reforma. Daí a noção tridimensional do direito por ele apresentada, ao afirmar que o jurista deve sempre examinar: (a) a necessidade ou o problema social que reclama por uma resposta no plano jurídico; (b) a aptidão das instituições e dos procedimentos responsáveis pela atuação daquela resposta normativa; (c) o impacto dessa resposta sobre a necessidade ou sobre o problema social, isto é, sua eficácia (cf. "Problemas de reforma do processo civil nas sociedades contemporâneas", p. 4, n. 3).

substancial que a regula. Daí por que, embora fenômenos distintos, há entre processo e direito material evidente nexo unindo o meio ao fim.

Quanto mais consciência tiver o processualista desse fenômeno, maiores serão as possibilidades de construção de mecanismos aptos a alcançar os escopos do processo. Trata-se de um passo adiante à fase instrumentalista.

A partir do momento em que se aceita a natureza instrumental do direito processual, torna-se imprescindível rever seus institutos fundamentais, a fim de adequá-los a essa nova visão. Isso porque toda a construção científica desse ramo do Direito deu-se na denominada fase autonomista, em que, devido à necessidade de afirmação da independência do direito processual, valorizou-se demasiadamente a técnica. Passou-se a conceber o instrumento pelo próprio instrumento, sem a necessária preocupação com seus objetivos, cuja identificação é feita à luz de elementos externos ao processo. Seu escopo é a eliminação da crise de direito material, formulando e atuando a regra jurídica ao caso concreto. A técnica adotada pelo legislador, visando ao adequado desenvolvimento do método por ele criado para solução dos litígios (processo équo e justo), é simples meio. Em nenhum instante pode o processualista esquecer-se de que as questões internas do processo devem ser solucionadas de modo a favorecer os resultados pretendidos, que são exteriores a ele.[21]

O Código de Processo Civil brasileiro de 1973, não obstante exemplo de aprimoramento técnico, tornou-se distante das necessidades da sociedade moderna, voltada precipuamente para uma categoria de interesses cujas características e peculiaridades foram praticamente ignoradas pelas regras instrumentais.[22] As

21. "É preciso implantar um novo 'método de pensamento', rompendo definitivamente com as velhas posturas introspectivas do sistema e abrindo os olhos para a realidade da vida que passa fora do processo" (Dinamarco, *A Instrumentalidade do Processo*, p. 271).

22. Cf. Arruda Alvim, "O Código de Processo Civil, suas matrizes ideológicas, o ambiente sociopolítico em que foi editado e as duas décadas que se lhe seguiram, com suas novas necessidades – A complementação do sistema processual – Processo e procedimento, no sistema constitucional de 1988", pp. 22 e ss.

normas codificadas tinham em vista tão somente os conflitos envolvendo direitos individuais. Não eram adequadas, pois, à regulamentação de processos cujo objeto sejam interesses coletivos ou difusos. Leis posteriores trouxeram regras específicas a respeito dos denominados processos coletivos.[23] O Código de Processo Civil//2015 não trata de regras pertinentes a essa categoria de direitos.

Pretende-se, portanto, identificar alguns problemas existentes no âmbito do direito processual, com a apresentação de sugestões e possíveis soluções. Sempre a partir das mesmas premissas: o excessivo distanciamento entre direito e processo gera inúmeros problemas, cujas soluções dependem basicamente da relativização do binômio direito material-direito processual.[24]

Evidentemente, não se resolverão todas as grandes questões processuais. Mas, sem dúvida, a solução delas se torna mais fácil com a mudança de metodologia no estudo do processo e na concepção de seus institutos fundamentais.

Essa "revisitação" requer nova análise interna do sistema processual, para adaptá-lo às necessidades externas. Trata-se de tomar consciência de que os institutos processuais são concebidos à luz do direito material. Implica reconhecer que a distância entre direito e processo é muito menor do que se imaginava, e que a reaproximação de ambos não compromete a autonomia da ciência processual.[25] O reconhecimento da necessidade de

23. V., por exemplo, Leis 7.347/1985 e 7.853/1989.

24. Dinamarco aponta "exemplos dos incontáveis institutos processuais em que está presente a influência da questão das relações entre o direito substancial e o processo" (*Fundamentos do Processo Civil Moderno*, p. 37).

25. Perfeita a lição de Dinamarco: "é preciso também compreender que não é tão grande como se pensou a distância entre o processo e o direito e que o primeiro, tocado pelos ventos da instrumentalidade bem compreendida, acaba por afeiçoar-se às exigências deste; além disso, a participação do processo na vida dos direitos, às vezes muito intensa ou até mesmo indispensável (*v.g.*, o direito à anulação de casamento ou o *jus punitionis* do Estado), mostra que do reconhecimento da autonomia do direito processual não se deve extrair pressurosamente a falsa ideia do seu isolamento. O processo e o direito completam-se e a boa compreensão de um exige o suficiente conhecimento do outro. É inerente à proposta de mudança de mentalidade essa visão acentuadamente instrumentalista, com superação das atitudes muito próprias à fase 'autono-

os institutos processuais serem concebidos a partir do direito material resulta da inafastável coordenação entre tais ramos da ciência jurídica. Preserva-se a autonomia do processo com a aceitação de se tratar de realidades que se referem a patamares dogmáticos diferentes.[26]

3. *Instrumentalidade do processo*

Encerrada a fase puramente científica e técnica da ciência processual no Brasil, iniciou-se o que autorizada doutrina identifica como visão *instrumentalista* do processo. É a conscientização de que a importância do mecanismo estatal de solução de controvérsias está diretamente relacionada aos resultados por ele produzidos.[27] Daí por que considero importante para a compreensão do fenômeno processual a ideia de *método de trabalho* estabelecido pelo legislador, para possibilitar a eliminação das crises de direito material pela função jurisdicional do Estado. Corresponde ao modelo previsto em lei e informado por diversas técnicas, em tese as mais adequadas à eliminação, com segurança e celeridade, da crise de cooperação verificada no plano das relações reguladas pelo direito material. Para alcançar o resultado pretendido, portanto, a via processual deve assegurar aos interessados na solução do litígio ampla possibilidade de participação, a fim de que possam influir na convicção do juiz.

mista' do direito processual, ora em vias de extinção. É indispensável, agora, relativizar o binômio direito-processo, para a libertação de velhos preconceitos formalistas e para que do processo se possam extrair melhores proveitos" (*A Instrumentalidade do Processo*, pp. 271 e 272).

26. Cf. José Rogério Cruz e Tucci, "A denominada 'situação substancial' como objeto do processo na obra de Fazzalari", p. 274. Observa corretamente Carlos Alberto Alvaro de Oliveira: "A necessária processualização por que devem passar o reconhecimento e a realização do direito material não impede, contudo, o processo de guardar íntima relação com o direito material. A mais evidente prova disso é a natureza instrumental do direito processual, chamado a intervir ao se verificar alguma crise no plano do direito material, inclusive em caráter preventivo e até abstrato. E assim é porque uma das suas finalidades precípuas (além da pacificação) consiste na efetiva realização do direito material, de modo a se alcançar a necessária justiça do caso concreto" ("Direito material, processo e tutela jurisdicional", p. 307).

27. Cf. Dinamarco, *A Instrumentalidade do Processo*, *passim*.

Por outro lado, é necessário seja ele concluído em tempo razoável, sob pena de a tutela jurisdicional tornar-se inútil a quem faz jus a ela. *Segurança* e *celeridade*, eis as palavras-chave para explicar o método ideal de solução das controvérsias, representado pela expressão *due process of law* e previsto em dispositivos constitucionais (art. 5º, LIV, LV e LXXVIII).

O legislador constituinte percebeu essa circunstância fundamental e, em boa hora, estabeleceu considerável corpo de normas, que integram o direito processual constitucional, pois elevam garantias processuais ao nível máximo da hierarquia das leis, além de consagrar meios específicos para proteção de determinados direitos, com substancial ampliação da legitimidade para agir.[28] Aliás, já notou a doutrina que as grandes matrizes do direito processual, cada vez mais, encontram-se disciplinadas em texto constitucional.[29]

A importância dessas inovações, como de outras verificadas ao nível infraconstitucional, reside principalmente na sua causa. Depois de longo período caracterizado por preocupações endoprocessuais, volta-se a ciência para os resultados pretendidos pelo processo. Trata-se, sem dúvida, de visão adequada do fenômeno processual, instrumento cuja utilidade é medida em função dos benefícios que possa trazer para o titular de um interesse protegido pelo ordenamento jurídico material. A conscientização de que *o processo vale não tanto pelo que ele é, mas, fundamentalmente, pelos resultados que produz*, tem levado estudiosos a reexaminar os institutos processuais, a fim de sintonizá-los com a nova perspectiva metodológica da ciência.

28. "A merecer os maiores encômios encontra-se, na Constituição de 1988, um espetacular dimensionamento do direito constitucional processual, a convertê-lo num superdireito, ao ser maximizado seu potencial instrumental na defesa dos direitos individuais, coletivos, sociais, da nacionalidade e políticos" (cf. João Carlos Pestana de Aguiar, "A Constituição Federal de 1988 e o processo civil", p. 62).

Sálvio de Figueiredo Teixeira também ressalta a valorização da Justiça pela Constituição de 1988 e a considerável ampliação de instrumentos processuais de proteção aos direitos do cidadão (cf. "O aprimoramento do processo civil como pressuposto de uma Justiça melhor", p. 163).

29. Cf. Arruda Alvim, *Tratado de Direito Processual Civil*, p. 23.

Parece imprescindível, pois, o retorno ao interior do sistema processual, com o objetivo de rever conceitos e princípios, adequando-os à nova visão desse ramo da ciência jurídica. É preciso "revisitar" os institutos processuais, todos concebidos segundo a concepção autonomista ou conceitual da ciência processual, a fim de conferir a eles nova feição, a partir das necessidades identificadas na fase instrumentalista.[30]

O tratamento dos institutos fundamentais de nossa ciência deve perder a conotação excessivamente processualista. A abordagem precisa levar em consideração critérios de racionalidade material, não apenas formal.[31]

A preocupação do estudioso da ciência processual em criar categorias e institutos, cuja elaboração visa ao aprimoramento do método de trabalho, contribuiu decisivamente para o desenvolvimento desse ramo do Direito. Por outro lado, passaram os processualistas a se dedicar tanto a conceitos, muitos de extrema sutileza, que as discussões sobre temas de direito processual acabaram por representar verdadeiro exercício de reflexões puramente teóricas. Se voltarmos os olhos para a realidade, porém, verificaremos que o processo se encontra muito distante dela.[32] A importante e nobre missão do processualista moderno, portanto, é fazer com que o processo seja meio efetivo de resolução de litígios, e não fonte de problemas.[33]

30. Por essa razão, já se disse que "a doutrina processual de ponta, nos últimos tempos, tem dirigido os seus estudos para aspectos mais relevantes que o simples conhecimento do processo como técnica de produção de atos e de julgamento" (cf. Sálvio de Figueiredo Teixeira, "O aprimoramento do processo civil como pressuposto de uma Justiça melhor", p. 168).

31. Segundo José Eduardo Faria, "o enfoque processualístico tradicionalmente adotado em nossos tribunais, com base em critérios de racionalidade formal, vem hoje sendo mesclado por abordagens fundadas em critérios de racionalidade material; trata-se de uma tendência que tem sido organicamente estimulada por juristas criativos e responsáveis por trabalhos originais sobre 'a instrumentalidade do processo'" (cf. "As transformações do Judiciário em face de suas responsabilidades sociais", p. 148).

32. Cf. Francisco Ramos Méndez, "El derecho procesal del futuro. Nuevos planteamientos y sus proyecciones", p. 102.

33. À luz dessa premissa, procurei enfrentar temas relacionados à técnica, com vistas a afastar possíveis óbices à obtenção do resultado desejado pelo exercício da atividade jurisdicional pela via do processo. A interpretação da

4. Direito e processo

O sucesso dessa empreitada depende basicamente do método a ser utilizado pelo processualista para rever os conceitos de sua ciência.

Para alcançar determinado objetivo, ou buscar alguma verdade, deve o cientista trilhar determinado caminho ou seguir certa ordem. Assim também atua o processualista, seja para a eliminação da crise verificada em uma relação jurídica, mediante a aplicação das regras de direito material à situação concreta (processo), seja para reformular as técnicas empregadas na construção desse meio estatal de solução de controvérsias, visando a adequá-lo às necessidades verificadas no plano substancial.

Pretende-se demonstrar que o cerne da questão, ou pelo menos um dos aspectos fundamentais dela, está na maior aproximação entre direito material e processo. As relações entre um e outro são intensas, e o perfeito conhecimento do processo depende da correta identificação desse nexo.[34] Basta dizer que, se a relação substancial versar direitos disponíveis, a parte pode, mediante transação, renúncia ou reconhecimento do pedido, dar causa à extinção do processo.[35] O mesmo não ocorre se a pretensão deduzida for indisponível, caso em que as limitações impostas ao titular do direito substancial acabam por restringir poderes ou faculdades processuais.

Por isso já se afirmou, sem nenhum exagero, estar todo o processo impregnado do direito material.[36]

regra processual deve, sempre, ser norteada pela ideia de fim, pois nele reside a razão de ser do instrumento. Não se podem conceber, especialmente por parte do processualista, "exegeses profundas e eruditas, distinguindo o não do nada e ambos do zero e do vazio" (Roberto Damatta, *O Estado de S. Paulo*, 17.11.2010, Caderno 2, p. D10).

34. "Stabilire i rapporti tra l'uno è l'altro è il problema fondamentale, che dobbiamo risolvere per la conoscenza del diritto processuale; in oltre parole, risolvere le loro implicazioni. Diritto e processo è pertanto una vecchia formula, chi mi sembra singolarmente utile per ricercare, in profondità, i principi del processo civile" (cf. Carnelutti, *Diritto e Processo*, p. 3).

35. Cf. Mario Cesarino Viterbo, *Manual de Derecho Procesal*, t. I, p. 13.

36. Cf. Carlos Alberto Álvaro de Oliveira, *Teoria e Prática da Tutela Jurisdicional*, p. 95.

A natureza instrumental do direito processual impõe sejam seus institutos concebidos em conformidade com as necessidades do direito substancial. Em outras palavras, como o processo é meio, a eficácia do sistema processual será medida em função de sua utilidade para o ordenamento jurídico material e para a pacificação social. Não interessa, portanto, uma ciência processual conceitualmente perfeita, mas que não consiga atingir os resultados a que se propõe. *Menos tecnicismo e mais justiça, é o que se pretende.*[37]

A tarefa principal do ordenamento jurídico é estabelecer uma tutela de direitos eficaz, no sentido de não apenas assegurá-los, mas também garantir sua satisfação. Ele será efetivo se, vigente a lei, seja ela espontaneamente acatada pelo destinatário, por encontrar correspondência na realidade social; ou se a atuação se der coercitivamente, mediante a adoção de medidas que substituam a atuação espontânea. Todos os fatos sociais juridicamente relevantes devem ocorrer em conformidade com a vontade geral e abstrata do legislador, de forma natural ou adjudicada.

Nos casos em que a vontade da lei não é acatada pelos destinatários, ante a proibição pelo Estado das vias de fato (autotutela),[38] deve ele assegurar de maneira efetiva a inviolabilidade dos direitos, conferindo ao titular de um interesse juridicamente protegido o direito à tutela pela via específica.[39]

No âmbito da Administração Pública muitas vezes a aplicação coercitiva da norma é feita pelo próprio órgão a que ela se destina, devido à possibilidade de autoexecutoriedade dos atos

37. A propósito, Sentís Melendo reporta-se à indagação de Calamandrei sobre se concordariam os ingleses em trocar sua boa Justiça pelo alto desenvolvimento científico dos italianos (cf. "Apresentação" à tradução argentina do livro de Vittorio Denti, *Estudios de Derecho Probatorio*, p. 9).

38. "È notazione comune che la giurisdizione statuale, e il correlato diritto o potere di azione, rappresenta la contrapartita del divieto di autotutela privata" (Proto Pisani, *Lezioni di Diritto Processuale Civile*, p. 645). Também Carlos Alberto Alvaro de Oliveira ressalta o nexo entre o processo – meio pelo qual o Estado, que detém o monopólio da jurisdição, resolve as controvérsias verificadas no plano material – e a vedação ao exercício da autotutela (cf. *Teoria e Prática da Tutela Jurisdicional*, p. 17).

39. Cf. Botelho de Mesquita, "Limites ao poder do juiz nas cautelares antecipatórias", p. 45.

de polícia administrativa.[40] No campo do direito privado isso não ocorre, pois, salvo em casos excepcionais, a autotutela é vedada.

Mesmo o exercício do direito pela Administração, todavia, não tem em vista a atuação do ordenamento, mas possibilitar a correta prestação do serviço público, finalidade precípua da atividade administrativa. Caso isso não se dê em conformidade com o ordenamento, a via jurisdicional é o meio adequado para aquele que se sentir lesado postular a correta aplicação do ordenamento.[41]

Na medida em que a atuação da vontade concreta das regras de direito material e a pacificação da sociedade dependem, muitas vezes, da função jurisdicional do Estado, cuja atividade é desenvolvida, por meio do processo, com o fim de atingir tais escopos, a preocupação fundamental daqueles dedicados ao estudo desse instrumento com que a jurisdição opera deve voltar-se principalmente para os respectivos resultados que ele se destina a produzir, pois esta é sua razão de ser. Busca-se, pois, a efetividade do processo, representada pela maior proximidade possível entre aquilo que deveria ocorrer no plano substancial e a eficácia da tutela jurisdicional.

Se fosse possível sintetizar o que se pretende em poucas palavras, compreensíveis pelo leigo, dir-se-ia que um programa de computador é desenvolvido em função dos fins pretendidos. Obviamente que o editor de textos, tão útil aos profissionais do Direito, não é o mais adequado às necessidades do arquiteto ou do matemático.

Por isso, o instrumento precisa ser desenvolvido a partir das necessidades peculiares a cada área de atuação. Primeiro verificam-se as especificidades, detectam-se os problemas; depois, procura-se desenvolver os instrumentos adequados.

40. Cf.: Celso Antônio Bandeira de Mello, *Curso de Direito Administrativo*, pp. 680 e ss.; Maria Sylvia Zanella Di Pietro, *Direito Administrativo*, pp. 112-114; Odete Medauar, *Direito Administrativo Moderno*, p. 155.

41. Cf. Di Majo, *La Tutela Civile dei Diritti*, pp. 2 e ss.; V. também: Celso Antônio Bandeira de Mello, *Curso de Direito Administrativo*, p. 682; Odete Medauar, *Direito Administrativo Moderno*, p. 155.

Nessa linha de raciocínio, o formalismo exagerado normalmente acaba por criar enormes dificuldades ao próprio escopo do processo.[42] A grande atenção que se dá para os conceitos processuais configura inversão de valores, pois o que realmente importa são os resultados alcançados pelo instrumento no âmbito do ordenamento material, com a consequente pacificação. A preocupação com a técnica é justificável, por se tratar de meio para atingir fins. A precisão conceitual é necessária a qualquer ciência. Apenas não se pode transformar a técnica, os conceitos e as definições em objeto principal da ciência processual. Não podem ser vistos como fins em si mesmos.[43]

Pretende-se demonstrar que, se não todos, pelo menos os principais fenômenos inerentes ao processo devem ser concebidos em função do direito material. A técnica adequando-se ao objeto, com vistas ao resultado.

É exatamente essa minha visão do direito processual. Tratando-se de ciência destinada à sistematização dos princípios e fundamentos de um instrumento, não é possível concebê-la sem a perfeita identificação dos problemas existentes em relação ao objeto de sua atuação. O processualismo – isto é, a excessiva

42. Galeno Lacerda, por exemplo, dirige severa crítica à teoria processual dos pesos e cargas das sentenças, formulada por Pontes de Miranda para explicar o mandado de segurança, chamando-a de dogmática e cerebrina, resultado de conceptualismo processual: "Não se deu conta que a Constituição, sem distinguir e sem autorizar distinções, criara um remédio de eficácia imediata para tutela de direitos líquidos e certos, ameaçados ou violados por ato ilegal ou abusivo de autoridade, pouco importando que essa tutela se viesse a concretizar em declaração, constituição, mandamento, execução ou condenação, conforme a natureza do respectivo direito. Ignorou-se, na análise do tema, exatamente aquilo que mais importava – a urgente proteção dos direitos individuais contra arbítrio da autoridade, único objetivo visado pela Lei Maior – para condicioná-la e reduzi-la, por incrível que pareça, aos descaminhos de uma construção abstrata (...)" (cf. "Revisão do conceito de Federação. Sistema de recursos e de ações constitucionais. Abolição do mandado de injunção", p. 87). Não obstante o respeito devido ao notável jurista, cuja obra pode-se dizer insuperável, não se pode negar razão a Galeno Lacerda. As fórmulas teóricas, em especial no campo da ciência processual, devem levar em conta exclusivamente a contribuição à efetividade do processo e da tutela jurisdicional.

43. Em outra oportunidade tentei aprofundar o estudo da técnica processual à luz da natureza instrumental do processo (cf. *Efetividade do Processo e Técnica Processual*).

autonomia do processo frente ao direito material – constitui um mal, pois desconsidera o objeto na construção do instrumento.

Ignorar a realidade jurídico-material impede a correta compreensão dos institutos processuais, muitos dos quais concebidos a partir de situações verificadas fora do processo. Constrói-se a técnica processual a partir de características da crise de direito material a ser solucionada pelo juiz. O modo de ser do método de trabalho destinado à solução das controvérsias é influenciado pela natureza da relação de direito material. Basta pensarmos em alguns institutos como *ação*, *competência*, *litisconsórcio* e *coisa julgada*, por exemplo. Todos eles são regulados e sofrem variações em função de aspectos da situação substancial.[44]

À luz da natureza instrumental das normas processuais, conclui-se não terem elas um fim em si mesmas. Estão, pois, a serviço das regras substanciais, sendo essa a única razão de ser do direito processual. Se assim é, não se pode aceitar um sistema processual não sintonizado com seu objeto.[45]

5. *Processo: instrumento ético*

A evolução do direito processual passou por momento metodológico denominado autonomista e conceitual pela doutrina.[46] Hoje, todavia, consciente da importância de sua ciência, da imprescindibilidade do instrumento para a própria eficácia prática do direito material, necessário que o processualista passe a se preocupar mais com os resultados de sua atividade.

Talvez a noção mais importante do direito processual moderno seja a de instrumentalidade, no sentido de que o processo constitui meio para a tutela do direito substancial. Está

44. Trata-se de institutos bifrontes, no dizer de Cândido Dinamarco (cf. *Instituições de Direito Processual Civil*, vol. I, pp. 43-46).

45. "Si las normas procesales son instrumentales, pues no tienen un fin por sí mismas sino que están al servicio de la norma substancial, siendo esa la única razón del derecho procesal, tienen que estar acordes y ser armónicas con los principios fundamentales de la norma sustancial" (Hernando Morales Molina, "La prueba en el Derecho Colombiano", p. 18).

46. Cf. Dinamarco, *A Instrumentalidade do Processo*, pp.17 e ss.

a serviço deste, para garantir sua efetividade. A consequência dessa premissa é a necessidade de adequação e adaptação do método de trabalho ao seu escopo.[47] O processo é instrumento, e, como tal, deve adequar-se ao objeto com que opera. Suas regras técnicas devem ser aptas a servir ao fim a que se destinam, motivo pelo qual se pode afirmar ser relativa a autonomia do direito processual.[48]

Daí adotar-se como premissa deste estudo afirmação aparentemente paradoxal se considerada a natureza do trabalho: a ciência processual deve ser elaborada sempre à luz do direito substancial e em função dele.

Não se trata de regresso a fases já superadas do estudo do processo. Reconhece-se e defende-se a autonomia do direito processual. Trata-se de premissa inexorável. Não se aceita, todavia, seu isolamento, mormente por se tratar de ciência cuja função é estabelecer e sistematizar as bases de um método de trabalho, de um instrumento. São estéreis as construções processuais cuja concepção não proporciona real contribuição ao escopo do processo.

A relativização do binômio direito-processo constitui inafastável premissa de um sistema processual eficiente, pois a tutela jurisdicional vai atuar exatamente no plano das relações substanciais.

O mínimo que se espera, portanto, é que seja ela dotada de utilidade, isto é, aptidão para tornar efetivo o direito material.[49]

47. Cappelletti afirma que um sistema processual será tão mais perfeito e eficaz quanto mais seja capaz de se adaptar, sem incoerências e discrepâncias, à natureza do direito substancial e à finalidade de tutelá-lo (cf. *Proceso, Ideologías, Sociedad*, p. 6).

48. Cf. Cappelletti, *Proceso, Ideologías, Sociedad*, pp. 24 e ss.

49. Em precisa análise a respeito da evolução dos estudos sobre processo, Giovanni Verde observa duas tendências claras: a primeira, que tem preferência pela questão da justiça, em prejuízo daquelas que se referem ao processo; a outra, "che pur rimanendo rispettoso del metodo tradizionale, ha impresso allo stesso una svolta decisiva, quando, anche in nome dell'esigenza costituzionalmente rilevante tesa alla effettività della tutela, ha tratto dalla strumentalità del processo o, se si preferisce, dal principio chiovendiano secondo il quale il processo deve dare all'attore che ha ragione tutto ció che

Por isso, o direito processual deve adaptar-se às necessidades específicas de seu objeto, apresentando formas de tutela e de procedimento adequadas às situações de vantagem asseguradas pela norma substancial. A partir do momento em que se afirma o caráter instrumental do processo, deve ser abandonada qualquer ideia fundada na neutralidade da ciência processual.[50]

O processo não é mero instrumento técnico, nem o direito processual constitui ciência neutra, indiferente às opções ideológicas do Estado. Somente a conscientização, pelos processualistas, do caráter ético de sua ciência, da necessária "identidade ideológica entre processo e direito substancial", permitirá que o instrumento evolua para melhor atender a seus escopos.[51] Nessa concepção axiológica de processo, como instrumento de garantia de direitos, a visão puramente técnica não pode mais prevalecer, pois a ela se sobrepõem valores éticos de liberdade e de justiça.[52] Os princípios gerais do direito processual sofrem nítida influência do "clima" institucional e político do País.[53]

Essa visão, bem como o reconhecimento do papel do juiz na identificação do significado da regra substancial, não implica abandono do valor *segurança*. A técnica processual tem como característica fundamental a garantia de participação dos interessados no julgamento, a fim de que eles possam influir na convicção do juiz. O contraditório constitui elemento essencial ao processo, pois é fator de legitimação do resultado.[54] A obser-

il diritto sostanziale gli assicura, ogni possibile implicazione" (cf. "Processo, giudice, giustizia", p. 750).

50. "Nada é neutro e no Direito, precipuamente, a neutralidade é mentira e é mito" (cf. Calmon de Passos, "Dimensão política do processo: direito, poder e justiça", p. 333).

51. Cf. Cândido Dinamarco, *A Instrumentalidade do Processo*, pp. 35 e 36.

52. Cf. Ada Pellegrini Grinover, *O Processo em sua Unidade-II*, p. XV.

53. Cf. Peyrano, *El Proceso Civil – Principios y Fundamentos*, p. 3.

54. V. Capítulo III, n. 15.1, e o meu *Efetividade do Processo e Técnica Processual*, pp. 102 e ss. A postura instrumentalista, ao contrário do que já se afirmou, não despreza o valor *segurança* representado pela garantia do contraditório, que outra coisa não é senão certeza de participação. A crítica ao pensamento de Dinamarco, por exemplo, está fundada em um dos aspectos da construção elaborada pelo eminente processualista de São Paulo, qual seja, o escopo social do processo. Em nenhum momento, todavia, ele abandona a

vância desta e das demais garantias inerentes ao devido processo constitucional não pode ser, não é e nunca foi abandonada pelos defensores da visão instrumentalista. Esse *garantismo*, todavia, está também relacionado aos fins do processo e que constituem a razão de ser de tudo. Postura instrumentalista e preocupação com a segurança não resultam de visões antinômicas do fenômeno processual. Ao contrário, vão ao encontro da única preocupação do processualista: construir mecanismos a dotar o processo da efetividade dele esperada.[55]

A regulamentação do processo depende basicamente de concepções filosóficas, políticas e culturais inerentes ao direito material. Daí ser insuficiente o formalismo dogmático, que deve ser complementado pela ideia de valor.[56]

Nessa medida, o processo possui valor próprio. As formas e a técnica processuais expressam as opções axiológicas, inspiradas na ideia fundamental de adequação do instrumento ao objeto.[57]

Quanto mais consciência tiver o estudioso de processo das necessidades verificadas no campo do direito material, mais possibilidade terá de adequar os modelos ao objeto. Deve haver compatibilização entre a técnica processual e o escopo do instrumento. O processualista moderno está comprometido com

garantia e a segurança como elementos essenciais ao sistema. Nessa medida, o denominado *modelo processual do bem-estar social* não ignora a necessidade de observância do devido processo constitucional (cf. Marcelo Andrade Cattoni de Oliveira, "Da constitucionalização do processo à procedimentalização da Constituição: uma reflexão no marco da teoria discursiva do Direito", pp. 541 e ss.).

55. Cf. meu artigo "Instrumentalismo e garantismo: visões opostas do fenômeno processual", in *Garantismo Processual*, pp. 1-40.

56. Cf. Cappelletti, *Proceso, Ideologías, Sociedad*, pp. 26 e ss.

57. Já se afirmou, com indiscutível acerto, não ser o processo "*meramente* instrumental, pois revela um valor próprio, ao estabelecer, como já se destacou, as formas, inclusive as formas de tutela, com que se pode tornar efetivo o direito material. De tal sorte, a regulação processual constitui um elemento essencial para que o Poder Judiciário possa cumprir sua função na conservação de uma ordem estatal específica e na garantia da segurança jurídica e, além disso, para a efetivação dos direitos e garantias" (Carlos Alberto Alvaro de Oliveira, "Direito material, processo e tutela jurisdicional", p. 307).

resultados. Não mais se aceitam a indiferença e a neutralidade quanto aos objetivos.[58]

Por outro lado, tal visão permitirá identificar se eventuais frustrações quanto ao resultado da atividade jurisdicional decorrem de vícios inerentes ao sistema processual ou se estão relacionadas ao próprio direito material. Muitas vezes o processo não confere a tutela efetiva ao titular de um direito subjetivo, proporcionando-lhe exatamente aquilo a que faça jus, por óbices encontrados no próprio ordenamento substancial.[59]

Pensemos, por exemplo, nas modalidades de tutela cognitiva: declaratória, condenatória e constitutiva.[60] Ao reconhecer a existência ou inexistência de um direito (tutela declaratória), o juiz elimina a crise de certeza apresentada pelo autor. Trata-se de efeito da sentença, que por si só é apta a produzir esse resultado no plano material. Fenômeno idêntico ocorre com a tutela constitutiva, que cria uma nova situação jurídica, independentemente de outra atividade jurisdicional. Mas a sentença condenatória nem sempre é suficiente para afastar a crise de adimplemento, pois, se o devedor recusar-se a cumpri-la espon-

58. A conclusão é de Proto Pisani: "Ne consegue che strumentalità del diritto processuale non significa neutralità; il diritto processuale – nei molti procedimenti e nelle variegate forme di tutela in cui si articola – non è, non può essere, indifferente rispetto alla natura degli interessi in conflitto; non lo è – e per questo non è corretto parlare di neutralità – poiché è dalla predisposizione di procedimenti idonei a fornire forme di tutela giurisdizionale adeguate agli specifici bisogni delle singoli situazioni di vantaggio dipende l'esistenza o il modo di esistenza dello stesso diritto sostanziale" (*Appunti sulla Giustizia Civile*, pp. 11 e 12).

59. Exatamente porque consciente da influência do direito material sobre o processo, Flávio Yarshell percebeu o problema aqui ressaltado: "Não basta repetir que o processo, na medida do que for praticamente possível, deve proporcionar a quem tem um direito precisamente aquilo a que faça jus, se a determinação desse direito a atuar (base de todo raciocínio) revelar-se imperfeita e inadequada. A efetividade do processo, portanto, depende do bom entendimento de como opera a tutela jurisdicional e também do direito material a atuar" (cf. *Tutela Jurisdicional Específica nas Obrigações de Declaração de Vontade*, p. 64).

60. Porque irrelevante ao desenvolvimento da ideia, não será abordada a discussão sobre a classificação ternária ou quinária da tutela jurisdicional. Para exame da controvérsia doutrinária, cf. meu *Efetividade do Processo e Técnica Processual*, pp. 518 e ss.

taneamente, a obrigação de dar, fazer ou não fazer permanece insatisfeita. É preciso pleitear a adoção de outras providências pelo juiz, de natureza satisfativa, destinadas a tornar realidade o comando emergente dessa espécie de tutela cognitiva. Ela não é dotada do mesmo grau de efetividade das demais, declaratória e constitutiva, em razão de especificidades da crise de direito substancial, ou seja, da natureza do litígio. O resultado da atividade cognitiva é suficiente para colocar fim à incerteza e para atender à necessidade de modificação jurídica. Mas não é capaz de eliminar a crise de cooperação representada pelo descumprimento de uma obrigação. Para tanto, imprescindível a prática de outros atos pelo juiz, destinados a proporcionar ao credor, coercitivamente, o resultado prático desejado.

Isso ocorre, todavia, não por circunstâncias inerentes ao direito processual, mas em razão da especificidade da crise de adimplemento, cujo fundamento é o direito ao comportamento de alguém.

Daí a preocupação do legislador processual em conferir ao juiz o poder de determinar qualquer medida destinada à efetivação da tutela jurisdicional (CPC, art. 139, IV).

A possibilidade de a tutela jurisdicional atuar como efetivo fator de pacificação social depende fundamentalmente da perfeita compreensão a respeito das inúmeras situações da vida sobre que o pronunciamento surtirá efeito.[61] Somente assim poderá o processualista prever tutelas adequadas ao escopo da função jurisdicional.[62]

61. É esse, segundo José Eduardo Faria, o dilema do Judiciário: "unir o sistema jurídico e as condições de vida de uma sociedade com 40% de seus habitantes vivendo em condições subumanas, conscientizando-se de que a atividade judicial extravasa os limites do universo legal, afetando o sistema social, político e econômico na sua totalidade" ("Burocracia legal resiste aos novos direitos", p. Q2).

62. Precisa a conclusão de Flávio Yarshell no sentido de que "fundamental para a tão perseguida efetividade é a compreensão dos verdadeiros limites ditados pela ordem jurídica substancial, que o processualista não deve ultrapassar, pois que o processo não é fonte autônoma de direitos; mas dos quais também não deve ficar aquém, sob pena de esvaziamento de todo o valor do ordenamento jurídico" (cf. *Tutela Jurisdicional Específica nas Obrigações de Declaração de Vontade*, p. 152).

Também circunstâncias inerentes ao próprio direito processual podem impedir a tutela de uma situação da vida e, em consequência, obstar à pacificação social.

Para evitar os exageros da técnica, há quem sustente, por exemplo, a possibilidade de o juiz proferir decisão de mérito, mesmo se ausente pressuposto processual. Isso porque, à exceção da competência, os demais requisitos necessários ao provimento sobre a pretensão apresentada ao juiz visam a salvaguardar interesses das partes no processo. Assim, a falta de um desses pressupostos somente deveria impedir a tutela se o resultado for desfavorável àquele a quem o legislador pretendeu proteger pelo requisito ausente.[63]

Concorde-se ou não com tais conclusões, importa ressaltar a visão adequada de seu defensor quanto aos verdadeiros escopos do processo. Demonstra ele também a utilidade de aproximá-lo do direito material, reduzindo a distância entre os dois polos do binômio, sem que isso implique retorno a fases já ultrapassadas da ciência processual.

Os pressupostos processuais, como as condições da ação, são requisitos de admissibilidade do julgamento de mérito. São aspectos da técnica adotada pelo legislador brasileiro para construção do modelo de processo. O método estatal de solução de controvérsias foi concebido segundo determinadas normas, consideradas as mais adequadas aos escopos da atividade jurisdicional. A estrita observância das regras previstas para o desenvolvimento regular do método de trabalho é, em princípio, necessária. Confere-lhe segurança, legitimando o resultado proporcionado por essa via. Mas não deve ser ignorada a possibilidade de, concretamente, a ausência de um desses requisitos não comprometer nenhum dos valores tutelados pela técnica processual. A falta de determinado pressuposto processual, destinado a assegurar plena participação de um dos sujeitos processuais (capacidade de estar em juízo, por exemplo), pode não impedir que ele demonstre ser

63. A tese, que merece profunda reflexão, é sustentada de maneira brilhante pelo processualista português Miguel Teixeira de Souza (cf. "Sobre o sentido e a função dos pressupostos processuais", pp. 65-87). Cf. meu *Efetividade do Processo e Técnica Processual*, *passim*.

efetivamente titular do direito substancial controvertido. Nesse caso, como em inúmeros outros, parece-me deva ser ignorado o vício processual, visto que a ausência de prejuízo aos interesses protegidos pela forma torna-o irrelevante.[64]

Não se pretende eliminar o binômio direito-processo, mas apenas aproximar os dois fenômenos.[65] A ciência processual moderna rejeita a ideia de *iudicium* dos romanos, para quem o processo era o próprio direito material transformado. Mas o nexo existe, pois as relações da vida são trazidas para dentro dele.[66]

64. Para melhor exame da tese, cf. meu *Efetividade do Processo e Técnica Processual*, *passim*.

65. Embora extremista, Di Majo apresenta proposta interessante, principalmente se considerada à luz das ideias, não mais controvertidas, sobre autonomia e independência do processo (cf. *La Tutela Civile dei Diritti*, pp. V e VII). Para ele a tutela civil dos direitos, que corresponde ao título de sua obra, equivale àquilo que no Direito Anglo-Saxão é denominado *remédio*, definido como a forma de proteção que a lei assegura a um interesse. Normalmente vem à tona quando o direito é violado. No nosso sistema a tutela depende da menção ao direito subjetivo e à individuação do instrumento processual mais adequado de tutela. Ao contrário, o sistema da *Common Law* desconhece o conceito de direito subjetivo; é inspirado no antigo sistema de fórmulas (*forms of action*). Essa visão é importante, pois permite adequar novas formas de tutela às necessidades econômico-sociais. A tutela cautelar seria uma tendência nesse sentido, pois dispensa a referência a um direito subjetivo (coloquei em dúvida a existência de tutela cautelar exatamente porque não se refere ela a uma situação de direito material a ser protegida). Pretende organizar, no sistema da *Civil Law*, um modo de tutela em torno da ideia de remédio, independentemente do direito subjetivo. Essa visão aproxima o direito material do substancial e deve levar em conta as conquistas dessa última ciência. Por exemplo, o autor refere-se a eventual remédio concreto previsto no ordenamento substancial (ação para obter o adimplemento da obrigação); deve encontrar uma técnica que possibilite a atuação prática disso. Aqui reside seu grande equívoco, pois está confundindo os dois planos do ordenamento jurídico. De útil, esse enfoque revela a necessidade de a técnica processual se amoldar ao direito substancial. Nada mais é do que o desenvolvimento da ideia de instrumentalidade do processo, vista pelo ângulo do direito material, isto é, a partir de uma premissa fundamental: o desenvolvimento da técnica processual somente tem sentido se favorecer a atuação do ordenamento substancial. Então, deve-se estudar o processo em função das necessidades evidenciadas no dia a dia das pessoas, no campo do direito material. Constitui adequação da técnica ao seu fim, não o contrário.

66. Segundo teoria hoje praticamente abandonada, o direito material afirmado se transforma em um complexo de expectativas, possibilidades e ônus, isto é, em situações processuais: "Si la evidencia de los presupuestos

Uma das teorias com grande prestígio entre os doutrinadores modernos, já acatada, inclusive, em diversos dispositivos do Código de Processo Civil revogado, tem como polo metodológico a lide, isto é, o conflito de interesses qualificado por uma pretensão resistida. Isso nada mais é do que a situação da vida trazida a juízo, em função da qual se desenvolveu toda uma linha de pensamento a respeito do direito processual.[67]

6. *Breve notícia histórica*

Até meados do século XIX, o direito processual inexistia como ciência. A ação era considerada aspecto do direito material, ou um direito nascido da sua violação. Faz parte desse contexto o conceito de ação, como sendo o direito de alguém perseguir em juízo o que lhe é devido.

No Direito Romano, por exemplo, era completamente desconhecida a ideia de autonomia do processo. Para os juristas de então, direito subjetivo material e ação se confundiam. O conteúdo do direito evidenciava-se pela ótica da ação, que o tutelava contra eventuais ofensas. A titularidade da ação implicava a titularidade do direito material.[68]

del derecho material falta totalmente, la expectativa que se ofrece se reduce a una mera pretensión de que el Estado administre justicia; si, por el contrario, existen pruebas irrefutables de la existencia del derecho material, la expectativa basada en ellas llega a coincidir con la exigencia de protección jurídica mediante una sentencia favorable" (James Goldschmidt, *Principios Generales del Proceso*, *Teoría General del Proceso*, vol. I, pp. 69 e 70). A teoria da situação jurídica, embora rejeitada pela doutrina, é bastante rica e revela com muita clareza o nexo existente entre direito e processo. Como bem observam Cintra, Grinover e Dinamarco, a construção de Goldschmidt, pelos conceitos e observações que contém, em muito contribuiu para o desenvolvimento da ciência processual, pois esclareceu uma série de fenômenos antes mal compreendidos e envolvidos em dúvidas e enganos (cf. *Teoria Geral do Processo*, p. 280).

67. Sobre o conceito de lide e as críticas formuladas à teoria de Carnelutti, com indicação bibliográfica, cf. Bedaque, *Poderes Instrutórios do Juiz*, pp.16 e 17.

68. Cf., por todos, José Rogério Cruz e Tucci, *A "Causa Petendi" no Processo Civil*, pp. 22 e ss., onde se pode verificar com bastante clareza o desenvolvimento do processo romano. A confusão entre direito e processo era evidente: "Dentre os importantíssimos efeitos decorrentes da *litis contestatio*, a *novatio* necessária ensejava a extinção da relação de direito material (obrigação

Em 1856 travou-se a famosa polêmica entre dois juristas alemães, Bernardo Windscheid, catedrático em Greifswald, e Teodoro Muther, professor em Könisberga, a respeito da *actio* romana.

Para Windscheid, ação significava direito à tutela jurisdicional, decorrente da violação de outro direito. Não era essa, todavia, a noção do Direito Romano, pois o *Corpus Iuris* previa inúmeras *actiones*, que não pressupunham a violação de um direito: embora a todo direito corresponda uma ação, a recíproca não é verdadeira. Os romanos viviam sob um sistema de ações, não de direitos. E a razão principal era, além de seu senso prático, o grande poder conferido ao magistrado de decidir até mesmo contra a lei. Importava o que ele dizia, não o que constava do direito objetivo; a pretensão precisava estar amparada por uma *actio* dada pelo magistrado que exercia jurisdição.

Segundo Muther, o conceito de ação romana formulado por Windscheid é inexato. Para ele o direito subjetivo é pressuposto da *actio*. Quando o pretor formulava um *edictum*, estava criando norma geral e abstrata para amparar pretensões. Tal regra, embora não pertencente ao *ius civile*, lhe era equivalente. Conclui haver coincidência entre a *actio* romana e a ação moderna.[69]

A partir dessa polêmica passaram os juristas a vislumbrar a existência de um direito autônomo de provocar a atividade jurisdicional do Estado. Nasceu, então, o conceito moderno de ação.[70]

No ano de 1868, também na Alemanha, vem à luz a obra de Oskar von Bulow a respeito das exceções e pressupostos processuais, em que o autor demonstra a autonomia entre a re-

originária) deduzida em juízo, dando origem a uma nova relação (obrigação processual derivada), o que vedava, por força da regra *bis de eadem dire ne sit actio*, o ajuizamento de outra ação lastreada na mesma relação jurídica substancial" (ob. cit., p. 29).

69. A respeito das duas posições, cf. Tornaghi, *Instituições de Processo Penal*, vol. I, pp. 244-289. V. também Dinamarco, *Fundamentos do Processo Civil Moderno*, pp. 14 e 15.

70. Para um estudo completo sobre a história do direito de ação, cf. Ricardo Orestano, *Azione*, *Diritti Soggettivi*, *Persone Giuridiche*, pp. 13 e ss.

lação processual e a material, o que já fora objeto de referência na obra de Bethmann-Hollweg.[71]

São esses os dois grandes marcos do desenvolvimento da ciência processual. Passou-se da chamada fase do sincretismo jurídico para a postura autonomista, quando foram formuladas as grandes teorias a respeito de jurisdição, ação, defesa e processo.[72] Evoluiu-se da pura técnica para a ciência, do mero procedimento para o direito processual.[73]

Tanto a polêmica Windscheid-Muther quanto a obra de Bulow tiveram também o mérito de chamar a atenção para a existência do binômio direito-processo, ou seja, para a distinção entre o plano material e o processual do ordenamento jurídico. Surgiram, então, as concepções unitária e dualista, cujos respectivos defensores divergem a respeito da natureza da atividade jurisdicional, isto é, se ela implica a criação de direitos ou se o resultado produzido corresponde à simples declaração de direitos preexistentes.[74]

O desenvolvimento dos estudos de direito processual revelou tratar-se de ramo autônomo da ciência jurídica, não obstante manter com o direito substancial íntima relação, de instrumento para objeto.

Esta breve notícia histórica tem por objetivo demonstrar tão somente a evolução desse relacionamento. Inicia-se com a absoluta identidade entre ambos e se chega a uma desvinculação indesejável. O método instrumentalista iniciou o retorno. A relativização do binômio representa o momento culminante, pois revela que o nexo de instrumentalidade é mais intenso do que se supunha.

71. Cf. Dinamarco, *Fundamentos do Processo Civil Moderno*, pp. 12 e 13.

72. Cf. Dinamarco, *A Instrumentalidade do Processo*, pp. 18-21.

73. José Rogério Cruz e Tucci, "A denominada 'situação substancial' como objeto do processo na obra de Fazzalari", p. 274.

74. Cf.: Dinamarco, *Fundamentos do Processo Civil Moderno*, pp. 15-37; *A Instrumentalidade do Processo*, pp. 181-209; José Rogério Cruz e Tucci, "A denominada 'situação substancial' como objeto do processo na obra de Fazzalari", p. 274.

Pretende-se continuar nesse caminho de volta. Não para retornar ao sincretismo, obviamente, mas para resgatar a real função do direito processual no mundo do Direito.

Capítulo II
A Tutela Jurisdicional

7. Noções gerais. 8. O direito material, os institutos processuais e a tutela jurisdicional. 9. O significado de tutela. 10. Espécies de tutela e efetividade do processo. 11. A natureza do direito e a tutela pleiteada. 12. Tutela de direitos e tutela jurisdicional. 13. O procedimento e a relação material.

7. Noções gerais

Todos têm o direito de propor demandas. Tal fenômeno corresponde àquilo que se convencionou chamar de direito de petição,[1] de demandar ou de mero acesso ao Poder Judiciário, garantia assegurada no plano constitucional (art. 5º, XXXV).

Não obstante proposta a demanda e iniciado o processo, o pronunciamento sobre a situação jurídica material descrita na inicial somente é assegurado a quem preenche os requisitos de admissibilidade ao exame do direito à tutela jurisdicional, ou seja, ao julgamento do mérito. São classificados pela doutrina, especialmente a brasileira, em duas categorias: pressupostos processuais e condições da ação.[2] Em outras palavras, o exercício da garantia constitucional de acesso ao Judiciário (ação) somente implicará a solução da crise de direito material se presentes

1. Couture, por exemplo, considera a ação como típico direito de petição: "La acción civil no difiere, en su esencia, del derecho de petición ante la autoridad. Éste es el género; aquélla es una especie" (cf. *Fundamentos del Derecho Procesal Civil*, p. 77. V. também Dinamarco, *Execução Civil*, pp. 366 e ss.).

2. A respeito da ação e suas condições, v. *infra*, Capítulo IV, n. 23.7.

os requisitos de admissibilidade do julgamento de mérito, ao menos em princípio.

Trata-se de fenômeno regulado no plano infraconstitucional, diverso do simples direito de ingresso em juízo. Ao titular da "ação processual", assegura-se o direito ao pronunciamento judicial sobre a situação da vida trazida para o processo, ainda que o resultado seja desfavorável ao autor. No processo de conhecimento, trata-se da sentença de mérito, na qual a situação da vida discutida no processo é examinada, para acolhimento ou rejeição da pretensão inicial.

Assim, a tutela jurisdicional está reservada apenas àqueles que efetivamente estejam amparados no plano do direito material.

Em síntese, todos podem propor ação (garantia constitucional). Se preenchidas as exigências do legislador processual, examina-se a situação de direito material, aplicando-se as respectivas regras. Ao final, o pedido inicial poderá ser acolhido ou rejeitado, dependendo da subsunção, ou não, da descrição feita pelo autor à situação abstrata prevista na lei substancial.

Percebe-se, em cada uma dessas etapas, uma aproximação maior da situação substancial. Trata-se de uma escalada, que vai do direito quase absoluto de ingressar em juízo, abstrato e incondicionado, fenômeno identificado com a garantia de acesso ao devido processo constitucional, até o direito à proteção ao interesse material mediante a tutela jurisdicional . Ela pode conter o reconhecimento de situação de vantagem a uma das partes, assegurada pela norma de direito substancial (processo de conhecimento); ou a efetivação prática do interesse juridicamente protegido (processo de execução). Parte-se do poder de ingressar em juízo e chega-se à tutela jurisdicional.[3]

3. Dinamarco fala em "escalada de intensidade entre os poderes e faculdades de que o Estado municia as pessoas para a defesa judicial de seus interesses, de modo que (a) todos têm a faculdade de ingressar em juízo, independentemente de terem o direito alegado e mesmo de serem amparados pelas condições da ação; (b) tem o poder de exigir o provimento jurisdicional final quem estiver amparado pelas condições da ação, quer tenha ou não o direito subjetivo material alegado; (c) só tem direito à tutela jurisdicional quem reunir as condições e ainda desfrutar do direito subjetivo material alegado

Tutela jurisdicional relaciona-se, pois, com o direito material; distingue-se de prestação jurisdicional (serviço jurisdicional) ou do dever de resposta ao poder de ação.[4]

Importante estabelecer o exato significado de *tutela jurisdicional*. É análise do fenômeno processual realizada pelo ângulo de quem tem razão. O escopo do processo é a proteção de determinada situação de vantagem assegurada no direito material, ao autor ou ao réu. Somente com ela obtém-se a pacificação definitiva. Está consubstanciada no provimento jurisdicional que acolhe a pretensão de uma das partes.[5]

Constantes frustrações causadas por essa forma de proteção ao direito, decorrentes especialmente da morosidade do processo, têm determinado o surgimento de outros meios de solução dos conflitos – os chamados sucedâneos da jurisdição. Alguns acabam por alcançar o mesmo fim desejado pela jurisdição: a pacificação. Outros, nem tanto. Seja pela via jurisdicional, seja mediante os mecanismos equivalentes (arbitragem, conciliação, mediação), busca-se a pacificação social mediante alternativas à autotutela, em princípio vedada pelo ordenamento jurídico.[6]

Cabe, aqui, uma observação. Não há uniformidade de escopos entre as partes e o juiz, no tocante ao resultado do processo. Aquelas não buscam a solução da controvérsia mediante a atuação da vontade concreta da lei e a pacificação social; pleiteiam a proteção a seus interesses, consubstanciada na tutela jurisdicional. Para tanto, procuram demonstrar a subsunção dos fatos às regras de direito substancial. Daí a importância do contraditório, cujo exercício não pode ser confundido com a dialética erística de

(no processo de conhecimento fará jus à sentença favorável)" (cf. *Execução Civil*, p. 368).

4. "Tutela jurisdicional não é mero exercício da jurisdição, ou outorga do provimento jurisdicional em cumprimento ao dever que tem como contraposto o poder de ação. A ação está satisfeita com a emissão do provimento de mérito, favorável ou desfavorável. É, portanto, um conceito indesejavelmente técnico, para quem busca resultados. O resultado desejado é a efetiva satisfação de pretensões apoiadas pelo Direito" (cf. Cândido R. Dinamarco, "Universalidade da tutela jurisdicional", p. 6).

5. Cf. Donaldo Armelin, "Tutela jurisdicional diferenciada", p. 46.

6. Cf. Sergio Costa, *Manuale di Diritto Processuale Civile*, p. 10.

Schopenhauer, pois os sujeitos parciais do processo devem atuar em conformidade com a boa-fé processual e com o princípio da colaboração.

Já, o juiz não atua com o objetivo de prestar essa tutela a qualquer deles, mas de verificar qual a situação efetivamente amparada pelo direito material. A pacificação é consequência necessária.

Tutela jurisdicional deve ser entendida, assim, como tutela efetiva de direitos ou de situações pelo processo. Constitui visão do direito processual que põe em relevo o escopo, como fator de garantia do direito material. A técnica processual deve estar sempre a serviço de seu resultado.[7]

É a tutela assegurada por órgãos da jurisdição, segundo a forma prevista nas leis processuais. A ela se refere o art. 24 da Constituição italiana, ao estabelecer que todos podem agir em juízo para tutela dos próprios direitos e interesses legítimos. Constitui regra semelhante à do art. 5º, XXXV, da Constituição do Brasil.

Procura a doutrina italiana distingui-la da tutela civil assegurada pela lei material, com o fim de regular as relações entre *privati* ou *inter cives*. Tratando-se de relações das pessoas com os Poderes Públicos, fala-se em tutela administrativa.[8]

Tutela adequada do direito substancial tem como conteúdo a garantia de proteção à situação da vida por ele amparada. Tal garantia, quando assegurada pela jurisdição, configura a tutela jurisdicional.[9]

O estudo do processo somente pela perspectiva do direito de acesso ao Poder Judiciário não satisfaz. De que adianta, para o ordenamento substancial, para a efetiva pacificação, assegurar-se o direito de demandar? Necessário que o consumidor do serviço jurisdicional obtenha a satisfação total de seus interesses

7. É, no dizer de Kazuo Watanabe, o instrumentalismo substancial (cf. *Da Cognição no Processo Civil*, p. 16).

8. Cf. Di Majo, *La Tutela Civile dei Diritti*, com referências à clássica distinção entre direito subjetivo e interesse legítimo, pp. 4-8.

9. Cf. Ada Pellegrini Grinover, *O Processo em sua Unidade-II*, p. 70.

legitimamente postulados, pois apenas esse resultado atende à promessa estatal de proteção aos direitos.[10]

Assim, tutela jurisdicional tem o significado de proteção de um direito ou de uma relação jurídica pela via jurisdicional. Implica prestação jurisdicional em favor do titular de uma situação substancial amparada pela norma, caracterizando a atuação do Direito em casos concretos trazidos à apreciação do Poder Judiciário.[11] É o estudo da técnica processual a partir do seu resultado e em função dele.[12]

8. O direito material, os institutos processuais e a tutela jurisdicional

Grande parte dos fenômenos processuais é concebida à luz de dados fornecidos pela situação da vida regrada pelo direito material. E não poderia ser diferente, pois o instrumento deve adquar-se ao seu objeto.

Veja-se, por exemplo, a classificação das sentenças em meramente declaratórias, constitutivas e condenatórias. Parte-se da situação de direito substancial exposta pelo autor na inicial e reconhecida, ou não, na sentença. Ele afirma, por exemplo, ter direito à tutela pleiteada na inicial, por força da subsunção de determinados fatos às regras substanciais. Alguém, sustentando a existência de um direito não satisfeito espontaneamente, por entender configurado o inadimplemento, pede seja reconhecida essa situação, com a consequente aplicação da vontade sancionatória (sentença condenatória). Pode, todavia, pleitear o mero reconhecimento de um direito ou de uma relação jurídica, sobre

10. Aos litigantes devem ser oferecidos "resultados justos e efetivos, capazes de reverter situações injustas desfavoráveis. Tal é a ideia de efetividade da tutela jurisdicional, coincidente com a da plenitude do acesso à Justiça" (cf. Dinamarco, "Universalidade da tutela jurisdicional", p. 7).

11. Cf. Donaldo Armelin, "Tutela jurisdicional do meio ambiente", p. 49.

12. Di Majo, quando se refere à tutela de direitos, tem em vista o plano substancial do ordenamento jurídico. Fala que a tutela está ligada à lesão já verificada, mas trata também da tutela preventiva, que se coloca diante da ameaça ao direito, com caráter inibitório. Enquanto isso, a primeira tem natureza reparatória da lesão verificada (cf. *La Tutela Civile dei Diritti*, pp. 128-134).

cuja existência paira dúvida gerada pelo comportamento de outrem (sentença declaratória), ou a alteração de uma situação jurídica substancial, porque verificado certo acontecimento em razão do qual esse efeito deve ocorrer (sentença constitutiva).

Importante ressaltar que a classificação é sempre feita à luz da relação material. Refere-se aos efeitos da sentença que se projetam no plano substancial. E eles, frutos da sentença de mérito, tornam-se imutáveis com a formação da coisa julgada material.[13]

Assim, a decisão será declaratória, condenatória ou constitutiva em função de elementos inerentes à relação da vida e ao próprio direito material. A nulidade ou a anulabilidade de um ato jurídico, por exemplo, decorrentes de vícios nele apontados e previstos no âmbito do direito substancial, determina a natureza declaratória ou constitutiva do provimento jurisdicional.[14]

A diferença entre as espécies de tutela decorre das circunstâncias inerentes à situação da vida que clama pela proteção jurisdicional. Na grande maioria das vezes é o próprio direito material que determina a espécie de tutela. Será ela declaratória, condenatória ou constitutiva, portanto, em função da relação jurídica substancial e da pretensão exposta pelo autor. As crises de certeza e de adimplemento conduzem, respectivamente, às tutelas declaratória e condenatória. Já, o direito à modificação jurídica (direito potestativo, na terminologia chiovendiana) autoriza a

13. Segundo Barbosa Moreira, a coisa julgada atinge não os efeitos, mas o próprio conteúdo da sentença, "como norma jurídica concreta referida à situação sobre que se exerceu a atividade cognitiva do órgão judicial" (cf. "Coisa julgada e declaração", p. 89).,

14. Dinamarco percebeu bem esta circunstância: "Não é à toa ou por acaso que certos litígios desembocam na sentença constitutiva e outros, não. Como tantas outras questões em direito processual, também esta se resolve à luz da natureza ou características da situação jurídico-substancial causadora do processo. A tutela jurisdicional constitutiva, como é natural, pressupõe requisitos que não se confundem com os demais e conduz a seus próprios resultados, distintos dos que as outras espécies de tutela jurisdicional proporcionam. Coloca-se, pois, o problema do direito subjetivo material afirmado na demanda de sentença constitutiva" (cf. "Momento de eficácia da sentença constitutiva", pp. 7 e 8). V. também Liebman, *Manual de Direito Processual Civil*, vol. I, pp. 189 e 190.

tutela constitutiva. Tanto a declaratória quanto a constitutiva implicam reconhecimento de um direito. Distinguem-se em função da própria natureza do direito afirmado: será constitutiva a tutela se o *accertamento* acarretar a alteração de um estado jurídico preexistente.[15] O objeto da declaração, aqui, é o direito potestativo à modificação jurídica.[16]

Da tutela constitutiva resulta a atuação da vontade concreta da lei substancial, que confere ao autor o direito à modificação jurídica pleiteada.[17] A natureza da função exercida pelo juiz no processo não influi na caracterização desse tipo de tutela. Tanto quanto nas demais espécies, aqui declara-se um direito preexistente. O que varia é o objeto da decisão, ou seja, o fator determinante para a classificação da tutela cognitiva como constitutiva é a natureza da relação jurídica controvertida.[18]

Em síntese, a multiplicidade de tutelas decorre diretamente das especificidades verificadas nas situações controvertidas regidas pelas regras de direito material. O método estatal de solução de controvérsias (processo) varia em função da adoção de técnicas diversas, cada qual adequada a determinada espécie de crise verificada no âmbito das relações substanciais. É preciso compatibilizar os meios às soluções previstas pelo direito material.[19]

15. Cf. Sergio Costa, *Manuale di Diritto Processuale Civile*, p. 39.

16. Cf. Mandrioli, *Corso di Diritto Processuale Civile*, vol. I, pp. 61 e 62.

17. Cf. Tomás Pará Filho, *Estudo sobre a Sentença Constitutiva*, p. 47.

18. Rocco refere-se a um direito latente, cuja existência é anterior à sentença. Seu exercício, todavia, depende de prévia declaração judicial (cf. *La Sentenza Civile*, pp. 131 e 132). Sobre as várias espécies de tutela jurisdicional, com abordagem crítica das denominadas classificações ternária e quinária, além de análise das sentenças denominadas executivas e mandamentais e os respectivos critérios levados em conta para elaboração dessas construções doutrinárias, cf. meu *Efetividade do Processo e Técnica Processual*, pp. 508 e ss.

19. Dinamarco sintetiza com precisão o relacionamento entre direito material e processo, examinado à luz da tutela jurisdicional: "Às variadas espécies de situações regidas pelo direito material corresponde simétrica variedade de meios processuais adequados a dar-lhes solução efetiva em caso de insatisfação, sempre mediante imposição de regras jurídico-substanciais pertinentes. Como instrumento do direito material, o processo deve dar a quem tem razão precisamente aquilo que segundo este ele tem o direito de obter (bens da vida, materiais ou imateriais). A variedade de meios processuais constitui, assim,

Todo pronunciamento judicial definitivo, cujo conteúdo é exatamente o julgamento do mérito, implica uma declaração, que produz efeitos diversos segundo a natureza do direito declarado. Daí a classificação das tutelas em meramente declaratórias, condenatórias ou constitutivas assentar-se na natureza do direito material.[20] O critério não é, pois, puramente processual, como sustentam alguns.[21]

Trata-se de fenômeno verificado no campo jurídico-substancial, do qual decorre o tipo de tutela cognitiva adequada.[22] Aliás, para determinadas situações da vida existem tutelas específicas. Daí falar-se que a tipicidade não é da ação, mas da tutela pleiteada. Há nexo entre o direito de agir em juízo e a tutela a determinado direito substancial, o que não significa, todavia, sejam a ação, a demanda e a defesa passíveis de classificações e distinções de conteúdo, relacionadas ao próprio direito material cujo reconhecimento se pleiteia.[23] O elemento variável da demanda é exatamente o tipo de tutela, cuja classificação leva em conta o resultado pretendido por quem propõe a demanda.

espelho da variedade das soluções ditadas no direito substancial" (*Instituições de Direito Processual Civil*, vol. I, p. 147).

20. Embora reconheça o nexo entre a classificação das ações e o mérito, Willis Santiago Guerra Filho inverte os termos da questão, pois afirma que este último varia em função do tipo de tutela pleiteado (cf. "Jurisdição voluntária estudada pela teoria geral do processo", p. 55). Ao contrário, a adequação da tutela jurisdicional vai depender da situação da vida afirmada.

21. Toda razão assiste a Luiz Machado Guimarães, a quem a questão não passou despercebida (cf. *Estudos de Direito Processual Civil*, pp. 175-177).

22. Cf. Cândido R. Dinamarco, "Momento de eficácia da sentença constitutiva", pp. 8 e 9.

23. "Non ha, quindi, ormai più senso parlare *ex ante* di tipicità o di atipicità dell'azioni, nè tantomeno ripresentare la tradizionale tipologia delle azioni (siano esse di mero accertamento, di condanna o costitutive), dal momento che la tipicità e la classificazione tipologica sono attributi o prerogative sistematiche del 'risultato' di merito (e non del 'mezzo' processuale o, come si diceva, del 'risultato modale minimo', garantito dalla norma costituzionale), qualificando semmai il tipo di provvedimento o la forma di tutela che sono l'oggetto della domanda o dell'eccezione e che, per consentire a chi le proponga il raggiungimento del fine perseguito, presuppongono *ex post* l'avvenuto accoglimento dell'una o dell'altra" (Luigi Paolo Comoglio, "Note riepilogative su azione e forme di tutela, nell'ottica della domanda giudiziale", pp. 472 e 473; v. também pp. 476 e 477).

A rejeição do pedido, em princípio, gera tutela diametralmente oposta à pleiteada. Julgada improcedente demanda condenatória, declara-se a inexistência da obrigação afirmada, ao menos pelos motivos deduzidos pelo autor.[24]

Na verdade, todos os institutos fundamentais do direito processual recebem reflexos significativos da relação jurídica material (jurisdição, ação, defesa e processo).

O mesmo se diga das condições da ação, das nulidades processuais (especialmente quanto ao princípio da instrumentalidade das formas), coisa julgada, prova etc. Isso revela o nítido caráter instrumental do direito processual e reforça a necessidade de flexibilizar o binômio direito-processo.

Ressalte-se, aliás, que a adequada tutela jurisdicional dos valores e dos direitos fundamentais da pessoa é fator essencial ao próprio Estado de Direito.[25]

24. Cf. Comoglio, "Note riepilogative su azione e forme di tutela, nell'ottica della domanda giudiziale", p. 489. No Brasil a importância do estudo do direito processual a partir da tutela jurisdicional foi ressaltada por Carlos Alberto Alvaro de Oliveira, para quem essa visão, além de possibilitar maior interação entre os planos material e substancial, revela que "o acento fundamental do processo hodierno não se encontra na ação processual, e muito menos na ação de direito material, nem na sentença (mero ato formal, que consubstancia a vontade do juiz), mas no resultado final do processo, exatamente na tutela jurisdicional. Desse modo, não se deve pensar mais em eficácia da ação (de direito material) ou da 'ação' (processual) ou em eficácia da sentença. A tutela é que será declaratória, condenatória, constitutiva, mandamental ou executiva, conforme os casos, regida por elementos próprios do ambiente processual, embora influenciada fortemente pelo direito material, e dotada da imperatividade e soberania que decorrem do papel que a Constituição outorga ao órgão judicial" (*Teoria e Prática da Tutela Jurisdicional*, p. 1).

25. Cf. Luigi Paolo Comoglio, "Stato di Diritto e crisi dei modelli processuali nei sistemi di democrazia socialista", p. 254. Aliás, o autor considera que o Estado de Direito moderno não é concebível sem a adoção de um sistema eficiente de controle, especialmente jurisdicional, da constitucionalidade das leis (v. ob. cit., p. 255). Refere-se, ainda, à efetividade do acesso à Justiça e à garantia de tutela dos direitos do indivíduo frente ao Estado (p. 257). Sugere exame das medidas adotadas na antiga União Soviética e em outros Países que abandonaram o Socialismo, visando a tornar efetivo esse acesso (pp. 259-262). A respeito do processo a serviço da Constituição, v. também Dinamarco, *A Instrumentalidade do Processo*, pp. 24 e ss.

A Constituição espanhola, em seu art. 24.1, proclama que "todas as pessoas têm direito a obter a tutela efetiva dos juízes e tribunais no exercício de seus direitos e interesses legítimos, sem que, em nenhum caso, possa produzir-se sem defesa". Tal regra, segundo se tem sustentado, constitui direito fundamental do homem, e sua implementação depende de alguns requisitos: amplo acesso ao Judiciário; motivação do pronunciamento; eficácia prática da decisão; e possibilidade de defesa.[26]

A efetividade da tutela jurisdicional depende fundamentalmente da sensibilidade do jurista, em especial do estudioso de direito processual, que deve criar soluções visando a tornar o instrumento adequado à realidade social sobre a qual incidirá o resultado do processo.

Assim, direito à tutela jurisdicional significa mais do que direito de ação, pois só obterá essa proteção quem tiver razão no plano material. Adequada tutela jurisdicional significa providência judicial apta a, em tempo razoável e com segurança, eliminar a crise verificada na situação substancial deduzida pelo demandante.[27]

O ato judicial cognitivo, por força do qual é rejeitada a pretensão do autor, confere tutela jurisdicional ao réu, pois elimina definitivamente a possibilidade de discussão a respeito daquele direito considerado inexistente. O processo de execução tem como resultado único, institucional, a atuação da vontade concreta do direito a favor do exequente, ou seja, tende a uma tutela satisfativa. Por esse ângulo, diferem os dois tipos de processo. Enquanto a extinção normal da relação processual cognitiva pode resultar em tutela para qualquer das partes, o processo de execução só termina normalmente com a satisfação do exequente.[28]

26. Cf. Luiz Flávio Gomes, "Não basta a sentença judicial", p. 19. Como bem adverte o autor, essa garantia, também presente no ordenamento jurídico brasileiro, deve tornar-se realidade: "de nada vale conceber os direitos fundamentais conforme o estilo liberal-conservador-formalista".

27. Cf. Dinamarco, "Os gêneros do processo e o objeto da causa".

28. "A destinação unilateral diferencia profundamente o processo de execução do cognitivo, onde tudo se predispõe ao exame e julgamento do

A sentença de improcedência reconhece não possuir o autor direito à tutela jurisdicional, pois a pretensão por ele deduzida não é juridicamente protegida pelo ordenamento. Tal pronunciamento, todavia, confere tutela ao réu, na medida em que lhe assegura o direito à integridade de sua esfera jurídica. Embora não tenha ele direito subjetivo, tem interesse em evitar a ofensa à sua esfera jurídica, interesse passível de proteção por meio da tutela jurisdicional.[29]

Nessa mesma linha de raciocínio, a ação declaratória negativa serve para veicular o direito à proteção de interesse jurídico, pois seu autor não deduz direito subjetivo contra o réu. Ao contrário, afirma inexistir proteção a determinado interesse cujo reconhecimento é pretendido pelo réu, impedindo seja ameaçada ou lesada sua esfera de interesses, pois juridicamente tutelada. Nesse caso, não há direito subjetivo, mas assegura-se a integridade da situação jurídica do autor. É a mesma tutela conferida ao réu nas declaratórias positivas, condenatórias ou constitutivas julgadas improcedentes.

Há quem sustente a existência de um direito absoluto à integridade do próprio campo jurídico, que se realiza mediante a imposição à generalidade das pessoas do dever de não criar polêmicas indevidas a respeito do patrimônio alheio, negando determinada posição real ou pleiteando o reconhecimento de situação inexistente. Seria o mesmo fundamento do direito à integridade moral.[30]

mérito e todas as atividades convergem a este, o qual no entanto poderá ser favorável a qualquer das partes. O processo de conhecimento terá cumprido sua finalidade quando o mérito tiver sido julgado, sem importar em que sentido (procedência ou improcedência da demanda). O de execução, apenas quando o credor estiver satisfeito" (Dinamarco, *Execução Civil*, p. 150). Ressalve-se apenas a extinção da fase executiva, por acolhimento da impugnação oposta pelo executado. Segundo a nova técnica adotada pelo legislador brasileiro, a defesa do executado, nesses casos, constitui incidente processual (CPC, arts. 475-J, § 1º, 475-L e 475-M).

29. Para Goldschmidt inexiste pretensão de tutela jurídica por parte do demandado (cf. *Derecho Procesal Civil*, p. 3).

30. Cf. Fazzalari, *Note in Tema di Diritto e Processo*, pp. 103 e 104.

Daí dizer-se que tutela jurisdicional é a proteção concedida a determinado interesse, por via jurisdicional, assegurando direitos ou a integridade da esfera jurídica de alguém.[31]

Embora a extinção da fase cognitiva do processo, sem julgamento do mérito, não proporcione tutela jurisdicional a nenhuma das partes, no sentido de definir a situação jurídica material, indiscutivelmente tal decisão, de alguma forma, atinge beneficamente a realidade jurídica do réu. Por isso fala-se em tutela de pessoas, que abrangeria também as sentenças de nulidade e de carência.[32]

Analisada de outro ângulo, todavia, a sentença com conteúdo puramente processual não confere tutela, visto que a função jurisdicional somente se explica pelo resultado de transformação do mundo do direito e dos fatos.[33]

9. O significado de tutela

Não obstante as considerações desenvolvidas no item anterior, há controvérsia, na doutrina sobre o significado da expressão *tutela jurisdicional*. Com frequência, ela é empregada para designar fenômenos diversos. Alguns conferem-lhe sentido abstrato, sem vinculação com a proteção do direito material. Segundo essa visão, tutela confunde-se com o resultado alcançado mediante o exercício do poder de provocar a atuação da Jurisdição. Corresponde à própria atividade desenvolvida com exclusividade pelo Poder Judiciário, a partir, em princípio, de

31. A utilização da expressão *tutela jurisdicional* para significar proteção de uma situação jurídico-material por órgãos jurisdicionais é bastante comum na doutrina italiana (cf. Girolamo Bongiorno, "La tutela giurisdizionale dei creditori e dei terzi nelle procedure concorsuali vista da un giudice delegato", pp. 1.121 e ss.). E, confirmando a ideia aqui desenvolvida, no sentido de que o processo deve se adequar à evolução do direito substancial, conclui o autor que: "E non va dimenticato che negli ultimi tempi la diffusione di nuovi rapporti commerciali ha portato all'introduzione di moderni e sofisticati strumenti di tutela (...)" (cf. p. 1.129).

32. A ideia foi desenvolvida por Dinamarco em aulas do Curso de Pós-Graduação da Faculdade de Direito do Largo de S. Francisco.

33. Cf. Botelho de Mesquita, *Da Ação Civil*, p. 103.

provocação da parte ou interessado. Daí afirmar-se que a prestação pode ocorrer de forma total ou parcial, consoante haja ou não apreciação do próprio pedido veiculado por força do exercício da garantia constitucional de provocar a atividade jurisdicional.[34]

Com o devido respeito, opto por entendimento diverso. Antes e durante o desenvolvimento do processo, as partes têm asseguradas inúmeras garantias, como inafastabilidade, isonomia, contraditório, ampla defesa, direito à prova, duplo grau, duração razoável. Todas são inerentes ao devido processo legal e imprescindíveis ao acesso e à legitimidade da tutela jurisdicional. Constituem, pois, instrumentos processuais destinados a possibilitar o acesso à tutela e à ordem jurídica justa.[35] São garantias do modelo processual constitucional, assegurado a todas as pessoas, tendo em vista a ampla admissibilidade de acesso ao instrumento estatal de solução de controvérsias (CF, art. 5º, XXXV). Todos têm direito ao método concebido pelo legislador constitucional, para eliminação das crises de direito

34. Cf. Armelin, "A tutela jurisdicional cautelar", p. 111. No mesmo sentido parece ser a posição de Bidart, ao afirmar que tutela processual (expressão que ele prefere, a tutela jurisdicional) pode ser dirigida à manutenção do *statu quo ante* ou à sua transformação "tanto con relación al proceso y en vista de un acto procesal ulterior, como para disciplinar la situación sustantiva objeto del proceso" (cf. "Tutela procesal 'diferenciada'", p. 104). Para Ovídio Baptista da Silva tutela jurisdicional é sinônimo de prestação jurisdicional, que o juiz apresenta mesmo quando se limita à declaração sobre pressupostos processuais ou condições da ação (cf. "Direito subjetivo, pretensão de direito material e ação", *Ajuris* 17/111-113).

Ada Pellegrini Grinover, ao comentar o Título III do Código de Defesa do Consumidor, afirma que ele se destina à tutela judiciária dos direitos e interesses do consumidor. Faz questão de ressaltar, todavia, que esta expressão não representa adesão à teoria da ação como direito concreto (direito à sentença favorável). Deseja apenas expressar a ideia de acesso à Justiça, no seu sentido mais amplo (cf. "A tutela jurisdicional dos interesses difusos do consumidor brasileiro", p. 2).

35. Para Flávio Luiz Yarshell tutela jurisdicional tem significado amplo, que independe do resultado do processo. Mesmo nas hipóteses de extinção da fase cognitiva sem julgamento de mérito teria o Estado ofertado tutela jurisdicional, pois, "pronunciando-se, ou não, sobre a pretensão deduzida (objeto do processo ou mérito), terá ele proporcionado ao vencido a garantia de um julgamento segundo as regras do devido processo legal, por agente revestido de imparcialidade" (cf. *Tutela Jurisdicional Específica nas Obrigações de Declaração de Vontade*, nota 13, p. 20).

material (devido processo constitucional). Mas a tutela jurisdicional somente será concedida àquele cujo interesse estiver previsto e amparado pelo direito material.

Tutela jurisdicional, portanto, é o conjunto de medidas estabelecidas pelo legislador processual, a fim de conferir eficácia prática às situações da vida abstratamente previstas pelo direito substancial, cujas regras não foram observadas espontaneamente pelos destinatários.[36]

Semelhante é o significado da expressão *tutela jurídica de direitos*, utilizada pela doutrina italiana, que representa a garantia constitucional de tutela jurisdicional a todos os direitos subjetivos e potestativos, sendo inadmissível ao legislador ordinário subtrair das pessoas a possibilidade de acesso ao Poder Judiciário.[37]

Utiliza-se também a expressão "direito processual substancial", para indicar as diversas espécies de tutela jurisdicional.[38] Embora estabelecidas no ordenamento material, têm natureza

36. José Carlos Barbosa Moreira, ao discorrer sobre tutela específica do credor nas obrigações negativas, usa a expressão "tutela específica" como o "conjunto de remédios e providências tendentes a proporcionar àquele (ou àqueles) em cujo benefício se estabeleceu a obrigação negativa – 'credor(es)' *lato sensu*, para usarmos expressão cômoda, embora talvez parcialmente atécnica – o preciso resultado prático atingível por meio do adimplemento, isto é, a não violação do direito ou do interesse tutelado. A tal modalidade contrapõe-se o emprego de remédios e providências tendentes apenas a eliminar as consequências da violação, ou compensar pecuniariamente o credor que a tenha sofrido" ("A tutela específica do credor nas obrigações negativas", p. 31). Fala também em tutela sancionatória e preventiva (pp. 33, 34, 43), referindo-se, sempre, é claro, à proteção jurisdicional de direito material. Em outro estudo tratou do tema com profundidade. Do contexto, possível concluir que o eminente processualista relaciona intimamente tutela com o direito material. Isto é, tutela consiste na prestação jurisdicional, repressiva ou preventiva, que assegure o direito subjetivo substancial ao seu titular (cf. "Tutela sancionatória e tutela preventiva", pp. 21 e ss.).

37. Cf. Luigi Montesano, *Le Tutele Giurisdizionale dei Diritti*, p. 30.

38. Cf. Zanzucchi, *Diritto Processuale Civile*, vol. I, p. 90. Para Calamandrei, "mentre il diritto sostanziale regola il rapporto sostanziale fuori del processo, e il diritto processuale regola il rapporto processuale dentro il processo, queste norme che costituiscono il raccordo fra i due termini regolano l'azione (o anche, si potrebbe dire, il merito della causa): appartengono cioè al diritto sostanziale in quanto si fa valere nel processo non più come diritto alla prestazione dell'obbligato, ma come diritto alla garanzia giurisdizionale promessa dallo Stato" ("Istituzioni di diritto processuale civile", p. 202).

processual. Encontram-se em posição intermediária, entre as normas substanciais, nas quais estão previstos os direitos, e as que disciplinam o modo de atuação da tutela.[39] Essa construção é desenvolvida pela doutrina brasileira.

Nesse mesmo contexto da ciência processual italiana, há referência ainda à expressão "jurisdição civil", também denominada "necessária", ou seja, aquela destinada à tutela de direitos. À luz dessa ideia, o processo é concebido como procedimento, cujo ato final decorre do exercício de função jurisdicional, considerada imprescindível à atuação de determinados direitos. O conceito, todavia, acaba se estendendo à jurisdição em geral, cujo objeto verse sobre matéria não penal.

O Código de processo civil italiano parece rejeitar essa extensão, pois prevê a denominada "jurisdição não necessária" no Livro IV, entre os procedimentos especiais, enquanto os processos preordenados à tutela de direitos estão regulados nos Livros II e III, com o nome de processo de conhecimento e processo de execução, em que o ato final configura exercício de "jurisdição necessária".

Para evitar confusão conceitual, é preciso compreender o exato significado das expressões *jurisdição necessária* e *jurisdição não necessária*, que não coincide exatamente com aquele adotado pela doutrina brasileira.

Por força de previsão constitucional, existem na Itália funções jurisdicionais, que não podem faltar no ordenamento nem ser subtraídas das pessoas, cuja instituição e atribuição aos juízes são impostas ao legislador ordinário. É a jurisdição necessária, tal como concebida naquele país, que compreende a tutela jurisdicional dos direitos e dos interesses legítimos, bem como a cognição e punição dos crimes. Contrapõe-se a tutela de direitos subjetivos submetidos a função não necessariamente jurisdicional, pois o legislador pode ou não atribuí-la ao juiz (jurisdição não necessária ou voluntária).

39. "La norma che prevede la tutela di un diritto presuppone, da un lato, il riconoscimento di quel diritto da parte di un'altra norma, dall'altro la esistenza di una norma che disciplina la attuazione di quella tutela" (cf. Micchelli, *Corso di Diritto Processuale Civile,* vol. I, pp. 4 e 5).

Jurisdição civil, nessa linha, é conceito ao qual se chega por exclusão, abrangendo toda função jurisdicional, inclusive a não necessária, cujo objeto não seja o direito material penal ou administrativa.

A jurisdição contenciosa ou necessária visa à tutela de direitos. Distingue-se da função também exercida por juízes, mas com o objetivo de integração da vontade de outros sujeitos ou a atuação de normas de direito público. A jurisdição necessária destina-se à tutela de direitos, ou seja, à proteção de direitos privados.[40]

No Brasil, a expressão "jurisdição necessária" equivale a processo necessário, ou seja, aquele destinado a atuar a vontade da lei às situações de vida não passíveis de solução espontânea pelos próprios destinatários. Fala-se também em atividade secundária e atividade primária.[41]

Temos entre nós, ainda, a denominada *jurisdição voluntária*, reservada a determinadas situações para as quais o acordo de vontades só pode produzir efeitos se homologado pelo juiz (CPC, arts. 719 e ss.). Essa atividade em muitas hipóteses deixou de ser exclusiva do Poder Judiciário (separação consensual, inventário). Em outras configura típica jurisdição contenciosa (alienação judicial).

10. Espécies de tutela e efetividade do processo

Se considerarmos o processo do ponto de vista da efetividade, entendida esta como eficácia prática resultante da atividade jurisdicional no âmbito das relações de direito material, a proteção conferida pela tutela declaratória é plena, pois prescinde de qualquer providência ulterior para assegurar, por completo, a satisfação da pretensão reclamada.[42] O mesmo ocorre com a

40. Cf. Montesano, *Le Tutele Giurisdizionale dei Diritti*, pp. 12 e ss.

41. Cf.: Calamandrei, "Istituzioni di diritto processuale civile", p. 60; Proto Pisani, *Lezioni di Diritto Processuale Civile*, 1999, p. 50.

42 Ressalve-se, aqui, a tutela declaratória por força da qual é reconhecida a exigibilidade de obrigação. Nesse caso, o legislador do Código de Processo Civil//2015 confere-lhe o caráter de título executivo judicial (art. 515, I).

tutela constitutiva, que, do ponto de vista prático, é suficiente, por si só, para operar a modificação da situação jurídica substancial, satisfazendo integralmente o direito do respectivo titular. Por este mesmo prisma da utilidade da atividade jurisdicional, a tutela executiva aproxima-se bastante da constitutiva, visto que ambas operam transformações no plano substancial, satisfazendo de forma plena aquela pretensão trazida do mundo exterior. Já, a tutela condenatória é a menos completa, pois não dá solução definitiva à situação da vida. Sua eficácia prática, consistente no cumprimento da obrigação, muitas vezes depende de outra atividade jurisdicional, agora de natureza coercitiva, consubstanciada na tutela executiva (cumprimento de sentença), pois nem sempre a satisfação do direito nela reconhecido se faz espontaneamente.[43]

Daí afirmar-se que a sentença condenatória, a rigor, não acarreta nenhum efeito de direito material, pois traduz comando já contido na lei. Sua eficácia, segundo respeitada doutrina, seria puramente processual, uma vez que o inadimplemento da obrigação subsiste, não obstante afirmado na sentença, salvo a hipótese não muito comum de observância espontânea do respectivo comando.[44] Tal conclusão, todavia, comporta reparo, pois a condenação pressupõe declaração da existência do direito de exigir a prestação de dar, fazer ou não fazer, a cujo cumprimento o devedor resiste, o que implica efeitos no plano material, como ocorre com qualquer tutela declaratória.

Esse quadro permanece inalterado, não obstante as modificações introduzidas no sistema processual revogado pela Lei 11.232, de 22.12.2005, que estendeu às obrigações de pagar quantia o mesmo regime já previsto para as obrigações de fazer, não fazer e entregar coisa (arts. 461, 461-A e 475-I), técnica reproduzida no Código de 2015 (arts. 513 e ss.).

A eliminação do processo de execução autônomo, substituído pela fase do cumprimento de sentença, não confere maior

Assim, a satisfação coercitiva do crédito é alcançada na fase do cumprimento de sentença, tal qual ocorre com a tutela condenatória.

43. Cf. Tomás Pará Filho, *Estudo sobre a Sentença Constitutiva*, p. 30.

44. Cf. Botelho de Mesquita, *Da Ação Civil*, p. 104.

eficácia prática à tutela condenatória. Terá o credor de pleitear as mesmas medidas, visando à satisfação do direito, pois a eficácia dessa espécie de atividade cognitiva não é suficiente, por si só, para afastar a crise de adimplemento verificada no plano material. Só mesmo o distanciamento entre direito e processo pode levar à conclusão segundo a qual a sentença é dotada de maior efetividade, apenas porque a execução será realizada em uma fase do mesmo processo. Basta verificar a situação de direito material submetida à atividade cognitiva do juiz, para concluir que o problema não está na sentença ou na existência de processo autônomo, mas nas especificidades do litígio.[45]

Nessa mesma ordem de raciocínio – ou seja, de aproximação entre processo e direito – fala-se também em tutela jurisdicional diferenciada, ou seja, a exata correspondência entre o tipo de tutela e as diferentes situações da vida. Estas estão sujeitas a frequentes alterações, o que implica modificação das prioridades. Deve o processo acompanhar essa evolução, para corresponder efetivamente às necessidades sociais. Assim, para cada tipo de situação de direito material deve existir, segundo alguns, uma tutela jurisdicional adequada, isto é, diferenciada pelo procedimento.[46]

A legitimidade constitucional e a oportunidade da existência de procedimentos diversos, em função das particularidades da relação jurídica substancial, requerem exame mais aprofundado.

Essa análise pode partir do direito material para o processo, ou vice-versa.[47]

45. Cf.: Capítulo IV, n. 29; Dinamarco, *Instituições de Direito Processual Civil*, vol. I, pp. 315-317.

46. Cf. Proto Pisani, "Sulla tutela giurisdizionale differenziata", pp. 537 e 538. Atentar para o sentido da expressão *tutela jurisdicional diferenciada* utilizado no texto, não significando formas típicas de tutela sumária, mas modelos especiais de tutela com cognição plena (ob. cit., p. 538). Aliás, Donaldo Armelin chama a atenção para a imprecisão do termo. Para ele, a diversidade não reside na natureza da tutela, mas na qualidade de seus efeitos, isto é, a durabilidade ou perenidade destes no tempo (cf. "Tutela jurisdicional diferenciada", p. 46).

47. Cf. Kazuo Watanabe, *Da Cognição no Processo Civil*, pp.17-19. Tal visão do direito processual implica aproximá-lo do direito material: "A preconizada relativização do binômio direito-processo, que é inerente à visão

De qualquer modo, parece-me mais eficaz a ideia de flexibilização do procedimento, possibilitando ao juiz adequá-lo às necessidades do caso concreto. Embora tímida, a solução adotada pelo Código de Processo Civil/2015 vai nessa linha (art. 139, IV e VI). Preferível, em meu entender, a proposta mais ampla prevista no Anteprojeto apresentado pela Comissão constituída pelo Senado Federal. Entre outros, conferia-se ao juiz o poder de "adequar as fases e os atos processuais às especificações do conflito, de modo a conferir maior efetividade à tutela do bem jurídico, respeitado sempre o contraditório e a ampla defesa" (art. 107, V).

11. A natureza do direito e a tutela pleiteada

Autorizada doutrina sustenta deva a distinção entre determinadas categorias de direitos ser feita em função do tipo de tutela pleiteada. A qualificação do interesse ou direito em individual, coletivo ou difuso dependeria do tipo de tutela jurisdicional pretendida, quando proposta a demanda judicial. Assim, o mesmo fato pode dar origem a pretensões difusas, coletivas ou individuais.[48]

Sugiro seja invertido o raciocínio, pois, admitida essa premissa, o fenômeno verificado no plano substancial passa a ser considerado segundo visão excessivamente processual.

Assim, direitos ou interesses de natureza diversa podem advir do mesmo fato. Há muito tempo, importou-se leite produzido em Chernobyl, área contaminada por radiações decorrentes de

instrumentalista da função jurisdicional e do sistema processual como um todo, conduz à intensa preocupação por não fazer do processo um sistema de óbices e dificuldades ao primado do Direito" (cf. Dinamarco, *A Instrumentalidade do Processo*, pp. 360 e 361).

48. Cf. Nelson Nery Jr., "O processo civil no Código de Defesa do Consumidor", p. 25. O autor ilustra a afirmativa com sugestivo exemplo do acidente com o *Bateau Mouche IV*, sustentando que os lesados podem pedir a reparação de seu direito individual; a associação das empresas de turismo poderia defender em juízo seu direito coletivo à boa imagem do setor; já, o Ministério Público, em defesa de interesses difusos, teria legitimidade para requerer a interdição da embarcação, visando à segurança e integridade das pessoas.

defeito verificado em usina nuclear. Imagine-se, por exemplo, a obtenção de tutela inibitória pelo Ministério Público para, em defesa da saúde dos consumidores, impedir a respectiva comercialização. Trata-se de demanda fundada em direito difuso. Mas, se a associação dos produtores de leite, visando a preservar a boa qualidade do produto e o bom nome do setor, formulasse pretensão idêntica, estaria pedindo a tutela de direito coletivo, para cuja defesa tem legitimidade. Por fim, eventuais consumidores, prejudicados pela ingestão do leite, poderiam exigir o ressarcimento do dano sofrido. Também as entidades legitimadas à defesa dos interesses coletivos ou difusos poderiam pedir a tutela jurisdicional dos interesses individuais homogêneos desses consumidores.

Os direitos difuso e coletivo são caracterizados pela indivisibilidade do objeto, isto é, a satisfação ou a lesão ao interesse de um dos membros do grupo atingem, necessária e automaticamente, a esfera de todos.[49]

Já, os direitos individuais homogêneos são aqueles cuja satisfação ou lesão pode ser concebida individualmente. São verdadeiros direitos individuais, tratados de forma coletiva pelo legislador processual em razão de determinadas circunstâncias da relação jurídica material.

Não parece correto, todavia, afirmar seja a tutela jurisdicional pleiteada o elemento apto a determinar a natureza do interesse deduzido em juízo. Ao contrário, a espécie de tutela é determinada pela natureza do direito e respectivas especificidades. Há tutelas preventivas e reparatórias para todo tipo de direito ou interesse. Tudo vai depender das circunstâncias do caso. Aliás,

49. Como bem observa José Carlos Barbosa Moreira, os titulares desses interesses "se põem numa espécie de comunhão tipificada pelo fato de que a satisfação de um só implica por força a satisfação de todos, assim como a lesão de um só constitui, *ipso facto*, a lesão da inteira coletividade" (cf. "A legitimação para a defesa dos 'interesses difusos' no Direito Brasileiro", p. 184). V. também: José Carlos Barbosa Moreira, "La iniciativa en la defensa judicial de los intereses difusos y colectivos", *Revista de Derecho Procesal* 3/528; Carlos Roberto Barbosa Moreira, "Os direitos difusos nas grandes concentrações demográficas", p. 4; Kazuo Watanabe, "Demandas coletivas e os problemas emergentes da práxis forense", pp. 16-18).

não fosse assim, chegaríamos ao absurdo de afirmar que inexistem interesses difusos, coletivos ou individuais homogêneos fora do processo. Eles surgiriam apenas com a formulação da tutela jurisdicional. Não parece correto o raciocínio, com o devido respeito, pois fundado em premissa falsa. O interesse ou direito é difuso, coletivo ou individual homogêneo independentemente da propositura de demanda judicial com o objetivo de tutelá-lo. Basta que determinado acontecimento da vida o faça surgir, como ocorre, aliás, com qualquer situação prevista abstratamente pelas regras substanciais. Caso não se verifique a satisfação espontânea, irá o legitimado bater às portas do Judiciário para pleitear a tutela jurisdicional, ou seja, a proteção àquele interesse metaindividual, preexistente ao processo.

Pense-se na hipótese de determinada escola cobrar taxa de matrícula ilegal. O direito de efetuar a inscrição sem o respectivo pagamento pode ser exigido judicialmente, de forma individual ou coletiva. Neste último caso verifica-se a tutela preventiva de direitos individuais homogêneos.

Aliás, o processo coletivo, destinado à solução dos conflitos de massa, pressupõe, obviamente, direito da mesma natureza. A conscientização pelos estudiosos da existência de direitos metaindividuais fez surgir a necessidade da tutela jurisdicional metaindividual, isto é, de providências jurisdicionais capazes de solucionar conflitos envolvendo interesses de grupos.[50]

50. Para Kazuo Watanabe a correta identificação dos elementos objetivos da ação é fundamental para definir a natureza da tutela pleiteada. O fundamento e os termos em que é formulado o pedido de tutela irão dizer se se trata de demanda coletiva ou individual. É dele o exemplo: "Tome-se como exemplo a ação aforada para o desbloqueio dos Cruzados. Se a inconstitucionalidade do bloqueio é arguida apenas *incidenter tantum*, como mera questão prejudicial para justificar o pedido de desconstituição dos bloqueios individualizados, estamos diante de demanda individual, quando muito com pluralidade de partes. Para que a ação seja verdadeiramente uma demanda coletiva, o autor deverá, mediante enunciação de causa de pedir adequada (*v.g.*, inconstitucionalidade), postular a desconstituição do ato geral de bloqueio de Cruzados, postulando provimento jurisdicional que beneficie de modo uniforme todas as pessoas que se encontrem na mesma situação" (cf. "Demandas coletivas e os problemas emergentes da práxis forense", pp. 20 e 23). Como se verifica, em confirmação ao exposto no texto, a demanda será individual ou coletiva

A sentença proferida no processo coletivo tem características próprias, pois não individualiza a regra jurídica do caso concreto, como ocorre nos casos de direitos subjetivos individuais. Ela se situa entre a generalidade da lei e a sentença que declara o direito de alguém. Nos casos de tutela coletiva, a individualização de eventuais direitos requer outra atividade jurisdicional (v. CDC, arts. 97 e ss.).

Todo o estudo do processo coletivo deriva da conscientização a respeito da existência de direitos não individuais. O processo de massa pressupõe o direito metaindividual, cuja efetivação pode depender da tutela jurisdicional apta a solucionar conflitos envolvendo interesses de grupo. É a tutela jurisdicional coletiva. A satisfação de interesses dessa natureza pela via processual suscita alguns problemas, dentre eles um de natureza política: eficácia e autoridade da sentença atingindo pessoas que não participaram do contraditório.

Por tudo isso, as transformações do direito processual devem harmonizar-se com aquelas ocorridas no plano do direito material.[51] À sociedade de massa deve corresponder um processo de massa.[52]

12. Tutela de direitos e tutela jurisdicional

Insisto na premissa estabelecida neste capítulo: a classificação da tutela jurisdicional está intimamente relacionada à situação

em função de dados encontrados no plano material. Mais uma vez revela-se a importância da relativização do binômio.

51. Cf. Arruda Alvim, *Tratado de Direito Processual Civil*, pp. 117 e ss. Na precisa observação de José Carlos Barbosa Moreira: "La concepción tradicional de la estructura del proceso, modelada según las características de los litigios puramente interindividuales, condiciona de manera decisiva el análisis y la solución de varias cuestiones de primera importancia, por ejemplo la de la legitimación para obrar y la de los limites subjetivos de la cosa juzgada. A medida que crece en importancia, en nuestro tiempo, el problema de los llamados intereses 'colectivos' o 'difusos', el derecho procesal es convocado a revisar el tratamiento de éstos y de otros tópicos, en miras a asegurar ahí a la tutela jurisdiccional un nivel de efectividad compatible con las necesidades del mundo contemporáneo" ("Dimensiones sociales del proceso civil", pp. 26 e 27).

52. Cf. Liebman, "Per un nuovo Codice di Procedura Civile", p. 27.

de direito material e às circunstâncias com base nas quais ela é deduzida em juízo. Não existe apenas uma espécie de processo ou um único tipo de procedimento para tutelar todas as situações de vantagem asseguradas pelo ordenamento jurídico material.[53]

Não se pode confundir, todavia, a tutela de interesses estabelecida nas regras de direito substancial com a forma de atuação prática dos mecanismos judiciais destinados a efetivá-los. O ordenamento jurídico material prevê direitos, cuja realização pode dar-se consensualmente, solução preferível, ou pelos meios jurisdicionais, se necessário. Tutela jurídica verifica-se com a satisfação efetiva dos fins preconizados pelo Direito, com a realização da paz social mediante a atuação das normas jurídicas, de forma espontânea ou adjudicada.[54]

A técnica processual deve adequar-se, portanto, àquelas situações abstratamente previstas pelo legislador material, para cuja efetivação seja necessária a intervenção judicial, normalmente em razão de controvérsia entre os sujeitos da relação jurídica.[55]

Pode ocorrer que a tutela jurisdicional de direitos venha estabelecida no próprio ordenamento material, principalmente quanto à sua iniciativa e seu resultado, tal como se dá no Direito Italiano.[56] Normas com esse conteúdo têm, como é óbvio, natureza processual.

A tutela jurisdicional ou garantia jurisdicional das normas jurídicas substanciais representa os vários meios adotados pelo Estado para reagir contra a não observância do direito objetivo e, consequentemente, do respectivo direito subjetivo ou coletivo. São os meios de atuação do ordenamento jurídico material

53. "Non esiste un unico processo che offra una unica forma di tutela per tutte le situazioni di vantaggio, ma esistono invece una pluralità di processi ed una pluralità di forme di tutela giurisdizionale; la diversità di questi processi e di queste forme di tutela, e delle loro variegate combinazioni, riflettono la diversità dei bisogni di tutela delle situazioni di vantaggio" (cf. Proto Pisani, *Appunti sulla Giustizia Civile*, p. 11).

54. Cf. Couture, *Fundamentos del Derecho Procesal Civil*, p. 479.

55. Cf. Adolfo di Majo, *La Tutela Civile dei Diritti*, pp. VI e VII.

56. Cf., a respeito, Luigi Montesano, "'Pubblico' e 'privato' in norme del Codice Civile sulla tutela giurisdizionale dei diritti", pp. 1.011 e ss.

ou de imposição de sanções. Elas constituem o meio pelo qual é efetivada a garantia jurisdicional, assim considerada por se apresentar em um segundo momento, quando não observado espontaneamente o direito objetivo material. Decorre da coercibilidade a ele inerente.

Por esse ângulo, as normas jurídicas são consideradas em dois aspectos: primário e sancionatório. O primeiro, dirigido às pessoas; o segundo, aos órgãos jurisdicionais do Estado.[57]

Para se conceber, em abstrato, os meios pelos quais a tutela jurisdicional será efetivada, deve-se raciocinar a partir da situação da vida protegida pela norma substancial. Quanto mais se aproximar da solução espontânea do conflito, maior será a efetividade proporcionada pela via processual. Quem tem direito à tutela jurisdicional deve receber, em tempo razoável, exatamente aquilo que obteria mediante a observância voluntária da regra material.

Dessa forma, como somente recebe a tutela jurisdicional aquele a quem assiste razão segundo as regras de direito material, as várias espécies de tutela devem corresponder a soluções adequadas para repor o titular do direito subjetivo ao estado em que se encontrava antes da lesão, da ameaça ou da crise de certeza.[58]

Assim, quando se fala em tutela jurisdicional, surge o problema da escolha dos meios praticamente idôneos à efetivação do direito, visto haver óbices difíceis de transpor.[59]

57. Cf. Calamandrei, "Istituzioni di diritto processuale civile", pp. 47-50.

58. Cf.: CF, art. 5º, XXXV; Calamandrei, "Istituzioni di diritto processuale civile", p. 52. Bem por isso, à sensibilidade de Arruda Alvim não escapou essa necessidade de aproximação dos institutos processuais ao direito material e à realidade social: "O processo civil de nossos dias encontra-se num estágio de modificação profunda, na mesma esteira do que precedentemente se tem verificado no mundo ocidental, consistente em colocar ao lado do que se pode designar como processo civil clássico (em sua estrutura) outros instrumentos, destinados a fazer frente às necessidades, que não datam de hoje, mas que são cada vez mais agudas, nestes dias contemporâneos, conduzindo a uma espécie de convivência entre o processo civil clássico (já, em si mesmo, intrinsecamente alterado, em decorrência do descarte da inspiração individualista radical) e esse novo aparato hodierno" (cf. "Anotações sobre as perplexidades e os caminhos do processo civil contemporâneo", p. 7).

59. Cf. Calamandrei, "Istituzioni di diritto processuale civile", p. 52.

A grande diversidade de situações substanciais exige, evidentemente, a adoção de diversas formas de tutela. Não se pode perder de vista essa necessária relação de instrumentalidade, cuja efetivação depende substancialmente da obtenção de resultados concretos. O método estatal de solução de controvérsias deve ser apto a atingir os escopos pretendidos.[60]

Verifica-se que o estudo do direito processual, pelo prisma da tutela jurisdicional, corresponde ao fim do momento autonomista e à conscientização de quão importante é a busca de resultado útil para o processo. Tudo isso leva à necessária "relativização" do binômio direito-processo.[61]

Por outro lado, a concepção do processo a partir das situações de direito substancial, para as quais a atuação da jurisdição torna-se necessária, permite ver com maior clareza que o instrumento não tem sido tão eficaz para debelar o mal quanto desejado.

De fato, embora o processo deva proporcionar a quem assiste razão tudo aquilo e exatamente aquilo a que tem direito, verifica-se que as modalidades de *tutela jurisdicional* mais comuns não proporcionam esse resultado, mesmo em relação àqueles direitos passíveis de plena satisfação pela via jurisdicional.

Há casos, porém, muito mais graves, em relação aos quais o acesso ao método estatal é difícil, ou até mesmo impossível, as técnicas previstas pelo legislador não funcionam a contento e o tempo necessário à obtenção do resultado acaba por comprometer a eficácia prática da tutela. Por isso, prestigiada corrente doutrinária entende não ser satisfatória a modalidade tradicional de *tutela* consistente na aplicação de sanções, sendo necessários *remédios judiciais* capazes de prevenir a ocorrência de lesão.

60. Cf. Proto Pisani, *Appunti sulla Giustizia Civile*, p. 44.

61. "A reabilitação do conceito de tutela jurisdicional, contemporânea à relativização do binômio direito-processo, tem o valor sistemático de permitir afirmações como essa, de inclusão dos bons resultados justos do processo no contexto metodológico do direito processual. O dogma da autonomia deste, cultuado com obsessão durante um século, já produziu os resultados científicos desejáveis mas não merece ser erguido em pedestal capaz de isolar o processo da realidade" (cf. Dinamarco, "Universalidade da tutela jurisdicional", p. 7).

Em vez de *tutela sancionatória ou repressiva*, deveria o sistema processual dar maior atenção e regulamentar a *tutela preventiva.* Esta não se confunde com as medidas provisórias, destinadas a assegurar a eficácia do próprio processo; seu objetivo é proteger de maneira direta a situação material, recaindo a providência jurisdicional no acertamento prévio e definitivo do direito.[62]

Existem direitos, de conteúdo patrimonial ou não, cuja tutela condenatória seguida de execução forçada não é suficiente para protegê-los. Deve-se, portanto, criar modalidades de tutelas preventivas, a fim de assegurar a intangibilidade desses direitos, pois eventual lesão pode tornar-se irreversível.[63]

São exemplos típicos os direitos inerentes à personalidade, o direito de liberdade, o direito a alimentos, o direito ao salário. Nesses casos, os processos condenatório e executivo, ou mesmo o denominado processo sincrético (fases condenatória e executiva), adotado pelo Código de Processo Civil/2015, cuja tutela é eminentemente sancionatória, não conferem aos respectivos titulares a tutela adequada, pois necessitam de uma tutela urgente, muitas vezes imediata, capaz de prevenir ou de impedir a continuidade da violação.[64]

Como meio para obtenção de uma tutela jurisdicional mais eficaz, que represente efetivamente proteção do direito subjetivo material, há quem entenda conveniente, portanto, permitir com mais flexibilidade a tutela preventiva, mediante cognição menos profunda.[65]

Trata-se de questão crucial para o processualista, obrigado a optar entre dois valores em conflito. De um lado, a possi-

62. Barbosa Moreira, "Tutela sancionatória e tutela preventiva", pp. 22 e ss.

63. A observação é de Proto Pisani: "il processo ordinario di cognizione (eventualmente seguito dalla esecuzione forzata) é per sua natura assolutamente inidoneo ad assicurare da solo una tutela giurisdizionale adeguata a tutte quelle situazioni di vantaggio, a tutti quei diritti, i quali necessitano di una tutela urgente, di una tutela – cioè – che prevenga o impedisca immediatamente la continuazione della violazione, e non solo di una tutela repressiva o per equivalente" (cf. *Appunti sulla Giustizia Civile*, pp. 18 e 19).

64. Cf. Proto Pisani, *Appunti sulla Giustizia Civile*, p. 21.

65. Cf. Marinoni, *Tutela Cautelar e Tutela Antecipatória*, pp. 99 e ss.

bilidade de tornar definitiva a situação substancial afirmada na sentença, sem cognição exauriente. De outro, o resultado insatisfatório alcançado pelos meios adotados na grande maioria das situações, insuficientes para conferir acesso à ordem jurídica justa, visto que a necessidade de cognição profunda pode acabar tornando ineficaz o provimento, o que equivale a ausência de tutela.[66]

Por isso parece importante a visão da tutela jurisdicional, ângulo de análise do processo a partir do direito material, pois possibilita adequar melhor o instrumento ao seu objeto. Confere mais eficácia à visão instrumentalista do processo, uma vez que procura adequar a ciência processual à realidade material que constitui seu objeto, permitindo verificar as vantagens e desvantagens de determinadas soluções propostas pela doutrina, com o fim de melhorar a efetividade do processo.[67]

O estudo do processo pelo ângulo da tutela jurisdicional não significa abandono do progresso científico obtido pela ciência processual, que permitiu a perfeita identificação dos dois fenômenos: o direito material e o processual.

O reconhecimento da existência de estreito nexo entre ambos não significa negar a autonomia do plano processual em relação ao substancial.[68] Apenas se está à procura de métodos mais adequados para conferir efetividade ao processo, que, não

66. O legislador brasileiro adotou a solução da tutela antecipada, cuja característica principal é a provisoriedade (CPC, art. 300). Há propostas, todavia, destinadas a conferir estabilidade a essa medida se, após concedida, as partes não pleitearem a continuidade do processo (cf. Capítulo IV, n. 31.4, esp. nota 192).

67. Essa análise permitiu a Cândido Dinamarco oferecer propostas tendentes a permitir maior amplitude ao juiz na oferta da tutela jurisdicional: ampliação dos casos de *judicia duplicia*, alteração do pedido e da causa de pedir, desmitificação do duplo grau jurisdicional, "molecularização *ex officio*, medidas cautelares *ex officio*, efeitos dos recursos, execução *per officium judicis*". Tais propostas, segundo ele próprio afirma, têm por objetivo satisfazer a clássica recomendação chiovendiana de que o processo deve proporcionar a quem tem razão tudo aquilo e precisamente aquilo que ele tem o direito de obter (cf. "Os gêneros do processo e o objeto da causa", p. 22).

68. Cf. Zanzucchi, *Diritto Processuale Civile*, vol. I, p. 91.

obstante autônomo, constitui instrumento do direito material e da pacificação social.[69]

De qualquer modo, possível extrair conclusão fundamental à efetividade do processo: a construção de um sistema processual eficaz depende fundamentalmente da verificação das necessidades no plano material.

Esta é a metodologia a ser utilizada pelo processualista comprometido com resultados: partir do direito material para verificar as possíveis deficiências do processo.

13. O procedimento e a relação material

O sistema processual deve ser construído e organizado de modo tal que as *situações tutelandas* (relações de direito substancial) trazidas à apreciação do órgão jurisdicional encontrem a necessária proteção. Por essa razão, não seria passível de crítica o legislador processual ao utilizar terminologia inerente ao direito material, para indicar fenômenos instrumentais. Nos procedimentos especiais de jurisdição contenciosa, por exemplo, é comum a adoção da técnica de identificação a partir da natureza do direito substancial em litígio: ação de consignação em pagamento, ação de prestação de contas, ações possessórias etc. Embora possa levar a equívocos, pois a ação é direito abstrato, não vinculado à existência de um direito substancial, e, portanto, não sujeita à tipicidade pretendida pelo legislador, não se pode negar que o fenômeno revela a necessária aproximação entre os dois grandes ramos do ordenamento. Mais adequado, todavia, seria se o Código de Processo Civil tipificasse o procedimento, não a ação.[70] Nesses casos, o elemento levado em conta pelo legislador para adequar o método de solução de controvérsias às especificidades do interesse e da relação de direito material

69. Andrea Proto Pisani, como já o fizera em trabalhos anteriores, também parte das regras de direito material, procurando adequar o processo às necessidades de seu objeto (cf. "Appunti sulla tutela costitutiva (e sulle tecniche di produzione degli effetti sostanziali)", *passim*).

70. Cf. Flávio Yarshell, *Tutela Jurisdicional Específica nas Obrigações de Declaração de Vontade*, pp. 108 e 109.

é exatamente a via procedimental. A terminologia adotada, portanto, não se refere ao direito de ação propriamente dito, mas às peculiaridades do rito mais apropriado à natureza dos interesses em conflito.

Nessa mesma linha, a necessidade de adequação do processo ao direito material é exatamente a existência de regras especiais para determinados procedimentos, em função da relação jurídica substancial a ser submetida à apreciação do órgão jurisdicional. Vários exemplos existem, podendo ser mencionado o Estatuto da Criança e do Adolescente. Não obstante tenha adotado o sistema recursal do Código de Processo Civil, contém várias modificações, como a redução de prazos, eliminação do preparo, preferência para julgamento e apenas efeito devolutivo ao recurso de apelação (Lei 8.069, de 13.7.1990, art. 198). Tudo isso deve-se à natureza especial da relação material em análise. Pretende o legislador abreviar o tempo desses processos e facilitar o acesso ao segundo grau.

O mesmo fenômeno ocorre com o Código de Defesa do Consumidor quanto à inversão do ônus da prova (Lei 8.078, de 11.9.1990, art. 6º, VIII). Como o consumidor é considerado, nas relações dessa natureza, a parte mais fraca, a legislação especial tem por finalidade protegê-lo. Assim, caso o juiz considere verossímil a afirmação feita ou conclua tratar-se de autor hipossuficiente,[71] para facilitar o acesso deste à Justiça poderá inverter o ônus da prova. Significa dizer que, ocorrendo uma dessas situações, pode o juiz determinar que ao réu cabe demonstrar a não ocorrência do fato constitutivo do direito do autor. Essa regra, aliás, foi estendida pelo Código de Processo Civil/2015 a todas as relações jurídicas se demonstrada a existência de dificuldades à demonstração dos fatos se exigida a

71. Diverge a doutrina a respeito do significado desta expressão. Para alguns apenas a hipossuficiência econômica acarretaria a inversão. Para outros o termo deve ser entendido em sentido técnico, ou seja, é hipossuficiente aquele que tem dificuldade de demonstrar o alegado em decorrência de circunstâncias não apenas econômicas (v. Cecília Matos, *O Ônus da Prova no Código de Defesa do Consumidor*, p. 195).

estrita observância das regras de distribuição do ônus da prova (art. 373, §§ 1º e 2º).

A respeito da possibilidade de inversão do ônus da prova algumas observações merecem ser feitas. A primeira quanto ao momento em que deve o juiz determinar a alteração da regra geral. Há quem diga ser na audiência preliminar, ocasião em que se dá o saneamento do processo e as provas são determinadas, pois as partes devem estar cientes das regras de distribuição do ônus da prova. Esta foi a solução adotada pelo Código de Processo Civil/2015 (art. 357, III).

Como tais regras são de julgamento, não de produção de prova, segundo parte da doutrina, apenas no momento de proferir a sentença deve o juiz anunciar a inversão. De fato, as normas de distribuição do ônus da prova são dirigidas ao juiz, que, ante a insuficiência do conjunto probatório, não pode deixar de julgar. São, pois, regras de julgamento.[72]

Apesar disso, concluí inicialmente pela necessidade de as partes serem informadas sobre a técnica a ser adotada quanto ao ônus da prova. Por isso, afirmei nas edições anteriores: "Não significa, todavia, que as partes não tenham o direito de saber, de antemão, quais as diretrizes que nortearão o julgamento. Exatamente por isso o legislador referiu-se à verossimilhança da afirmação como motivo da inversão. Tal situação pode ser verificada no início do procedimento. Parece que esta conclusão melhor atende aos princípios do contraditório e da igualdade real. É preciso atentar a que a relação processual deve desenvolver-se em consonância com a exigência constitucional da isonomia efetiva".

A inversão do ônus da prova constitui exceção no sistema processual. A regra geral é a de que ao autor compete demonstrar os fatos constitutivos de seu pedido, enquanto ao réu cabe provar os fatos impeditivos, modificativos ou extintivos (CPC, art. 373, I e II).

O Código de Defesa do Consumidor permite ao juiz, a fim de facilitar a defesa dos direitos do autor, a inversão desse ônus

72. Cf. Bedaque, *Poderes Instrutórios do Juiz*, pp. 78 e ss.

desde que os fatos alegados sejam verossímeis ou esteja caracterizada a hipossuficiência. O Código de Processo Civil/2015 vai na mesma linha.

Tal inversão, conforme se pode verificar, é determinada pelo juiz, se entender presente uma das hipóteses que a autorizam (verossimilhança ou hipossuficiência).[73]

Como observei linhas atrás, nas edições anteriores sustentei a conveniência de a inversão, por configurar exceção no sistema, ser previamente anunciada pelo juiz antes do encerramento da fase postulatória, visando a assegurar o devido processo legal e a igualdade das partes no processo. Deveria ele informar as partes sobre o critério a ser adotado, diante de eventual deficiência do conjunto probatório.

Alterei parcialmente esse entendimento. Como distribuição do ônus da prova constitui regra de julgamento, somente nessa

73. Quanto à necessidade de apenas um dos requisitos ou de ambos há controvérsia na doutrina. Já tive oportunidade de tratar do tema em situação concreta: "Surge agora o outro aspecto da questão: no caso concreto, estão presentes os requisitos necessários à inversão? Não obstante consumidores dos serviços prestados pela instituição financeira, os agravados não teriam qualquer dificuldade técnica para demonstrar, mediante prova pericial, a incidência de encargos ilegais sobre o débito, fato constitutivo de sua pretensão. Desnecessária a aplicação do princípio da vulnerabilidade do consumidor, pois inexiste desequilíbrio entre as partes no processo, ao menos no que toca à demonstração desses fatos. A incidência da regra geral quanto à distribuição do ônus da prova (CPC, art. 333) não importa, no caso concreto, óbice ao acesso à Justiça por parte do consumidor. Inaplicável, portanto, o art. 6º, VIII, do Código de Defesa do Consumidor, cuja função é exatamente afastar eventuais dificuldades enfrentadas pela parte mais fraca, na defesa processual de seus direitos. Nessa medida, não se pode falar em hipossuficiência técnica. Mas a inversão também é possível se verossímil a alegação, pois se trata, para boa parte da doutrina, de hipótese alternativa prevista pelo legislador (CDC, art. 6º, VIII; Luiz Antônio Rizzatto Nunes, *Comentários ao Código de Defesa do Consumidor*, pp. 122-125; Ricardo de Barros Leonel, *Manual do Processo Coletivo*, pp. 334 e ss.; Luiz Paulo da Silva Araújo Filho, *Comentários ao Código de Defesa do Consumidor*, pp. 8 e ss.; Adriano Perácio de Paula, *Direito Processual do Consumo*, p. 249; *RT* 815/369, 786/312, 785/184, 781/273). Os agravados sustentam tese jurídica plausível, apontando supostas irregularidades no cálculo do saldo devedor, inclusive a prática de amortização segundo critérios que considera ilegais" (TJSP, 22ª Câmara de Direito Privado, AI 7.274.032-0, Santo André, j. 16.9.2008, v.u.). O Código de Processo Civil/2015 não faz referência à verossimilhança da alegação.

oportunidade o juiz irá preocupar-se com esse problema, assim mesmo se os fatos relevantes para a decisão não estiverem provados. Como a possibilidade de inversão está prevista em lei, nenhuma das partes será surpreendida pela adoção de um ou outro critério. Ambas devem comportar-se no processo com consciência de que o juiz poderá, ao final, inverter ou não o ônus. Em outras palavras, não podem descuidar-se da produção das provas necessárias ao esclarecimento da controvérsia fática, sob pena de não obterem a tutela jurisdicional porque não demonstrado determinado fato relevante.[74]

No próprio Código de Processo Civil encontram-se inúmeros outros dispositivos que, atendendo a características especiais da relação jurídica material, estabelecem regras específicas para o

74. No julgamento do recurso mencionado na nota anterior adotei esse entendimento: "Já decidi ser desnecessário anunciar a inversão do ônus da prova. São de julgamento as regras de distribuição do ônus da prova. Tornam possível a solução do litígio, ainda que o juiz não tenha formado seu convencimento a respeito dos fatos controvertidos. Destinam-se a fornecer ao julgador meios de proferir a decisão, mesmo diante de conjunto probatório insuficiente. Não são, portanto, regras de produção de prova (cf. Giovanni Verde, *L'Onere della Prova nel Processo Civile*, Napoli, Jovene Editore, 1974; Barbosa Moreira, 'Julgamento e ônus da prova', in *Temas de Direito Processual*, 2ª série, Saraiva, pp. 73-82). A prova destina-se à formação do convencimento do juiz. Pode ser produzida pelas partes e também por determinação do julgador (CPC, art. 130). É claro que autor e réu irão empenhar-se na demonstração dos fatos favoráveis a seus respectivos interesses. Não está excluída, porém, a possibilidade de um deles acabar fornecendo prova favorável ao outro. Pelo princípio da comunhão, não interessa a quem se deve a produção, mas o resultado da prova. Preocupação com o ônus da prova, ou seja, com a identificação de quem deveria provar, o juiz somente terá se tiver de julgar com base em fato não comprovado. Se houver prova do fato constitutivo controvertido ou do fato impeditivo, modificativo ou extintivo, a questão da distribuição do ônus da prova torna-se irrelevante. Se o autor fundamentar a pretensão em fato negado pelo réu, indaga-se: quem pode prová-lo? Qualquer dos sujeitos processuais, autor, réu e juiz. Maior interesse na produção da prova, evidentemente, tem o autor. Isso porque, se o fato não for demonstrado, o juiz rejeitará o pedido, à luz das regras de distribuição (CPC, art. 333, I). Insiste-se, portanto, na afirmação de que no momento da produção da prova, na chamada fase instrutória, não incide o art. 333. (...). Acrescente-se, por fim, não ser necessário o prévio anúncio sobre a inversão do ônus da prova. Como se trata de regra de julgamento, este é o momento adequado para eventual adoção da regra excepcional. Não há surpresa para as partes, que têm prévio conhecimento dessa possibilidade".

procedimento: arts. 496, 497, 536, 539 e ss., 1.005,[75] 1.012 e § 1º).

A regra segundo a qual a inversão deve ser anunciada na decisão de saneamento (CPC/2015, art. 357, III), todavia, gera expectativa segundo a qual a distribuição do ônus da prova será definida nessa oportunidade. Assim, se o juiz entender por bem invertê-la depois – o que, a meu ver, é possível –, deverá reabrir a instrução e conceder às partes nova oportunidade para se desincumbirem do ônus então fixado. Essa conclusão visa a assegurar a garantia constitucional do contraditório e vai ao encontro da linha adotada pelo legislador processual (arts. 9º e 10).

75. "Tratando-se daquelas relações jurídico-substanciais incindíveis que dão azo à unitariedade do litisconsórcio, não se concebe que os colitigantes estejam no processo em defesa de interesses distintos e, muito menos, opostos. Sem que a relação controvertida seja uma só, incindível, vindo os litigantes ao processo na defesa de um só interesse de que todos são cotitulares, não se teria o litisconsórcio unitário" (Cândido R. Dinamarco, *Litisconsórcio*, p. 107).

Capítulo III
Técnica Processual e Escopos do Processo

14. Acesso à ordem jurídica justa e flexibilização do sistema processual. 15. Fatores determinantes da flexibilização: 15.1 O juiz e o processo – 15.2 A postura do processualista – 15.3 O direito material. 16. Escopos do processo. 17. Princípio da adaptabilidade do procedimento às necessidades da causa. 18. Tutela jurisdicional diferenciada. 19. A interdependência entre direito e processo e a eficácia do sistema. 20. Inadequação da técnica processual.

14. Acesso à ordem jurídica justa e flexibilização do sistema processual

O centro das preocupações da moderna ciência processual continua sendo a realização concreta da justiça. Não obstante as tentativas destinadas a alcançar esse objetivo, a doutrina processual ainda não conseguiu resultado plenamente satisfatório. Nas edições anteriores deste estudo fiz referência a vários congressos mundiais promovidos pela Associação Internacional de Direito Processual, cujos temas revelavam essa tendência: "Para uma Justiça de fisionomia humana" (1977-Bélgica); "Proteção judicial efetiva e ordem constitucional" (1983-Alemanha); "Tendências em matéria de execução de sentenças e ordens judiciais" (1985-Suécia); "Justiça e eficiência" (1987-Holanda); "Proteção judicial dos direitos humanos no plano nacional e internacional" (1988-Itália); "Papel e organização de magistrados e advogados nas sociedades contemporâneas" (1991-Portugal); "Poderes discricionários do juiz" (2000-Gant, Bélgica); "O direito processual e as culturas jurídicas" (2003-México); "Novas tendências do direito processual" (2007-Brasil).

Verifica-se que o processualista já estava, desde então, atento para a "problemática processual central",[1] ou seja, para o verdadeiro objetivo desta ciência. Para tanto, é preciso reconhecer que a lei processual, no seu significado real e profundo, está intimamente relacionada às principais alterações culturais dos povos.[2]

Essa advertência continua válida, pois a correta formulação do sistema processual depende fundamentalmente da compreensão dos objetivos desse ramo do Direito. As alterações culturais estão relacionadas à constante evolução da própria sociedade, razão pela qual é indispensável haver frequentes e profundas adaptações no enfoque do conhecimento processual. O princípio da igualdade formal, tal como concebido pelo pensamento liberal-individualista, constitui exemplo típico da necessidade de mudança. Não se pode mais admitir que o legislador e o intérprete ignorem que diferenças sociais e econômicas constituem óbices sérios à efetividade do processo. Apesar da maior facilidade de ingresso no Poder Judiciário, proporcionada por algumas regras destinadas a afastar antigos e conhecidos óbices, inclusive de natureza econômica, ao devido processo legal, o acesso real e efetivo à Justiça ainda constitui objetivo a ser alcançado.[3]

Um dos grandes obstáculos, ainda não superados, à efetividade do processo é a excessiva morosidade. A entrega definitiva da tutela jurisdicional não observa a exigência constitucional do

1. Cappelletti, "Algunas reflexiones sobre el rol de los estudios procesales en la actualidad", p.145.

2. A ideia é de Cappelletti, reportando-se a Franz Klein. Afirma o mestre que o procedimento é como um espelho, onde estão fielmente refletidas as importantes questões referentes à liberdade e à justiça, os grandes temas das relações entre os indivíduos, grupos e Estados (cf. "Algunas reflexiones sobre el rol de los estudios procesales en la actualidad", p. 146).

3. Cappelletti fala em cinismo desta concepção formal, defendendo visão mais social e efetiva da liberdade, igualdade e dignidade humana (cf. "Algunas reflexiones sobre el rol de los estudios procesales en la actualidad", p. 146).

tempo razoável. Vários são os motivos, mas vale destacar um, pela relação direta com a situação brasileira: o excessivo volume de processos, manifestamente incompatível com a estrutura do Poder Judiciário. Infelizmente, as providências legais, relacionadas à técnica processual, até agora adotadas não surtiram os efeitos desejados. Como eventuais providências políticas ou administrativas estão fora do nosso alcance, precisamos continuar tentando aprimorar o instrumento.

A partir dessas premissas, os adeptos do método instrumentalista do processo, já há algum tempo, vêm apresentando sugestões destinadas à eliminação dos impedimentos ao efetivo acesso não apenas à Justiça, como função do Estado, mas também ao valor justiça, representado pela formulação correta da regra de direito material ao caso concreto e pela obtenção dos resultados práticos nela previstos, em tempo razoável. Não pode o processualista fechar os olhos, portanto, para óbices como as diferenças decorrentes da hipossuficiência econômica e cultural que atinge grande parte da população brasileira, a visão individualista do Direito e consequentemente da legitimidade de parte, a postura passiva dos juízes, o formalismo e o tecnicismo excessivos etc.[4]

Mas, para conferir ao processo a natureza de instrumento eficaz de acesso à Justiça, não basta assegurar o ingresso em juízo, isto é, a mera possibilidade de utilização desse método de solução de litígios. Exige-se a viabilização de determinado resultado, representado pela efetividade da proteção judicial, com a consequente preservação do ordenamento constitucional e infraconstitucional. Trata-se do acesso à ordem jurídica justa mediante a tutela jurisdicional, a que se refere prestigiosa doutrina nacional.[5]

4. Cf.: Dinamarco, *A Instrumentalidade do Processo*, pp. 270 e ss.; Cappelletti, "Algunas reflexiones sobre el rol de los estudios procesales en la actualidad", pp. 146 e 148; Bedaque, *Efetividade do Processo e Técnica Processual*.

5. Cf.: Kazuo Watanabe, *Da Cognição no Processo Civil*, pp. 15 e ss.; v. também Cappelletti, "Algunas reflexiones sobre el rol de los estudios procesales en la actualidad", p. 148.

A ampliação do acesso aos órgãos jurisdicionais, por outro lado, pode trazer problemas de eficiência ao sistema, como destacado acima, motivo pelo qual não basta assegurar os direitos e sua proteção, mas é necessário garantir também o bom funcionamento do mecanismo judicial.[6]

Acesso efetivo ao sistema processual não significa, necessariamente, acesso à Justiça, à ordem jurídica justa, que somente um sistema dotado de técnicas adequadas proporciona. Efetividade e eficiência não são sinônimos. Quanto mais eficiente o método adotado pelo Estado para solução das controvérsias, maior a possibilidade de o resultado dessa atividade, consubstanciado na tutela jurisdicional, ser efetivo.[7]

A principal missão do processualista é buscar alternativas capazes do possibilitar a resolução dos conflitos de modo seguro e tempestivo, mediante tutelas aptas a afastar a crise de direito material, realizando concretamente a vontade do legislador.

Para tanto, evidentemente, não pode prescindir da técnica. Embora necessárias à eficiência do método e efetividade do resultado, as alternativas adotadas no sistema processual são meios destinados a alcançar escopos. Por isso, devem ocupar seu devido lugar, como instrumento de trabalho, não como fim em si mesmo. Não se trata de desprezar os aspectos técnicos do processo, mas apenas de não se apegar ao tecnicismo exacerbado, que acaba sempre em obsessão pelo meio em detrimento do fim. A técnica deve servir de meio para que o processo atinja seu resultado.[8] Critica-se não o dogmatismo, mas o dogmatismo

6. "De esta manera, el programa de acceso está destinado tanto a hacer a los nuevos derechos efectivos para todos, como a mejorar los medios para una compensación legal, en un primer lugar movilizando los intereses, más tarde mejorando la expedición de los servicios legales y racionalizando los medios de compensación" (Cappelletti, "Algunas reflexiones sobre el rol de los estudios procesales en la actualidad", p. 149).

7. Segundo Cappelletti existe diferença sutil mas profunda entre efetividade e eficiência: "la primera concierne a las partes, su acceso a la maquinaria de protección; el último se refiere, en cambio, a la manera en la cual esa misma maquinaria trabaja" (cf. "Algunas reflexiones sobre el rol de los estudios procesales en la actualidad", p. 149).

8. Cf. José Carlos Barbosa Moreira, "A Justiça no limiar do novo século", p. 10.

puro e exagerado, o formalismo estéril, indiferente aos reais problemas a serem solucionados no processo.[9]

Por isso, a ideia de devido processo legal ou constitucional deve ser fundida com a noção de fim – concepção teleológica.[10]

Processo é instrumento de justiça material. Estabelecida essa premissa, amplia-se sobremaneira o alcance de certos princípios destinados à adequada exegese das regras processuais. A instrumentalidade das formas, por exemplo, introduz vida ao processo, pois qualquer exigência formal tem sua razão de ser. O processualista não pode, jamais, prescindir desse dado para interpretar e aplicar corretamente as normas processuais.[11] O Código de Processo Civil/2015, corretamente, preocupou-se com a aplicação desse entendimento. Vários dispositivos revelam a possibilidade de irregularidades processuais serem sanadas ou até ignoradas, visando a possibilitar a solução da controvérsia (cf. arts. 276-283, 294 e ss., 338, 932, parágrafo único).

Não se quer, com isso, evidentemente, reduzir a relevância daquilo que autorizada doutrina denomina de "dimensão técnica" do direito processual.[12]

9. Como bem advertem Mauro Cappelletti e Bryan Garth, a preocupação dos estudiosos era de mera exegese abstrata do sistema, quando muito com enfoques históricos e com a utilização de situações hipotéticas para verificar a operacionalidade do sistema. Encontravam-se os estudiosos afastados das preocupações reais da maioria da população (cf. *Acesso à Justiça*, p. 10).

10. Observação precisa de Galeno Lacerda em manifestação no IX Congresso Mundial de Direito Judiciário, realizado em Portugal.

11. A principal missão do processualista, no dizer de José Carlos Barbosa Moreira, "consiste em tentar contribuir para o aperfeiçoamento das condições em que vive o mundo encarnado dos pleitos judiciais" (cf. "O processo civil hoje: um Congresso da Associação Internacional de Direito Processual", p. 16). V., a respeito, Bedaque, *Efetividade do Processo e Técnica Processual*.

12. A expressão é de José Carlos Barbosa Moreira, para quem: "Nenhuma ciência ou arte prescinde de uma técnica própria, e não se concebe que o direito processual constitua aqui exceção. A técnica fornece mediação necessária entre a inspiração e a execução (...). Pois bem: tampouco se quer, no trato das questões processuais, fazer tábua rasa da dimensão técnica. Quer-se, isso, sim, dar-lhe o justo lugar na economia da matéria. Tomado como um fim em si próprio, o uso da técnica ameaça converter-se em exercício estéril de narcisismo intelectual. Encarado como instrumento de trabalho, vale como precioso auxiliar do processualista que se esforça por apreender com exatidão

A partir da visão de processo como instrumento voltado a resultados externos, pretende-se revisitar alguns temas clássicos do direito processual. A proposta deste estudo, portanto, consiste fundamentalmente no exame de institutos fundamentais do processo, realizado à luz da perspectiva instrumentalista e das situações de direito substancial que, com o exercício da demanda, se transformam em objeto do processo.[13]

O desenvolvimento da ciência processual exige a concepção de um instrumento perfeitamente adequado aos fins a que se propõe. Daí a necessidade de – diante da realidade material e das novas conquistas verificadas no plano dos direitos – criar modelos processuais compatíveis com essa situação e aptos a solucionar a gama enorme de novos conflitos até então inconcebíveis. Para ser justo, não pode o processo prescindir das diferentes realidades litigiosas.[14]

Por isso, o retorno ao interior do processo, para reconstruir conceitos, mostra-se imprescindível.[15]

É preciso conciliar a técnica processual com seu escopo. Não se pretende nem o tecnicismo exagerado, nem o abandono total da técnica. Virtuoso é o processualista que consegue harmonizar esses dois aspectos, o que implica a capacidade para

a realidade do seu objeto de estudo, na esperança de poder atuar sobre essa mesma realidade" (cf. "O processo civil hoje: um Congresso da Associação Internacional de Direito Processual", p. 16).

13. Tem-se por objeto do processo "o próprio *meritum causae*, ou seja, a pretensão deduzida em juízo à busca de satisfação" (cf. Cândido R. Dinamarco, "Momento de eficácia da sentença constitutiva", p. 9. V. também *Fundamentos do Processo Civil Moderno*, pp. 217 e 218).

14. Cf. Augusto Mario Morello, "Proceso y realidad", p. 65.

15. A imagem de José Carlos Barbosa Moreira é perfeita: "O bom músico, exímio na interpretação dos mais avançados compositores de nossos dias, não hesita em retornar, de vez em quando, ao repertório tradicional e tocar uma peça de Mozart ou Beethoven. Apenas, provavelmente, sua execução já não será a mesma: ele há de ler a partitura com outros olhos. Assim também possamos nós outros, processualistas, revisitando lugares veneráveis, divisar na paisagem cores até então despercebidas, e escolher as tintas adequadas para revelar novas tonalidades" (cf. "O processo civil hoje: um Congresso da Associação Internacional de Direito Processual", p. 20).

construir um sistema processual tecnicamente eficaz, ou seja, apto a alcançar seus escopos de maneira adequada.[16]

Essa flexibilização começa pela necessidade de concessão aos Estados-membros de maior poder para criar normas procedimentais adequadas à realidade local. O legislador constituinte teve correta visão do problema ao atribuir competência concorrente aos Estados para legislar sobre Juizado Especial e procedimentos em matéria processual.[17] Quanto a este último aspecto, cabe ao processualista estabelecer a exata distinção entre procedimento e processo, sob pena de essa regra constitucional se tornar letra morta.

15. Fatores determinantes da flexibilização

15.1 O juiz e o processo

A proposta instrumentalista, que representa o terceiro momento metodológico do direito processual e se traduz em importantíssimo método de pensamento, necessita ser realmente colocada em prática. Não é suficiente sua aplicação esporádica, apenas para justificar soluções específicas. Devemos considerá-la

16. "O tecnicismo exacerbado, aprendemos à custa de muitos erros, esteriliza o Direito; o desprezo da técnica o reduz a uma caricatura barata. Tolerar que o Direito seja tratado atecnicamente é abrir a porta ao diletantismo frívolo, quando não ao mais desbragado charlatanismo. Sabemos todos em que excessos de aviltamento caíram, vítimas da sem-cerimônia de amadores despreparados, alguns setores da ciência jurídica mais acessíveis a esse gênero de impostura" (cf. José Carlos Barbosa Moreira, "O transitório e o permanente no Direito", p. 5). Nessa mesma linha, procurei, em outra oportunidade, desenvolver outros aspectos da técnica processual, sempre preocupado com o escopo fundamental do processo. Para tanto, propus duas visões para exame da técnica processual: prospectivo e retrospectivo (cf. *Efetividade do Processo e Técnica Processual, passim*). V. também meu "Instrumentalismo e garantismo: visões opostas do sistema processual?", in *Garantismo Processual*, pp. 1-38.

17. Cf. arts. 24, X e XI, e 98, I. V. também Sálvio de Figueiredo Teixeira, "O aprimoramento do processo civil como pressuposto de uma Justiça melhor", p. 166. Sustenta Galeno Lacerda a conveniência de se estender a competência legislativa dos Estados também para o direito material, como forma de redução das questões federais e, portanto, de recursos especiais (cf. "Revisão do conceito de Federação. Sistema de recursos e de ações constitucionais. Abolição do mandado de injunção", pp. 93 e 94).

como premissa para interpretação em tese das regras processuais, especialmente aquelas relacionadas à técnica e à forma estabelecida para o método de solução das controvérsias.[18]

De minha parte, penso já ter trilhado esse caminho ao defender a efetivação dos poderes conferidos ao juiz, pelo legislador processual, com relação à produção das provas. Foi exatamente a consciência dos verdadeiros objetivos do direito processual que me permitiu chegar a tais conclusões.[19]

Há muito venho sustentando a necessidade de simplificação da técnica relativa às tutelas provisórias, conferindo-se ao juiz maior poder para aplicação da fungibilidade.[20]

Também já enfatizei a necessidade de o juiz aplicar a técnica processual de modo a atender aos objetivos do processo, competindo-lhe até mesmo flexibilizá-la, desconsiderando formas inúteis e incompatíveis com a natureza instrumental desse método de trabalho. Destaquei a importância da desconsideração, pelo julgador, dos vícios processuais irrelevantes, porque sem consequência para a segurança do instrumento.[21]

Grande parte dessas ideias acabou incorporada no Código de Processo Civil/2015.

A necessidade de o juiz assumir a efetiva posição de condutor do processo, com ampla participação no contraditório desenvolvido pelas partes, corresponde à tendência quase unânime da moderna ciência processual. Amplia-se, assim, a noção de contraditório, para nela incluir também a participação ativa do julgador no desenvolvimento da relação processual.[22]

18. "É preciso, em outras palavras, retornar à dogmática processual, agora com o espírito esclarecido pela visão dos objetivos a conquistar" (cf. Dinamarco, *A Instrumentalidade do Processo*, p. 13).

19. Bedaque, *Poderes Instrutórios do Juiz*, *passim;* v. também Sálvio de Figueiredo Teixeira, *Código de Processo Civil Anotado*, p. 83.

20 . "Tutelas provisórias no novo Código de Processo Civil – Primeiro ano de vigência".

21. *Efetividade do Processo e Técnica Processual*, esp. pp. 102-111.

22. "Si delinea, in una parola, l'esigenza di ricollocare il giudice al centro del fenomeno processuale: non per un esercizio solitario di autorità, ma neanche come meccanico applicatore di schemi processuali prefabbricati, bensì come conduttore del processo, nel dialogo e nel contraddittorio con le

A tendência de maior participação do juiz no processo é consequência de profundas alterações verificadas na fisionomia individualista do modelo processual clássico.[23]

Por isso, repele-se a tentativa de ressurreição da ideia privatista de processo, com a consequente limitação do ativismo judicial. É preciso compreender a diferença entre duas visões absolutamente distintas do fenômeno processual: a social e a totalitária. A primeira é informada por ideias publicistas, sem desconsideração das garantias constitucionais do processo, especialmente o contraditório e a ampla defesa.[24]

15.2 A postura do processualista

Não é este, todavia, o único sinal de alterações estruturais no direito processual civil. Duas razões fundamentais têm determinado tais modificações. A primeira delas, já delineada, relaciona-se com a postura dos próprios processualistas, hoje mais conscientes do verdadeiro papel reservado à sua ciência: o processo é instrumento de pacificação social, e, como tal, deve contribuir para tornar possível a consecução desse objetivo.

Nessa linha, grande parte dos processualistas tem sido mais sensível que os estudiosos do direito material quanto à necessidade de renovação de seus conceitos, visando a adequá-los

parti. Questo vincolo del giudice al contraddittorio, espresso dalle legislazione più moderne, continua a trovare inspiegabili resistenze – che debbono tuttavia essere vinte – nella legislazione e ancor più nelle prassi del processo civile italiano" (cf. Tarzia, "Crisi e riforma del processo civile", p. 634). V. também Carlos Alberto Alvaro de Oliveira, *Do Formalismo no Processo Civil. Proposta de um Formalismo-Valorativo*, pp. 158 e ss.

23. Arruda Alvim, em precioso estudo sobre as modificações no processo civil, faz interessante abordagem da questão (cf. "Anotações sobre as perplexidades e os caminhos do processo civil contemporâneo", p. 11). Sobre a maior participação do juiz no desenvolvimento do processo, especialmente no que se refere à relevância de aspectos formais e à possibilidade de flexibilização da técnica processual, cf. meu *Efetividade do Processo e Técnica Processual*, pp. 102-111). Para exame da nova concepção de contraditório, construída à luz do princípio da cooperação, cf. Carlos Alberto Alvaro de Oliveira, "A garantia do contraditório", pp. 11 e ss. V. também, do mesmo autor, *Do Formalismo no Processo Civil. Proposta de um Formalismo-Valorativo*, pp. 158 e ss.

24. Cf. Bedaque, *Efetividade do Processo e Técnica Processual*, pp. 69-71.

à evolução daquele outro plano do ordenamento jurídico, com especial atenção para a necessidade de atender a situações urgentes, mediante tutelas aptas a evitar que a demora do processo possa tornar inútil toda a atividade nele desenvolvida. Essa preocupação não pode obscurecer outro valor fundamental do método de solução de controvérsias, qual seja, a segurança. Importante enfatizar, para evitar conclusões apressadas, na maioria das vezes fruto da leitura desatenta, que a visão instrumentalista não significa abandono da preocupação com o devido processo constitucional e as garantias a ele inerentes. Se o instrumento não for suficientemente seguro, impossível falar em efetividade da tutela, ainda que observada a celeridade. Aliás, não há incompatibilidade entre instrumentalismo e segurança. Basta atentarmos para a lição aristotélica: *in medio stat virtus*.[25]

O tradicional isolamento entre direito substancial e processo tem levado os especialistas ligados a cada um desses ramos do ordenamento jurídico a privilegiar aspectos inerentes, respectivamente, ao próprio direito subjetivo ou à forma segundo a qual ele é atuado pela via do processo jurisdicional. Isso faz com que seja acentuado, de um lado, o rol das situações tutelandas; de outro, a estratégia das "formas", muitas vezes sem clareza suficiente a respeito do direito material a ser atuado. A Constituição, ao prever não apenas o aspecto substancial dos interesses juridicamente protegidos, mas destacar também a respectiva tutela jurisdicional e as garantias do devido processo legal, acaba por estabelecer o adequado nexo entre esses dois planos, possibilitando ao intérprete visão unificada dos fenômenos material e processual.[26]

Essa perspectiva em muito favorece o estudo do direito processual, na medida em que permite seja o instrumento modelado em função de seu objeto. Isso não significa afirmar, todavia, a incindibilidade dos dois planos. Pretende-se apenas ressaltar

25. Cf. Bedaque, "Instrumentalismo e garantismo: visões opostas do fenômeno processual?", pp. 1-40.

26. Cf. Di Majo, *La Tutela Civile dei Diritti*, p. 3, para quem o art. 24 da Constituição italiana deve ser interpretado no sentido da necessária incindibilidade entre as situações e a possibilidade de agir em juízo, como garantia de efetividade das situações de direito material, às quais devem corresponder formas de tutela adequadas.

o aspecto instrumentalista do processo, resguardadas, todavia, todas as conquistas científicas no sentido de se reconhecer sua autonomia em face do direito material.

15.3 O direito material

O outro fator de alterações no direito processual reside fora de seu âmbito. Diz respeito à evolução das relações da vida reguladas pelo direito material. Na medida em que se reconhece a necessidade de o instrumento se adequar ao objeto, o processo e seus institutos fundamentais devem ser moldados à luz das necessidades sociais, que fazem surgir novas relações jurídicas. Exemplo disso vemos na ação civil pública para defesa do meio ambiente, patrimônio histórico (Lei 7.347/1985), consumidor (Lei 8.078, de 11.9.1990), portador de deficiência (Lei 7.853/1989), criança e adolescente (Lei 8.069/1990), investidores (Lei 7.913/1989), em que foram introduzidas noções inéditas de legitimidade e de coisa julgada. Esse conjunto de leis constitui, aliás, significativo avanço no campo dos direito coletivos, conferindo-lhes tutela jurisdicional mais efetiva, principalmente pela ampliação da legitimidade para agir, então predominantemente individual e fragmentada, nos termos do disposto no art. 6º do CPC/1973.[27] Essa limitação foi reproduzida no art. 18 do CPC/2015, cujas regras dirigem-se aos processos individuais. Optou-se por deixar a regulamentação dos processos versando sobre interesses metaindividuais para a legislação especial. Não obstante, a regulamentação do incidente de resolução de demandas repetitivas (arts. 976-987) pode proporcionar resultados semelhantes aos buscados pela tutela coletiva.

A tutela efetiva dos interesses coletivos, próprios de uma sociedade de massa, exigiu a renovação do modelo clássico de processo, inadequado e insuficiente para resolver as novas questões que certamente irão surgir.[28] Essa evolução, aliás, ainda não

27. Cf. Kazuo Watanabe, "Demandas coletivas e os problemas emergentes da práxis forense", p. 15.

28. A respeito do tema, depois de afirmar a necessidade de adaptação do processo aos novos direitos, Ada Pellegrini Grinover faz interessante abor-

terminou. Há mais de dez anos o Instituto Brasileiro de Direito Processual concluiu e encaminhou às autoridades competentes proposta para criação do Código Brasileiro de Processo Coletivo. O Projeto de Lei 5.139/2009, todavia, foi rejeitado pela Câmara dos Deputados.

Foi essa, exatamente, a razão para a retirada do termo *individual* do dispositivo constitucional que assegura a inafastabilidade da jurisdição (art. 5º, XXXV). Percebeu o legislador as profundas alterações verificadas no campo dos direitos, hoje mais voltados para o social e o coletivo do que para o individual.[29]

A correta formulação dessa garantia constitucional, inerente ao direito processual, somente foi possível pela verificação adequada de fenômenos ocorridos no campo das relações da vida, do direito substancial. A legitimação para agir constitui um dos denominados pontos sensíveis da problemática dos interesses metaindividuais.[30] E a natureza destes é o fator determinante na busca da solução adequada para o problema dessa condição da ação.

Apenas a título de exemplo, até hoje ainda não se encontra suficientemente esclarecida a distinção, em determinadas situações envolvendo várias pessoas, entre litisconsórcio necessário pela incindibilidade da pretensão (unitariedade) e a legitimidade extraordinária prevista na legislação especial sobre processos coletivos.

O mesmo se pode dizer de instrumentos processuais criados pela Constituição Federal /1988 (mandado de injunção, mandado de segurança coletivo, *habeas data*) e da ampliação dada pela mesma Constituição à legitimidade para agir, estendendo-a aos sindicatos e à ação direta de inconstitucionalidade.

A propósito ainda dos interesses metaindividuais, discute-se em recurso extraordinário, com repercussão geral (Tema 1.075),

dagem de Direito Comparado (cf. *Novas Tendências do Direito Processual*, pp. 137 e ss.).

29. Cf. José Carlos Barbosa Moreira, "Os princípios do direito processual civil na Constituição de 1988", p. 240.

30. Cf. José Carlos Barbosa Moreira, "La iniciativa en la defensa judicial de los intereses difusos y colectivos", *RePro* 68/56.

a constitucionalidade do art. 16 da Lei da Ação Civil Pública (Lei 7.347/1985), por força do qual a eficácia das sentenças proferidas nesses processos está limitada ao âmbito da competência territorial do órgão que a proferir. O Relator, Min. Alexandre de Moraes, destacou exatamente a natureza dos direitos regulados pela legislação especial, cujo escopo de proteção a todos os respectivos titulares, independentemente da área territorial, é incompatível com a restrição legal, que vai de encontro, inclusive, à amplitude da proteção constitucional.

Tal conclusão, acompanhada pelos demais Ministros, atende plenamente à necessidade de considerar aspectos do direito material, aos quais deve adequar-se a intepretação das regras processuais. Em consequência, o art. 16 é inconstitucional. Trata-se de interpretação fundada na visão instrumental do processo, mediante adequação do método à natureza da controvérsia.

Tudo isso visa a proporcionar acesso efetivo e eficiente à ordem jurídica, para proteção de novos direitos substanciais. Aliás, de nada adiantaria o reconhecimento da titularidade desses direitos sem que houvesse mecanismos apropriados para sua efetivação.[31]

Como no campo das relações substanciais verificou-se a existência de novos direitos e de situações não abrangidas pelo processo clássico, foi preciso criar instrumentos adequados à sua proteção. É o processo adaptando-se a seu escopo.

A facilitação do acesso à Justiça, a fim de torná-lo efetivo, foi objeto de preocupação dos processualistas do mundo inteiro, que passaram a propor soluções. Resultou daí verdadeiro movimento destinado a eliminar as barreiras à propositura de uma demanda judicial, que prestigiosa doutrina separou em três momentos: as três ondas renovatórias. Inicia-se pela assistência judiciária aos menos favorecidos, passa-se à representação jurídica para os interesses metaindividuais e se encerra com o *novo enfoque do acesso à Justiça*.

Essa última onda abrange as anteriores e se preocupa principalmente com o conjunto geral de instituições e mecanismos,

31. Cappelletti e Garth, *Acesso à Justiça*, p. 11.

pessoas e procedimentos utilizados não só para solucionar mas também para prevenir disputas nas sociedades modernas. Reconhece-se, aqui, a grande influência da natureza do litígio na determinação de mecanismos procedimentais capazes de tornar efetiva a proteção aos novos direitos. É o processo adaptando-se a determinado conflito, tendo em vista suas características próprias.

Nessa medida, também diversos podem ser os óbices ao acesso e as medidas para eliminá-los de maneira eficiente.[32] Da necessidade de outorgar proteção específica a essas novas categorias de direitos advém a questão preliminar da adequação da tutela ao objeto da prestação jurisdicional.[33]

Veja-se o mandado de segurança coletivo, por exemplo. O sentido exato do disposto no inciso LXX do art. 5º da CF vai depender, fundamentalmente, de noções de interesse difuso, coletivo e individual homogêneo, isto é, de elementos inerentes ao direito substancial. Isso para determinar o objeto do *writ* e, portanto, o campo de sua incidência.[34]

Tal se dá também com o Juizado Especial, destinado à solução de determinados tipos de litígio, de cuja existência a doutrina tradicional não se apercebera ou com os quais não se preocupara.[35] Verifica-se, portanto, que as alterações operadas

32. Cf.: Cappelletti e Garth, *Acesso à Justiça*, pp. 31-72; Dinamarco, *A Instrumentalidade do Processo*, p. 24.

33. Cf. Donaldo Armelin, "Tutela jurisdicional do meio ambiente", p. 49.

34. Ada Pellegrini Grinover propõe interpretação bastante ampliativa, a fim de conferir ao dispositivo constitucional maior carga de eficácia possível (cf. "Mandado de segurança coletivo: legitimação, objeto e coisa julgada", pp. 16-19).

35. Como bem anota Arruda Alvim, que indica outros motivos de transformações no direito processual civil, não é de hoje que isto vem ocorrendo; data, principalmente, do fim da II Guerra Mundial, e entre nós mais recentemente: "Tanto na Europa, quanto nos Estados Unidos, como aqui, verificam-se pressões sociais pela 'reivindicação' de 'novos' direitos, e, bem assim, detectou-se – talvez com perplexidade inicial, ao menos – a insuficiência de instrumentos processuais existentes, de caráter estruturalmente individualista. Referimo-nos a que os problemas que vieram verdadeiramente 'assolar' o direito processual civil não surgiram somente nesta seara do Direito, senão que emergiram em sintonia com problemas e consequentes modificações operadas no direito material" (cf. "Anotações sobre as perplexidades e os caminhos do processo civil contemporâneo", p. 8).

no plano do direito material não podem ser ignoradas pelo processualista, tendo em vista a necessidade de coordenação destes dois ramos do Direito. É necessário adequar o instrumento à proteção dos novos direitos nascidos com a evolução social, visando a efetivá-los praticamente.[36]

Nesta mesma linha de raciocínio, se o direito processual não se flexibilizar em função do direito material, teremos um instrumento absolutamente ineficaz. É preciso tomar consciência de que instrumentalidade não se compatibiliza com neutralidade ou indiferença quanto às necessidades verificadas no plano material. Não basta a previsão em abstrato do procedimento para possibilitar ao titular da situação substancial carente de proteção o acesso à tutela jurisdicional efetiva.[37] Não se pode olvidar que o processo, nas suas várias espécies, é sempre voltado a uma situação regulada pelo direito material.[38] Como já se advertiu com muita propriedade, o processo não pode ser colocado no vácuo, sendo imprescindível o reconhecimento, pelos juristas, de que as técnicas processuais servem a valores sociais.[39]

Existem, ainda, fatores culturais, econômicos e políticos que extravasam as fronteiras de um País. Ao determinar a renovação das relações jurídicas, eles fazem com que a doutrina

36. Recorre-se, mais uma vez, à lição de Arruda Alvim: "Por isto é que dissemos que, sem a articulação do direito processual civil ao direito material, na ordem prática, a proteção somente deste último revelar-se-ia sem grandes objetivos práticos, porque não ancorada numa tábua de instrumentos destinados a tornar eficaz o direito material construída em torno de valores sociais contemporâneos, em que se pretende traduzir um sentimento mais adequado de justiça. Por isso, é insuficiente proteger no plano do direito material, se inexistirem formas de viabilizar essa proteção" (cf. "Anotações sobre as perplexidades e os caminhos do processo civil contemporâneo", pp. 12 e 13).

37. "È, questa, la conseguenza della cesura operata fra diritto sostanziale e processo, cesura che ha comportato per gli studiosi di diritto sostanziale la perdita del momento della giustiziabilità dei diritti stessi, e per gli studiosi di diritto processuale la perdita del referente sostanziale dello strumento processo" (cf. Proto Pisani, *Appunti sulla Giustizia Civile*, p. 39).

38. Cf. Fazzalari, *Note in Tema di Diritto e Processo*, p. 151. Há determinadas tutelas jurisdicionais que não estão voltadas diretamente a uma situação da vida (mandado de segurança contra ato judicial, rescisória, embargos de terceiro, cautelar), embora visem, de forma indireta, à sua proteção.

39. Cf. Cappelletti e Garth, *Acesso à Justiça*, p. 12.

processual se adapte à nova realidade, na busca de instrumentos capazes de conferir eficácia à solução desses conflitos supranacionais. Tais preocupações, aliás, determinaram a elaboração dos Códigos Modelos de Direito Processual Civil e Penal para a Ibero-América.[40]

16. Escopos do processo

Não há como discordar da conclusão segundo a qual as questões eminentemente processuais devem ser reduzidas ao máximo, ou seja, ao limite do necessário para proporcionar segurança à consecução dos escopos do processo. Apenas se justifica conferir relevância a aspectos relativos exclusivamente ao meio, a ponto de comprometer o exame daqueles pertinentes ao objeto litigioso do processo,[41] se caracterizada violação a exigências destinadas à tutela de garantias maiores do instrumento, asseguradas no plano constitucional, como a ampla defesa, o contraditório etc.

Mesmo o exame delas, todavia, não pode dispensar a realidade jurídico-material. Basta pensarmos nas hipóteses de indeferimento da inicial ou de improcedência liminar do pedido (CPC, arts. 330 e 332, *caput* e § 1º). Admite-se perfeitamente a dispensa do contraditório em relação ao réu, porque a decisão o beneficia. Essa conclusão deve ser aceita com muito mais razão exatamente na extinção com resolução de mérito, pois o resultado favorece no plano material o sujeito indicado para ocupar o polo passivo do processo.[42]

40. Cf. Landoni Sosa, Graif e outros, "Hacia un modelo común de enseñanza del derecho procesal", pp. 2 e ss.; v. também Carlos Augusto Parodi Remon, "El Proyecto de Código Procesal Civil Modelo para Iberoamérica", *passim*.

41. Sobre o conceito de mérito e a distinção entre objeto do processo e objeto do conhecimento do juiz, cf. Dinamarco, *Fundamentos do Processo Civil Moderno*, pp. 203 e ss.

42. Curiosamente, talvez por não atentar para esse aspecto dos dispositivos mencionados, a Ordem dos Advogados do Brasil arguiu, no regime do Código anterior, a inconstitucionalidade do art. 285-A, não obstante fosse ele muito mais benéfico ao réu do que o art. 295, cuja constitucionalidade jamais foi contestada. Felizmente, ao que se saiba, a iniciativa não foi adotada em relação ao Código de Processo Civil/2015.

Muitos dos princípios processuais, se levados às últimas consequências, sem considerar a realidade fática sobre que irão incidir, podem tornar-se verdadeiros óbices aos escopos do processo. Necessário, pois, "relativizá-los", isto é, considerá-los sempre como meios para obtenção de uma tutela rápida e eficiente. Sua aplicação jamais pode desconsiderar o litígio, sob pena de se construir um modelo processual inadequado ao seu objeto.[43]

Apesar do instrumentalismo substancial aqui defendido, expressamente adotado pelo Código de Processo Civil/2015, convém reafirmar a posição quanto às conquistas técnicas obtidas na fase autonomista do processo. Não se deseja retornar a conceitos superados. Assim, com o devido respeito, não parece correto afirmar-se, por exemplo, que a ação constitui instrumento de tutela do direito subjetivo.[44] Essa vinculação inexiste, muito embora se reconheça no direito de ação a natureza de instrumento destinado à realização de um direito afirmado, cuja existência

43. Morello, em precisa análise sobre os princípios da oralidade e da imediação, afirma que sua aplicação somente deve ocorrer naqueles casos em que houver alguma vantagem para a solução mais eficaz da controvérsia. Nenhum princípio processual, diz ele, pode impedir a realização rápida e econômica do processo. Conclui que: "En donde ambos principios sean factores de encarecimiento o de obstaculización, se ponderará en el caso concreto si las ventajas inherentes a su mantenimiento son mayores que las desventajas de orden económico-procesal. En este último caso será entonces aconsejable una limitación racional de los mismos para dar preferencia a la forma escrita y a la posibilidad de limitar la inmediación (a través de los resultados probatorios de otros procesos judiciales). Sin embargo, tales limitaciones no podrán acogerse cuando ellas pudieran redundar en una exclusión o en una inadmisible lesión al derecho de las partes u obsten a una decisión adecuada a la situación objetiva" (cf. "Proceso y realidad", p. 68). Para estudo mais aprofundado sobre a necessidade de adequação da forma e dos princípios processuais aos objetivos do processo remeto mais uma vez o leitor ao meu estudo *Efetividade do Processo e Técnica Processual*.

44. A afirmação é de Moreira Alves, para quem sem essa tutela deixa o direito subjetivo de ser direito, "porque será um poder que não pode ser exigido senão pela força bruta, o que é a negação do próprio direito subjetivo" (cf. "Direito subjetivo, pretensão e ação", p. 121). Logo em seguida, todavia, o eminente Ministro emite conclusões adequadas a respeito do tema. Diz ser a ação faculdade que alguém possui "de provocar o Estado para que este venha prestar jurisdição e de submeter a pessoa do réu, para receber também essa jurisdição" (artigo cit., p. 121).

será apurada no processo. Trata-se, todavia, de garantia constitucional de acesso à Justiça, independentemente da existência do afirmado direito substancial.

A ação, no sentido processual (isto é, não o puro direito de ingresso em juízo), portanto, constitui instrumento da tutela jurisdicional. O autor, ao propor a demanda, invoca a proteção do Estado em seu favor, visando à defesa de um interesse material. Caso essa pretensão encontre amparo nas regras substanciais será reconhecida a existência do direito (individual, coletivo ou difuso), passível de proteção. Caso contrário ela será conferida ao réu, por se encontrar em situação amparada pelo direito material.

De qualquer modo, só se chega à tutela jurisdicional mediante o exercício do direito processual de ação.

Tais afirmações objetivam conferir ao direito processual sua verdadeira dimensão: a de instrumento voltado para fora de seu próprio sistema, pois tem o escopo imediato de conferir eficácia a outro direito – o material (escopo jurídico) –, para, a final, atingir seus objetivos últimos e mediatos, comuns aos das demais funções do Estado (escopos social e político).

Parece, pois, que o objetivo imediato da atividade jurisdicional é o jurídico, enquanto o social e o político constituem escopos do próprio Estado, que busca alcançá-los mediante o desenvolvimento de todas as suas funções, incluindo a legislativa e a administrativa.

Pode-se afirmar que o escopo jurídico absorve o social e o político. Daí as decisões proferidas em conformidade com as regras de direito material serem aptas a pacificar e afirmar a autoridade do Estado, salvo nos casos excepcionais em que o próprio ordenamento substancial não corresponda à realidade social de seu tempo.[45] Também por isso, parece correto afirmar que o direito processual, como ramo do Direito, não tem por

45. Segundo Flávio Yarshell, procede a "ideia de que os escopos sociais e políticos da jurisdição estão diretamente atrelados ao escopo jurídico (atuação da vontade concreta do direito objetivo), e deste são consequência, visto que incumbe precipuamente ao direito material (não contudo exclusivamente à lei) a tarefa de estabelecer a fórmula para eliminação dos conflitos; ao atuá-lo, via jurisdição, o Estado estará promovendo a pacificação com justiça e reafirmando

objetivo apenas a paz social, mas o acesso efetivo a valores jurídicos: paz social legítima é aquela obtida segundo os valores jurídicos da sociedade.[46]

No escopo jurídico da atuação da vontade concreta da lei estão compreendidos os escopos social e político, que parecem muito mais ligados ao próprio direito material a ser atuado pelo juiz. Deve ele servir como canal de comunicação entre a regra e a sociedade, a fim de adequá-la à realidade e às necessidades de seu tempo. Esse escopo social, todavia, configura fenômeno muito mais próximo do direito material. Resulta da interpretação a ser dada pelo juiz.

Em última análise, o escopo do processo é jurídico, não obstante deva o juiz atuar a vontade concreta da norma de direito material de modo a adequá-la à realidade social, atingindo, assim, o escopo social do processo.

17. Princípio da adaptabilidade do procedimento às necessidades da causa

À luz da visão do direito processual aqui defendida, por força da qual a preocupação fundamental é com os resultados a serem produzidos de maneira eficaz e efetiva no plano material, assume enorme importância o princípio da adaptabilidade do procedimento às necessidades da causa, também denominado de princípio da elasticidade processual.

Trata-se da concepção de um modelo procedimental flexível, passível de adaptação às circunstâncias apresentadas pela relação substancial. Não se admite mais o procedimento único,

sua própria identidade" (cf. *Tutela Jurisdicional Específica nas Obrigações de Declaração de Vontade*, p. 17).

Como bem pondera Teresa Arruda Alvim Pinto, o "método da tripartição do Poder é fruto da necessidade de que este seja exercido por três órgãos diferentes. A cada um destes órgãos deve caber uma das funções inerentes à ideia de governar, justamente para que, com isto, se dê o primeiro passo no sentido de evitar abusos, no exercício do poder. Abusos, estes, que acabam por resultar num regime autoritário, em que a vontade do povo não desempenha papel algum" (cf. *Medida Cautelar, Mandado de Segurança e Ato Judicial*, p. 10).

46. Cf. Couture, *Fundamentos del Derecho Procesal Civil*, p. 480.

rígido, sem possibilidade de adequação às exigências do caso concreto. Muitas vezes a maior ou menor complexidade do litígio exige sejam tomadas providências diferentes, a fim de se obter o resultado do processo.[47]

Exemplo claro do princípio da adaptabilidade consiste na possibilidade de rejeição liminar da pretensão inicial se a controvérsia já foi objeto de análise em decisões indicadas no art. 332 do Código. Nessa mesma linha, admite-se o julgamento antecipado do mérito, total ou parcial, se circunstâncias inerentes à relação substancial tornarem dispensável dilação probatória (CPC, arts. 355 e 356). Verifica-se, aqui, a influência que o direito material acarreta no procedimento, o que reforça a ideia da necessidade de flexibilizar o binômio, a fim de que, consideradas as especificidades da respectiva relação jurídica, sejam alcançados os objetivos do direito processual.

Também representa nítida aplicação do princípio a possibilidade de cumprimento provisório da sentença (art. 520), que implica atuação das funções cognitiva e satisfativa concomitantemente, "tendo em vista as necessidades materiais do litígio".[48] Podem ser lembradas ainda as técnicas diferentes adotadas nas diversas modalidades de execução, pois busca o legislador compatibilizá-las com as espécies de obrigação, cuja satisfação constitui o objetivo da atividade jurisdicional (arts. 523-538).[49]

47. Cf., a respeito: Calamandrei, "Istituzioni di diritto processuale civile", p. 204; Dinamarco, *Execução Civil*, 2ª ed., vol. I, p. 312, para quem o princípio da adaptabilidade consiste na procura do "procedimento mais capaz de conduzir ao provimento jurisdicional desejado, de modo eficiente e econômico e tão rapidamente quanto possível". V. também Carlos Alberto Alvaro de Oliveira, *Do Formalismo no Processo Civil. Proposta de um Formalismo-Valorativo*, pp. 134-139.

48. Galeno Lacerda, "Função e processo cautelar: revisão crítica", p. 3.

49. A propósito, Grupo de Trabalho instituído pelo Presidente do Conselho Nacional de Justiça, Min. Luiz Fux, e criado pela Portaria CNJ 272/2020, apresentou sugestões destinadas à "desjudicialização" de atos executivos, visando à celeridade da respectiva tutela, sem comprometer a garantia constitucional de acesso à Justiça. Além disso, seus integrantes elaboraram estudos teóricos a respeito do tema, publicados na obra *Execução Civil – Novas Tendências, Estudos em Homenagem ao Professor Arruda Alvim*. Minha preocupação foi desenvolver ideias destinadas à defesa da alternativa e compatibilizá-la com

Processo é instrumento para realização do direito material nas situações em que tal não se deu espontaneamente. Seu escopo é atuar o Direito e pacificar. Não obstante distinto de seu objeto, a ele se liga por intenso *nexo de finalidade*.[50]

Existe, pois, nítida tendência de superação do procedimento ordinário, com a adoção de formas procedimentais específicas e adequadas ao direito litigioso.[51] Também deve ser considerada a possibilidade de o juiz adequar aspectos procedimentais às especificidades da situação concreta, sempre com a observância do prévio contraditório.[52]

Como já mencionado, o Código de Processo Civil/2015, embora sem o alcance desejado, possibilitou certa flexibilização procedimental em função de peculiaridades do objeto do processo (art. 139, IV e VI).[53]

18. Tutela jurisdicional diferenciada

A tendência à flexibilização não deve limitar-se à forma e ao procedimento. Estende-se também à relação entre a proteção

a previsão constitucional acima referida (cf. "Garantia de constitucional de acesso ao Poder Judiciário", pp. 33-46).

50. Precisa a observação de Galeno Lacerda: "Requisito fundamental para que o instrumento possa atingir seu objetivo há de ser, portanto, a adequação dos atos e funções processuais às peculiaridades da relação material que deles constitui objeto e sobre a qual incidem. Nesta perspectiva, claro está que a função de conhecimento, porque visa à definição do direito em concreto, requer atos e rito distintos daqueles exigidos para a execução, onde se cuida da realização coativa do direito declarado, ou para a função cautelar, que busca a segurança da aparência dos direitos. Já se vê que a adequada ação representa o princípio fundamental, unitário e básico do procedimento, a justificar, mesmo, a autonomia científica da uma teoria geral do processo" (cf. "Função e processo cautelar: revisão crítica", p. 1).

51. Cf. Ovídio Baptista da Silva, *Curso de Processo Civil,* vol. I, pp. 101 e ss., que dá como exemplos os processos interditais, que se caracterizam pela possibilidade de concessão de liminar; os processos sumários documentais, como o mandado de segurança, em que a dilação probatória é limitada; os processos monitórios e injuncionais, que se caracterizam pela inversão do contraditório; e outros.

52. Cf. Bedaque, *Efetividade do Processo e Técnica Processual*, pp. 62-72.

53. Cf. Capítulo II, n. 10.

obtida pela via processual e as especificidades do direito material. Daí a ideia de *tutela jurisdicional diferenciada* como fator decisivo para a efetividade do processo.[54]

Trata-se de concepção teórica, preocupada com a adaptação dos instrumentos concebidos para efetivar a proteção assegurada pelo processo às especificidades do objetivo desejado. Como este varia em cada situação apresentada ao órgão judicial, não se justifica manter-se inalterável o tipo de tutela. Em outras palavras, o resultado do processo, representado pela tutela jurisdicional, deve ser dotado de plena eficácia prática, em favor dos interesses amparados pelas regras substanciais.[55]

Essas formas especiais de tutela jurisdicional, que para alguns constituem a maior novidade científica no campo do processo civil,[56] levam em conta a natureza do direito pleiteado e os mecanismos necessários para sua efetiva satisfação.

Também existem peculiaridades do processo em função da própria natureza da relação jurídica material. No Direito Italiano, por exemplo, o processo civil constitui meio de solução das controvérsias envolvendo apenas direitos disponíveis, razão pela qual é muito grande o valor da confissão e do juramento.

No tratamento do tema não se pode esquecer do fenômeno que se convencionou chamar de *tutela jurisdicional específica*, consubstanciada inicialmente nas execuções de prestar declaração de vontade e hoje estendida a todas as obrigações de fazer e não fazer, em que o processo se desenvolve com vista a proporcionar ao titular do direito material exatamente aquilo que ele obteria se houvesse o adimplemento espontâneo da obrigação (CPC, arts. 497 e 536). Trata-se de tema intimamente vinculado ao direito material, cujas regras atendem as especificidades da relação

54. Cf. *infra*, Capítulo IV, ns. 31.4 e 31.5. V. também Carlos Alberto Alvaro de Oliveira, *Do Formalismo no Processo Civil. Proposta de um Formalismo-Valorativo*, pp. 86-90.

55. "A vinculação do tipo de prestação à sua finalidade específica espelha a atendibilidade desta; a adequação do instrumento ao seu escopo potencia o seu tônus de efetividade" (cf. Donaldo Armelin, "Tutela jurisdicional diferenciada", p. 45).

56. Cf. Ovídio Baptista da Silva, *Curso de Processo Civil,* vol. I, p. 98.

jurídica e das quais extrai-se o limite da atuação jurisdicional. Nelas está fixada a extensão do direito a ser reconhecido e atuado pelo juiz, que não deve ficar aquém mas também não pode ir além do permitido pelo ordenamento material.[57]

Muitas das dificuldades encontradas pelos processualistas, para determinar exatamente o limite possível da intervenção jurisdicional na esfera jurídica do devedor, tendo em vista aspectos inerentes à respectiva prestação, substituindo sua vontade e proporcionando ao credor exatamente aquilo que lhe é assegurado, residem na imperfeita compreensão dos contornos traçados pelo ordenamento jurídico substancial. Por isso, a correta determinação da natureza da tutela jurisdicional substitutiva, seu alcance e sua eficácia dependem fundamentalmente do entendimento a respeito das regras existentes no outro plano do ordenamento jurídico, destinadas a regular a relação objeto do processo.[58]

Se pensarmos no método de trabalho cognitivo, cujo ato culminante é a sentença, verificaremos ser a classificação realizada à luz das especificidades da crise de direito material deduzida na inicial. Para eliminar a incerteza quanto à existência ou inexistência do direito, adequada a tutela declaratória. O inadimplemento é afastado pela sentença condenatória, cuja eficácia prática depende, normalmente, de atos posteriores de execução, a serem realizados no mesmo processo, mediante o cumprimento de

57. Cf. Flávio Yarshell, *Tutela Jurisdicional Específica nas Obrigações de Declaração de Vontade*, p. 110.

58. Flávio Yarshell, em preciosa monografia sobre o tema, percebeu essa relação necessária entre os dois planos: "Outro obstáculo que se apresenta à concretização da tutela específica, em matéria de prestar declaração de vontade, decorre da também imperfeita compreensão dos verdadeiros limites impostos pelo direito material, que porventura possam impedir a substituição da declaração devida por um provimento estatal". Conclui ser imprescindível a determinação de noções do direito material: "sabido que o limite da atuação jurisdicional é dado, em boa medida, por esse mesmo direito material a ser atuado, a efetividade do processo necessária e indubitavelmente depende de uma correta fixação de conceitos nesse plano do ordenamento jurídico" (*Tutela Jurisdicional Específica nas Obrigações de Declaração de Vontade*, pp. 62 e 63).

sentença (CPC, arts. 513 e ss.). Por fim, a alteração de situação jurídica se dá mediante a sentença constitutiva.[59]

Obtida a declaração, realiza-se praticamente o direito. Nada mais é necessário. Também a última modalidade de tutela acima referida, destinada à satisfação de direitos potestativos, é dotada de autossuficiência, visto que opera automaticamente a transformação no plano material, eliminando a situação de crise e assegurando a seu titular a plena satisfação do direito. Diversa, todavia, é a efetivação prática da tutela condenatória, cujo objeto é o direito a uma prestação, que pode depender da realização de atos de natureza satisfativa, praticados na fase do cumprimento da sentença (CPC, arts. 513 e ss.).[60]

A propósito da eficácia da tutela cognitiva, orientação já há muito consagrada na jurisprudência eliminou óbice praticamente instransponível ao acesso à ordem jurídica justa. Entendia-se, inicialmente, que o compromisso de compra e venda de imóvel, não registrado, impossibilitava o cumprimento específico da obrigação por via jurisdicional. Hoje, após consolidada orientação jurisprudencial em sentido contrário, segundo a qual a ausência de registro não inviabiliza a adjudicação compulsória, podendo a sentença produzir exatamente os mesmos efeitos da declaração de vontade omitida, o legislador houve por bem incorporá-la ao ordenamento (CPC, art. 497). O direito à adjudicação tem natureza pessoal, restrito aos contratantes, não dependendo, essa obrigação de fazer, de inscrição no Registro de Imóveis.[61]

59. Cf. Bedaque, *Efetividade do Processo e Técnica Processual*, pp. 518 e ss.

60. Cf. Cândido R. Dinamarco, "Momento de eficácia da sentença constitutiva", pp. 10 e 11.

61. Cf. STJ, AI 33.167-7-MG, rel. Min. Sálvio de Figueiredo, *DJU* 1.4.1993, pp. 5.556 e 5.557. A alteração legislativa teve início com o Código de Defesa do Consumidor (Lei 8.078, de 11.9.1990), que passou a prever tutela específica de obrigação de fazer, considerando a transformação em perdas e danos como exceção à regra (art. 84 e §§). Em seguida, solução idêntica foi adotada na Lei 8.952, de 13.12.1994, que alterou o art. 461 do CPC/1973. As medidas previstas nessas regras e no art. 497 do CPC/2015 visam a assegurar a efetividade da tutela específica das obrigações de fazer e de não fazer.

Nessa mesma linha, o legislador dotou o juiz de mecanismos de apoio destinados à efetivação prática e específica não só das obrigações de fazer, mas também das antecipações de efeitos da tutela final e das demais decisões judiciais (arts. 139, IV, 297, 301, 519, 536, § 1º, e 537), bem como admitiu a imposição de multa em caso de descumprimento de sentença condenatória versando sobre pagamento de quantia (CPC, art. 523, §§ 1º e 3º).[62]

19. A interdependência entre direito e processo e a eficácia do sistema

Considerada a natureza instrumental do método de trabalho destinada a solucionar conflitos, é preciso flexibilizar a técnica, para adaptá-la às necessidades do desenvolvimento eficaz do processo, como via de proteção efetiva das situações de direito substancial.[63]

Não basta a previsão em abstrato de tutela jurisdicional para determinada situação da vida. É necessário que o titular dessa posição de vantagem, se necessitar da intervenção jurisdicional para assegurá-la, possa valer-se dela e ver satisfeito seu direito.[64]

Daí afirmar-se que as preocupações dos processualistas não podem limitar-se ao campo puramente processual. A formulação de conceitos e regras de processo deve atender à realidade social e às necessidades dos consumidores dos serviços jurisdicionais. Nessa linha, imprescindível considerar, para construção da técnica, as especificidades do direito material, além de possibilitar, no caso concreto, a adaptação do meio ao objeto.[65]

62. Com relação aos poderes conferidos ao juiz pelo art. 139, IV, v. Bedaque, *Comentários ao Código de Processo Civil*, vol. III, pp. 147-148.

63. Cf. Gelsi Bidart, "Tutela procesal 'diferenciada'", p. 104.

64. Como bem observa Proto Pisani, "perchè sia assicurata la tutela giurisdizionale di una determinata situazione di vantaggio, non basta, non è sufficiente, che a livello di diritto processuale sia predisposto un procedimento quale che sia, ma è necessario che il titolare della situazione di vantaggio violata (o di cui si minaccia la violazione) possa utilizzare un procedimento strutturato in modo tal da potergli fornire una tutela effettiva e non meramente formale o astratta del suo diritto" (cf. *Appunti sulla Giustizia Civile*, p. 11).

65. Idêntica preocupação foi revelada por Mauro Cappelletti: "Permítanme enfatizar nuevamente que tal perspectiva implica una ampliación

Exemplos evidentes dessa flexibilização encontramos em instrumentos processuais como o mandado de injunção, a ação civil pública para defesa dos interesses difusos e coletivos, os Juizados Especiais, além dos mecanismos executivos destinados à efetivação da tutela condenatória.[66] O Código/2015 adotou essa premissa em diversos dispositivos. Basta verificar, por exemplo, o tratamento concebido para o sistema das nulidades e para os requisitos de admissibilidade do julgamento de mérito e dos recursos. Percebe-se a nítida preocupação com o resultado útil do processo.[67]

Verifica-se, pois, a necessidade premente de conscientização do processualista no sentido de que sua ciência, não obstante autônoma, só tem sentido se servir de maneira eficaz a seu objeto. Pode-se afirmar, mesmo, ser o direito substancial indispensável ao direito processual, que não existiria sozinho. Tal circunstância não o coloca, todavia, em situação de inferioridade, pois também não se pode conceber o direito material sem o instrumento para

tremenda del objeto de nuestros estudios. El análisis se debe tornar un análisis 'contextual'; las reglas, instituciones y procedimientos deben ser vistos en su contexto social y político – un punto que se reflejó, *inter alia*, con el hecho importante de que el Congreso de Würzburg fue dedicado a la contribución de la Sociología del Derecho a la reforma procesal" (cf. "Algunas reflexiones sobre el rol de los estudios procesales en la actualidad", pp. 148 e 149).

66. A respeito do Código de Defesa do Consumidor, Ada Pellegrini Grinover afirma que "a preocupação do legislador, nesse passo, é com a efetividade do processo destinado à proteção do consumidor e com a facilitação de seu acesso à Justiça. Isso demandava, de um lado, o fortalecimento da posição do consumidor em juízo – até agora pulverizada, isolada, enfraquecida perante a parte contrária que não é, como ele, um litigante meramente eventual –, exigindo um novo enfoque da *par condicio* e do equilíbrio das partes, que não fossem garantidos no plano meramente formal; e, de outro lado, exigia a criação de novas técnicas que, ampliando o arsenal de ações coletivas previstas pelo ordenamento, realmente representassem a desobstrução do acesso à Justiça e o tratamento coletivo de pretensões individuais que isolada e fragmentariamente poucas condições teriam de adequada condução. Isso tudo, sem jamais olvidar as garantias do 'devido processo legal'" (cf. "A tutela jurisdicional dos interesses difusos do consumidor brasileiro", p. 3).

67. A respeito desse entendimento na doutrina, cf. Bedaque, *Efetividade do Processo e Técnica Processual*.

torná-lo efetivo. Existe evidente relação de interdependência entre os dois ramos do Direito.[68]

O processo é instrumento, e, como tal, deve ser moldado de maneira a melhor proporcionar o resultado pretendido pelos que dele necessitam. Isso somente é possível se for concebido a partir da realidade verificada no âmbito do direito material. As necessidades detectadas nas relações jurídicas reguladas por essas regras devem nortear o processualista na construção de sua ciência. O processo desenvolve-se sob várias formas, mas deve adequar-se à sua finalidade precípua, a tutela de uma situação concreta. Se o objetivo for evitar a violação de direito, concede-se tutela preventiva. Caso a atuação jurisdicional diga respeito a fato passado, a direito já lesado, a tutela será reparatória, com os respectivos meios aptos a torná-la efetiva.[69]

Daí a preocupação de demonstrar a íntima relação dos institutos processuais com a situação de direito material trazida à apreciação do órgão jurisdicional. Este nexo intenso pode ser verificado pela própria concepção de jurisdição, ação, defesa e processo.

Conforme se verá oportunamente, todas as definições e conceitos no âmbito da nossa ciência levam em conta elementos inerentes à relação de direito substancial. Também vários dos temas ligados a cada um desses institutos fundamentais têm grande nexo com a situação material. Na verdade, o direito substancial constitui elemento integrante de todo o direito processual, pois é parâmetro para o exercício da ação e da jurisdição.[70]

Por isso, procurar-se-á analisar, por exemplo, a classificação da jurisdição, a competência, as condições da ação e outros temas

68. "Affermare la diversità fra diritto sostanziale e diritto processuale, e la instrumentalità del secondo rispetto al primo, non significa affatto autonomia (nel senso di indifferenza) tra i due complessi di norme. Così come, infatti, il diritto processuale non potrebbe esistere senza il diritto sostanziale (indispensabilità del diritto sostanziale), così – è ora da aggiungere – il diritto sostanziale non potrebbe esistere senza il diritto processuale. Pur nella loro diversità vi è una stretta interdipendenza (cioè dipendenza reciproca) tra il diritto sostanziale e diritto processuale" (cf. Proto Pisani, *Appunti sulla Giustizia Civile*, p. 10).

69. Cf. Donaldo Armelin, "Tutela jurisdicional do meio ambiente", p. 49.

70. Cf. Fazzalari, *Note in Tema di Diritto e Processo*, p. 113.

de uma perspectiva diversa. A intenção é demonstrar que todas as grandes questões processuais são resolvidas com elementos emprestados da relação da vida que lhe constitui objeto e do Direito que a regula. É à luz desse ramo da ciência jurídica que os problemas processuais encontrarão soluções adequadas.

Não se deve estranhar o fato de tal conclusão partir de quem optou por se dedicar ao estudo do processo. Nem se pense que, ao adotar essa premissa, ele renunciou às conquistas técnicas de sua ciência, ou renegou toda evolução do direito processual. Não. As conclusões aqui expostas são resultado de um profundo amadurecimento. E também da certeza quanto ao definitivo papel do processo no mundo do Direito. Hoje não se discute mais sua independência e sua autonomia. Debate-se, todavia, a respeito da sua efetividade, que, em última análise, significa que o método de solução dos conflitos deve proporcionar a total proteção ao direito substancial. Isto é, somente se pode falar em efetividade do processo se o seu resultado for socialmente útil, garantindo ao titular do direito, em cada caso concreto, o acesso à ordem jurídica justa. Fala-se em adequada proteção jurídica como um dos direitos inalienáveis da pessoa humana, incluindo-se nesse rol o direito a um processo adequado e justo, que assegure ao titular do interesse protegido possibilidade de tutela efetiva.[71]

O acesso à jurisdição integra, sem dúvida, a categoria dos direitos fundamentais (CF, art. 5º, XXXV). Necessário, portanto, que o resultado da atividade jurisdicional, consubstanciado na tutela jurisdicional, seja eficaz, isto é, produza os efeitos desejados no plano material.[72]

Em suma: o instrumento precisa ser eficiente para proporcionar tutela efetiva e eficaz. E isto somente ocorre se ele for

71. Luigi Paolo Comoglio, após tecer considerações sobre a evolução dos direitos do homem, que abrangem também direitos processuais, conclui: "Il fatto che non soltanto la necessità imprescindibile di una tutela giurisdizionale, ma anche le esigenze di effettività delle sue possibile forme si siano tradotte in altrettante garanzie fondamentali, assurgendo a dignità di norme-cardine, costituisce indubbiamente la novità centrale di queste esperienze" (cf. "I modelli di garanzia costituzionale del processo", p. 683).

72. Cfr. Carlos Alberto Alvaro de Oliveira, *Teoria e Prática da Tutela Jurisdicional*, p. 85.

adequado ao fim pretendido. A utilidade do ordenamento jurídico material está intimamente relacionada à eficácia do processo, que constitui o meio para garantir a atuação do Direito nas hipóteses de ausência de cooperação espontânea dos destinatários. Isso porque não se admite a utilização da força pelos interessados. O Estado deve, pois, proporcionar meio idôneo para assegurar a efetividade da tutela jurisdicional adequado às necessidades verificadas no plano substancial.[73]

Por outro lado, a quantidade enorme de litígios e o congestionamento da via estatal de solução de controvérsias vêm incentivando a procura de mecanismos alternativos de solução de conflitos, entre os quais destacam-se a arbitragem, a conciliação e a mediação.[74] O art. 3º do CPC/2015 é resultado dessa preocupação.

Não basta que o legislador preveja as situações de vantagem no plano substancial, sem que existam instrumentos adequados e idôneos[75] a assegurar sua realização prática. Se tal ocorresse estaríamos diante de um ordenamento incompleto, pois os titulares de situações de vantagem não poderiam dele se valer exatamente quando mais necessitassem de tutela, isto é, quando houvesse violação do direito.[76] O ordenamento jurídico é eficaz não por prever de forma abstrata a existência de direitos, mas principalmente pela efetiva tutela destes.[77]

73. "Il processo (*rectius:* i molti procedimenti in cui si articola la tutela giurisdizionale), pertanto, attraverso l'attività delle parti (esercizio dell'azione) e del giudice (esercizio della giurisdizione), mira a far ottenere ai titolari delle situazioni di vantaggio gli stessi risultati (o, se questo è impossibile, risultati equivalenti) che avrebbero dovuto ottenere attraverso la cooperazione spontanea da parte dei consorziati" (cf. Proto Pisani, *Appunti sulla Giustizia Civile*, p. 43).

74. Carlos Alberto Carmona sustenta a própria jurisdicionalidade da arbitragem (cf. *A Arbitragem no Processo Civil Brasileiro*, p. 37).

75. Ressalte-se que "il diritto fondamentale dell'individuo ad un processo equo e giusto no si cristallizza, ne tantomeno si esaurisce, in garanzia singole, ma si basa sul necessario coordinamento di più garanzie concorrenti" (cf. Comoglio, "I modelli di garanzia costituzionale del processo", p. 687).

76. Como pondera Proto Pisani, tal ordenamento "non potrebbe essere qualificato come giuridico poiché non garantirebbe l'attuazione del diritto proprio nel momento in cui questo è più bisognoso di tutela, nel momento della sua violazione" (cf. *Appunti sulla Giustizia Civile*, p. 11).

77. Segundo José Raimundo Gomes da Cruz, "o ordenamento jurídico é eficaz não pela abstrata previsão de direitos, mas pela efetiva tutela destes"

A própria existência do direito material, entendida esta não como mera previsão abstrata de situações da vida, mas como proteção efetiva dos interesses tutelados, depende do direito processual.[78]

Tutela jurisdicional justa é aquela que represente ideal adequação dos fatos à norma que os discipline.[79]

Sem dúvida, é preciso que a tutela jurisdicional seja o meio apto a atender às necessidades decorrentes de cada situação da vida, isto é, de direito substancial.[80]

Quanto mais tivermos procedimentos adequados às especificidades da tutela pleiteada, ou permitirmos a adaptação da técnica às especificidades do caso concreto, mais próximos estaremos da justiça substancial, isto é, mais o direito processual se aproximará do direito material, com vista a assegurar, com eficiência, a efetividade deste.

Embora instrumento, o processo constitui importantíssimo fator no desenvolvimento das relações substanciais. Daí não se poder falar em um direito processual puramente técnico, neutro quanto aos objetivos visados pelo legislador material. O estudioso do processo deve, em primeiro lugar, identificar as necessidades decorrentes da não atuação espontânea das regras de direito às

(*Estudos sobre o Processo e a Constituição de 1988*, p. 16). Como bem anota o autor, o grau de eficiência do ordenamento é aferido em função da maior proximidade entre a promessa genérica e distante das normas e a realidade. Exatamente por isso, a efetividade do processo deve ser considerada à luz do resultado conseguido, no plano substancial. Existe evidente exagero com a técnica processual, que deve ser afastado: "Certo deslumbramento trazido pela fase autonomista do direito processual incentivou pesquisas importantes. Mas o crescente distanciamento do plano do direito substancial logo se fez sentir de vários modos. Ao requinte das elaborações sobre a técnica não correspondia a abrangente visão crítica de conjunto capaz de contemplar resultados" (p. 18). Corretíssima a afirmação do autor no sentido de que o processualismo contribui para a "alienação em relação ao escopo mais urgente do processo: a afirmação da ordem jurídica material" (p. 18).

78. Cf. Proto Pisani, *Appunti sulla Giustizia Civile*, p. 11.

79. Cf. Donaldo Armelin, "A tutela jurisdicional cautelar", p. 116.

80. Cf. José Raimundo Gomes da Cruz, *Estudos sobre o Processo e a Constituição de 1988*, p. 19. Refere-se ele à tutela jurisdicional dos direitos, o que permite concluir que para o autor o resultado do processo somente configura tutela quando atinge o plano substancial.

relações da vida; depois, verificar quais as técnicas processuais existentes para a tutela da situação substancial posta em juízo; por último, refletir a respeito da aptidão destes meios para a obtenção dos resultados pretendidos, propondo, se o caso, a criação de mecanismos mais adequados. Tal análise depende basicamente de um fator: a consciência de que o processo será tão mais importante e necessário quanto maior seja sua efetividade; e mais, à base de toda construção processual deve estar o fenômeno material, sob pena de se perpetuar o equívoco de discussões estéreis, sem qualquer importância para os escopos do processo.[81]

Não parece possível construir o sistema processual dissociado do seu objeto, que nada mais é do que o conjunto das relações da vida das pessoas, reguladas pelas normas de direito material.[82]

Por isso, fala-se, hoje, no aspecto negativo da instrumentalidade do processo, que corresponde exatamente à posição aqui sustentada, no sentido de corrigir as distorções causadas pelos excessos cometidos na fase autonomista.[83]

20. Inadequação da técnica processual

Este estudo destina-se à correta compreensão da via processual de resolução das crises verificadas nas relações materiais. Para tanto, repito, considera-se fundamental a aceitação de uma premissa: não há como conceber o método de trabalho adequado

81. Cf. Proto Pisani, *Appunti sulla Giustizia Civile*, pp. 15 e 16.

82. Conforme já se disse, "é preciso evitar o vezo persistente de apresentar as doutrinas e teorias jurídicas desligadas de suas condicionantes sociais e políticas, para que não apareçam como puras construções do espírito entre as quais é difícil escolher" (Plauto Faraco de Azevedo, *Crítica à Dogmática e Hermenêutica Jurídica*, p. 15).

83. "Como vem sendo dito, é relativizar o binômio *substance-procedure*. Não se trata de renunciar à autonomia do direito processual e muito menos aos princípios solidamente instalados em sua ciência e a nível de garantias constitucionais. É que a autonomia do processo não implica seu isolamento e o seu culto como se fosse um valor em si mesmo" (Dinamarco, *A Instrumentalidade do Processo*, p. 267, nota 1).

(processo), sem considerar as circunstâncias inerentes ao objetivo pretendido (direito material).

Como os conflitos de interesses regulados pelo Direito muitas vezes não são solucionados espontaneamente pelos destinatários da regra legal, devem existir meios para que tal ocorra, ainda contra a vontade de um ou alguns deles. Uma dessas vias – e, por determinadas circunstâncias, a mais utilizada – é o processo jurisdicional. Daí poder-se afirmar que a jurisdição acaba sendo importante fator de pacificação social, visto que o desenvolvimento de sua atividade tende a colocar fim às relações litigiosas, que, por sua vez, configuram situações de rebeldia às regras necessárias à própria sobrevivência da sociedade. Fala-se, até, que o processo constitui meio de aperfeiçoamento da Humanidade.[84]

Esse resultado, todavia, somente é alcançado quando a jurisdição é eficaz, ou seja, alcança efetivamente todos os seus escopos. Preocupado com esse objetivo, o legislador tem ampliado substancialmente os meios processuais de proteção aos interesses da sociedade. A conscientização das necessidades verificadas no plano material, conforme já visto, gerou determinados instrumentos específicos de natureza processual. Basta citar as importantes inovações constitucionais quanto à ampliação da legitimidade ativa e ao controle da constitucionalidade das leis, além de outros mecanismos destinados a ampliar o acesso à Justiça.

De qualquer forma, a efetividade do processo depende fundamentalmente da correspondência entre o meio e o fim. A principal crítica dirigida ao Código de Processo Civil/1973

84. Lembra, oportunamente, Hélio Tornaghi, citando importante magistrado da Suprema Corte dos Estados Unidos, que os idealizadores da democracia anglo-americana preocuparam-se muito mais com a criação do *due process of law* e com a eficiência e força da Justiça do que com a formulação de princípios abstratos: "Sem bom processo, sem bom juiz, sem boa Justiça, as declarações de direitos são devaneios, sonhos que não se realizam. O juiz deve fazer brilhar no mundo o reflexo da Justiça eterna. O coração do homem exige o triunfo da virtude e se revolta diante do malefício que fica impune. O triunfo do Direito edifica as almas, conforta os corações, eleva o espírito e o arranca de tudo quanto é pequeno e mesquinho, para despertar-lhe o entusiasmo pelo bem e elevá-lo à altura da sublime perfeição" (*Comentários ao Código de Processo Civil*, vol. I, p. 5).

consiste exatamente no "divórcio entre o modelo e a realidade" verificado em determinados aspectos desse importante corpo de regras processuais, resultado de indiscutível avanço técnico. Para adequá-lo à realidade, esforços foram feitos no sentido de alterar alguns de seus dispositivos, conferindo-lhes a natureza de verdadeiras regras instrumentais a serviço de um objetivo exterior.[85]

Exatamente porque muitas das tentativas de alteração da lei processual e do próprio Poder Judiciário não levam em consideração a natureza dos conflitos a serem dirimidos, os problemas subsistiram.[86]

Pelos mesmos motivos, também na doutrina italiana existem críticas dirigidas ao modelo processual, apontadas para a inadequação do instrumento às garantias fundamentais estabelecidas pela Constituição de 1948.[87]

Na tentativa de conferir maior utilidade à tutela jurisdicional, o Código/2015 procurou eliminar controvérsias processuais desnecessárias, simplificando técnicas complexas e praticamente

85. Cf., a respeito, Athos Gusmão Carneiro e Sálvio de Figueiredo Teixeira, "A reforma do processo civil – Simplificação e agilização", pp. 386-407.

86. Daí concluir-se pela "inconsistência das propostas que visam a melhorias tópicas na estrutura organizacional do Poder Judiciário, sem cogitar da natureza dos conflitos em jogo, do volume de sua incidência e sobretudo da inadequação das fórmulas jurídico-processuais utilizadas pelos Poderes constituídos para processá-los, seja pela ausência de sua compreensão como tal ao nível ideológico, seja pela determinação política de não resolvê-los, com a assunção do risco de sua permanência, erosiva é certo, na interação dos grupos sociais" (Paulo de Tarso Ramos Ribeiro, "Processo e conflito: a crise de legitimação das decisões judiciais", p. 4). O autor, aliás, optando decididamente pela necessidade de as decisões jurídicas se adaptarem às expectativas sociais de seus destinatários, afirma que "a importância da noção de processo para o Direito transcende a noção puramente instrumental, para assumir uma conformação teórica que envolve o próprio Direito como um todo" (p. 13).

87. "Considerato da tale angolo visuale – cioè dal punto di vista della Costituzione – il sistema civile entrato in vigore nel 1942 è assolutamente inadeguato rispetto alle esigenze della legge fondamentale del nostro Stato, non tanto – o quanto meno non solo – a causa della tragica lunghezza del processo ordinario di cognizione, ma anche a causa della mancata predisposizione di procedure differenziate, modellate sulle peculiarità delle situazioni di vantaggio affermate dalla Costituzione e pertanto idonee ad assicurare una tutela giurisdizionale adeguata al loro bisogno di tutela" (Proto Pisani, *Appunti sulla Giustizia Civile*, p. 34).

inúteis. Exemplos podem ser mencionados: previsão de parte geral, unificação das vias destinadas à discussão da incompetência, ampliação da incidência da regra segundo a qual não há nulidade sem prejuízo, unificação das tutelas provisórias, adoção de orientações jurisprudenciais vinculantes, flexibilização procedimental etc.

É preciso, todavia, que tais iniciativas de reformulação não se limitem ao aspecto legislativo do direito processual. Mais importante do que alterar a lei é mudar a mentalidade dos operadores desse ramo do Direito, que devem se conscientizar dos verdadeiros objetivos de sua ciência.

Parece equivocada a ideia de que todos os óbices à efetividade do processo se encontram na legislação. A esse respeito, prestigiadíssimo doutrinador peninsular refere-se a "un vecchio idolum della nostra dottrina processualcivilistica".[88]

É fundamental, pois, apontar alguns equívocos de interpretação, que acabam por frustrar os escopos do processo.

No tocante à ação rescisória, podemos encontrar alguns exemplos. O primeiro refere-se à Súmula 343 do STF. A finalidade da rescisória por violação a literal dispositivo de lei é invalidar orientação judicial manifestamente inadequada, isto é, frontalmente contrária ao disposto no Direito, mormente o material. Entendimento diametralmente oposto a razoável interpretação da norma não atende aos escopos social e jurídico do processo. Nessa medida, não se pode aceitar que a existência de divergência jurisprudencial represente óbice intransponível à rescisão de julgado injusto e ilegal. O dissídio não afasta a possibilidade de uma das orientações então adotadas para aquela tese jurídica ser absolutamente contrária à lei.

Talvez por isso, aliás, o STF tenha afastado a incidência da Súmula sempre que a decisão transitada em julgado contrariar

88. Cf. Tarzia, "Crisi e riforma del processo civile", p. 633. Afirma o mestre que: "La cultura italiana ha più volte segnalato la necessità che il processo sia oggetto di studi interdisciplinari; che un 'progetto per la Giustizia Civile' non sia soltanto un progetto di norme processuali; che le istituzioni e le loro strutture vi siano coinvolte" (p. 634).

interpretação daquela Corte sobre matéria constitucional. Observado o prazo de dois anos, a rescisória é admissível, mesmo se a orientação do STF for adotada após o trânsito em julgado. Melhor seria a adoção do entendimento manifestado pelo Min. Cézar Peluso, para quem a Súmula 343 poderia ser cancelada (cf. RE 328.812-AM).[89]

Também a questão relativa ao prazo para propositura da ação rescisória pode trazer problemas, que somente serão solucionados a contento se a visão substancial-instrumentalista prevalecer. A questão vem se repetindo com certa frequência e já foi examinada pelo STJ. Interposto recurso contra sentença ou acórdão, somente após decorridos dois anos conclui-se definitivamente pela inadmissibilidade, com fundamento em causa originária (não cabimento, inadequação, intempestividade etc.). Como essa decisão tem natureza declaratória, retroage à data em que configurada a ausência do respectivo requisito de admissibilidade. Se prevalecer esse entendimento, estaria esgotado o prazo da rescisória.[90]

Sugere-se a seguinte interpretação: embora a coisa julgada tenha ocorrido no exato momento em que a decisão se tornou irrecorrida, para o fim da ação rescisória o prazo começa a correr a partir da última decisão judicial que considerou inviável o recurso e colocou fim à relação processual. Se, todavia, ficar demonstrada má-fé do autor, não poderia ele se valer dessa interpretação benéfica.[91] Idêntica conclusão deve ser adotada se o não conhe-

89. No Código de Processo Civil/2015 a redação desse dispositivo foi alterada. Substituiu-se "violar literal disposição de lei" por "violar manifestamente norma jurídica" (art. 966, V). Ambos os textos são formados por termos abertos, de conteúdo jurídico indeterminado. Por isso, o novo dispositivo somente terá significado diverso se prevalecer entendimento mais flexível sobre a mutabilidade da sentença transitada em julgado, mas fundada em má compreensão da regra legal. Não parece haver alteração substancial na interpretação do dispositivo pela jurisprudência, cujo entendimento está fundado na segurança jurídica (Corte Especial, AgInt no RE nos ED no AgInt no AREsp 1.100.126-RS, rela. Min. Maria Thereza de Assis Moura, *DJe* 3.12.2018).

90. Nelson Nery, *Princípios Fundamentais – Teoria Geral dos Recursos*, p. 89.

91. Segundo Nelson Nery o trânsito em julgado da decisão ocorre no momento em que se deu a causa da inadmissibilidade do recurso contra ela

cimento for causado pela ausência inequívoca de determinados requisitos de admissibilidade.[92] De qualquer maneira, o art. 975 do CPC/2015 vai ao encontro da orientação do STJ.[93]

Também a exigência de litisconsórcio na rescisória movida pelo devedor aos credores solidários não tem sentido. O próprio direito material admite que qualquer deles, individualmente, exija o crédito. Para conferir eficácia plena a essa regra, deve ser admitida a indicação de apenas um para figurar no polo passivo da demanda rescisória, exatamente a parte do processo em que proferida a decisão rescindenda.

Outra manifestação clara de má aplicação da técnica processual, em prejuízo dos objetivos do direito material e dos interesses ali tutelados, consiste na orientação, consolidada na jurisprudência, quanto ao alcance da Lei 8.009, de 30.3.1990, que disciplinou a impenhorabilidade do bem de família. O STJ firmou entendimento segundo o qual a regra implica ineficácia de penhora realizada antes da vigência da lei, caso o processo de

interposto. Se o procedimento recursal demorar por período superior a dois anos, perderá o recorrente o direito à rescisão da sentença. Como a ação não pode ser proposta antes do término do processo, sugere o ilustre processualista que o recorrente desista do recurso, se convencido do não conhecimento (cf. *Princípios Fundamentais – Teoria Geral dos Recursos*, pp. 85-89). Mas e se ele não estiver convencido? Estará vedado o acesso à ordem jurídica justa, em razão da demora no julgamento dos requisitos de admissibilidade de seu recurso, fato que não lhe pode ser imputado? Esta solução, não obstante compatível com a técnica processual, compromete o objetivo do processo, ou seja, a justiça da decisão.

92. Cf. Nelson Luiz Pinto, *Recurso Especial para o Superior Tribunal de Justiça – Teoria Geral e Admissibilidade*, p. 79, que informa haver o Tribunal Superior Federal alemão decidido no sentido de que a imutabilidade somente pode verificar-se após a última decisão a respeito da admissibilidade do recurso. Esta também tem sido a orientação adotada pelo colendo STJ (6ª Turma, AgR no REsp 958.333-RS, rela. Min. Maria Theresa de Assis Moura, *DJU* 25.2.2008, p. 384; Corte Especial, EREsp 441.252-CE, rel. Min. Gilson Dipp, j. 18.12.2006, p. 276). Esse entendimento acabou consubstanciado na Súmula 401: "O prazo decadencial da ação rescisória só se inicia quando não for cabível qualquer recurso do último pronunciamento judicial".

93. Cf. Flávio Yarshell, in *Comentários ao Código de Processo Civil* (obra coletiva), vol. IV, p. 195. A interpretação dessa regra, todavia, deve levar em consideração a formação gradual da coisa julgada, nas hipóteses em que a decisão contenha capítulos autônomos (cf. RE 666.589, j. 25.3.2014).

execução ainda esteja em curso. Isso porque a situação jurídica ainda não estaria consolidada, possibilitando modificações. Isto é, a lei incide sobre os processos pendentes, desconstituindo penhoras já realizadas, sem ofensa a ato jurídico perfeito ou a direito adquirido.[94] Nesses casos, salvo melhor juízo, o ato processual consumou-se na vigência do regime legal anterior, razão pela qual a regra processual não pode retroagir.

De qualquer modo, a questão não diz respeito tão singelamente ao tema da aplicação imediata da lei processual a processos em curso.

Em primeiro lugar, vejamos o regime legal do bem de família, tal como tradicionalmente previsto na lei civil vigente à época em que a orientação foi adotada (Código Civil/1916). Verifica-se que sua instituição estava subordinada, entre outros requisitos, à inexistência de dívidas cujo pagamento pudesse ser prejudicado (CC, art. 71).

Essa restrição constitui mera aplicação de princípio geral agasalhado pelo sistema, segundo o qual não é lícito ao devedor frustrar o pagamento de suas dívidas mediante a oneração ou alienação de seu patrimônio. Vêm daí as ideias de fraude à execução e fraude contra credores. Ambos os institutos, embora com configuração um pouco diversa, têm o mesmo objetivo: evitar que a insolvência deliberada do devedor venha a impedir o cumprimento da obrigação.

A partir dessa premissa – o sistema oferece ao credor meios para tornar ineficazes atos praticados pelo devedor com o fim de frustrar o cumprimento de suas obrigações – não é crível que o próprio legislador, contrariando sua postura ética, viesse

94. Cf.: STJ, REsp 31.955-2-SP, rel. Min. Nilson Naves, *DJU* 3.5.1993; 4ª Turma, REsp 36.599-6-SP, rel. Min. Dias Trindade, *DJU* 8.11.1993, pp. 23.564 e 23.565; 4ª Turma, REsp 17.956-0-RS, rel. Min. Bueno de Souza, *DJU* 13.9.1993.

A questão não se achava pacificada, todavia, no colendo 1º TACivSP. Predominava posição contrária à incidência da lei em situações de penhora já efetivada (8ª Câmara, AI 546.414-0, rel. Juiz Toledo Silva, j. 1.9.1993), embora haja inúmeros julgados concluindo pela aplicação imediata do referido diploma (3ª Câmara, AI 546.705-6, rel. Juiz Ferraz Nogueira).

estabelecer regras para facilitar as fraudes que ele mesmo procura evitar.

Essa a razão para não se aceitar a interpretação literal da Lei 8.009, de 30.3.1990, que acabou prevalecendo, cujas consequências acabam por contrariar o próprio escopo almejado pelo legislador, que é o de obstar a atos fraudulentos do devedor, comprometendo por completo a harmonia do sistema.

Se o suposto credor propõe, por exemplo, a denominada ação pauliana, pede tutela jurisdicional cognitiva, visando a desconstituir a eficácia secundária produzida por alienação feita em fraude contra credores, consistente em subtrair o bem da responsabilidade patrimonial do devedor.[95] Indaga-se, inicialmente: qual o direito subjetivo material deduzido pelo autor na ação pauliana? Pleiteia ele tutela jurisdicional para assegurar determinada situação jurídica substancial, que outra não é senão a integridade do conjunto de bens sobre os quais poderão incidir as providências destinadas à satisfação coercitiva do direito. Ao conferir ao credor o direito potestativo de tornar ineficaz ato jurídico realizado em fraude contra credores, previu o legislador a existência de um direito material à conservação do patrimônio.[96] Da mesma forma, deve ser assegurada a ele a possibilidade de obter a tutela declaratória negativa, em caso de ineficácia gerada por fraude de execução.

Pretende-se demonstrar, portanto, a existência, no plano substancial, de um direito à higidez patrimonial pertencente aos credores quirografários, menos intenso, mas de natureza idêntica aos direitos reais de garantia.[97] Daí afirmar-se que "o terreno da responsabilidade patrimonial, ou executiva, constitui zona de estreitíssimo estrangulamento entre o plano substancial e o processual do ordenamento jurídico", podendo ser incluído no campo do denominado direito processual material.[98]

95. Cf. Cândido R. Dinamarco, *Execução Civil*, pp. 249 e ss.

96. Cf. o excelente acórdão relatado pelo então Juiz Donaldo Armelin, hoje Desembargador aposentado do TJSP, in *JTACivSP*-Lex 131/45.

97. Nesse sentido: Donaldo Armelin, in *JTACivSP*-Lex 131/47.

98. Cf. Dinamarco, "Bem de família e direito intertemporal", pp. 3 e 7. Vislumbra, pois, o ilustre processualista algo muito próximo de um direito

Seja verdadeiro direito subjetivo, trate-se de interesse juridicamente protegido, é certo que essa garantia à intangibilidade do patrimônio do devedor constitui situação jurídica amparada pelo legislador material.

Nessa ordem de raciocínio, não se pode aceitar que a incidência imediata da lei processual venha a atingir o plano das relações materiais. A situação de solvência existente quando da constituição do crédito não pode ser alterada por ato do devedor, e muito menos pelo legislador.

Em consequência, deve permanecer íntegra a penhora, que visa a assegurar o adimplemento de obrigação assumida antes da lei. A manifestação de vontade do credor levou em consideração, seguramente, a situação patrimonial do devedor nessa oportunidade. Qualquer modificação capaz de comprometer a responsabilidade patrimonial implica violação desse direito ou desse interesse juridicamente protegido. Não parece lícito admiti-la, ainda mais por ato do legislador.

Por isso, a isenção legal somente deve prevalecer caso não se verifique o estado de insolvência, devendo o executado tomar as providências necessárias à substituição do bem. Se inexistir outro passível de penhora, não pode ele se valer do benefício, sob pena de lesão a um interesse legítimo, a que a ordem jurídica oferece proteção, inclusive em sede constitucional (CF, art. 5º, XXXVI).

Não se atentou para o fato de que se trata de negócio perfeito e acabado no campo substancial, com as garantias a ele inerentes, não podendo ser desprezado em função de regras processuais. A norma que isenta de penhora os bens de família é de natureza processual, pois restringe a responsabilidade executiva do devedor.[99] Não pode, portanto, frustrar a expectativa do credor, que contava com aquele bem para satisfação de seu crédito, quando da realização do negócio jurídico.

subjetivo, que o legislador protege para evitar a frustração do credor e o fracasso dos demais preceitos substanciais. Denomina tal situação de *interesse juridicamente protegido*, que o sistema brasileiro da tutela de direitos acolheu inteiramente (pp. 8-13).

99. Cf. Dinamarco, *Execução Civil*, p. 139.

Tais distorções decorrem da má aplicação da técnica processual. E isso se dá por falta de consciência dos operadores do Direito a respeito da verdadeira função do processo no sistema jurídico.

A partir do momento em que tivermos normas processuais adequadas à realidade substancial e interpretadas em consonância com sua natureza instrumental, certamente estaremos muito perto do objetivo tão almejado pela ciência processual: efetividade da tutela jurisdicional.

Capítulo IV

Institutos Processuais Analisados à Luz do Direito Material

21. Jurisdição contenciosa e voluntária. 22. Competência. 23. A garantia constitucional da ação: 23.1 O exercício do direito constitucional de ação e as regras infraconstitucionais do processo – 23.2 Ação, tutela e condições da ação – 23.3 Legítimo interesse processual – 23.4 Legitimidade e possibilidade jurídica – 23.5 Decadência, impossibilidade jurídica e mérito (Código de Processo Civil/1973) – 23.6 A título de reflexão doutrinária: os arts. 75 do Código Civil/1916 e 5º, XXXV, da Constituição Federal – 23.7 Condições da ação, tutela jurisdicional e coisa julgada. 24. Elementos da ação. 25. Pressupostos processuais e relação material. 26. Pluralidade de partes: litisconsórcio e intervenção de terceiros: 26.1 Litisconsórcio – 26.2 Intervenção de terceiros. 27. Nulidade processual e instrumentalidade das formas. 28. Coisa julgada: 28.1 Coisa julgada e interesses difusos, coletivos e individuais homogêneos – 28.2 A coisa julgada como qualidade da sentença e de seus efeitos. 29. Tutela executiva: 29.1 Repensando o processo de execução. 30. Tutela preventiva. 31. Tutela provisória: 31.1 A função cautelar do mandado de segurança – 31.2 Admissibilidade da tutela provisória – 31.3 Tutela provisória cautelar e relação material – 31.4 Antecipação dos efeitos da tutela jurisdicional mediante cognição sumária – 31.5 Tutela provisória de urgência: cautelar e tutela antecipada. 32. O mandado de injunção e o controle de constitucionalidade: 32.1 Os direitos tutelados pelo mandado de injunção – 32.2 O mandado de injunção e o direito material constitucional.

21. Jurisdição contenciosa e jurisdição voluntária

A atividade jurisdicional pode ser classificada à luz de aspectos das funções atribuídas ao juiz: jurisdição civil e criminal, jurisdição de primeiro e de segundo graus, por exemplo. Destacam-se para análise, nesta oportunidade, a jurisdição contenciosa e a jurisdição voluntária, com o fim de demonstrar a relevância do direito material na construção doutrinária e na correta compreensão de algumas dessas categorias processuais.

Segundo grande parcela da doutrina, a diferença entre jurisdição voluntária e jurisdição contenciosa reside exatamente na especificidade do objeto de cada uma delas, ou seja, o direito material. Naquela não existiria a lide, elemento essencial à caracterização desta última. Ambas, todavia, teriam por objetivo prestar a tutela jurisdicional. Na voluntária a atividade judicial limitar-se-ia a compor, com a vontade dos interessados, a situação jurídico-processual indispensável à produção dos efeitos desejados.

Por outro lado, embora ausente o conflito qualificado pela pretensão resistida (lide) na jurisdição também denominada graciosa, em ambas encontra-se um denominador comum, qual seja, a solução definitiva da situação de direito material apresentada pelas partes.

Insiste-se na importância do exame dessa classificação pelo ângulo do direito substancial. Para a adequada compreensão da atividade desenvolvida pelo juiz, no exercício de cada uma dessas funções, necessário verificar aspectos da relação material. Se as partes procuram o Estado apenas porque a eficácia de determinado ato por elas praticado depende da intervenção judicial, a jurisdição é identificada como voluntária. Caso pleiteiem o reconhecimento de direito subjetivo ou potestativo, individual ou coletivo, cuja satisfação não ocorreu espontaneamente por resistência de uma das pessoas envolvidas na situação ou por limitações impostas pelo próprio Estado, o juiz exerce atos inerentes à denominada jurisdição contenciosa.

Interessante abordagem do tema foi realizada em estudo considerado um dos grandes marcos da ciência processual brasileira. Afirmou-se que a diferença entre jurisdição contenciosa e jurisdição voluntária está no escopo jurídico de cada uma; mas elas se aproximam quanto ao escopo social de pacificação. Embora não protegidos pela coisa julgada, os pronunciamentos de jurisdição voluntária são dotados de certa imunidade, razão por que só podem ser desfeitos no âmbito jurisdicional, pelas vias adequadas.[1]

De qualquer modo, as eventuais diferenças entre as funções do juiz no exercício da jurisdição voluntária e aquelas desenvolvidas no processo contencioso decorrem de circunstâncias inerentes à relação jurídica substancial. Fala-se que a distinção é genética, pois a jurisdição voluntária não surge de um conflito, mas de uma convergência de interesses.[2] Uma das características da jurisdição graciosa seria a absoluta identificação entre pedido mediato e pedido imediato.[3]

A importância da distinção não é meramente acadêmica. Tem consequências práticas importantes. Basta mencionar a coisa julgada material, qualidade exclusiva da sentença proferida em processo contencioso. Em consequência, são diferentes os meios processuais destinados à impugnação de sentenças proferidas em processos contenciosos ou processos voluntários (rescisória ou ação anulatória).[4]

Também não se pode esquecer que as relações jurídicas submetidas ao controle jurisdicional voluntário normalmente versam sobre interesses indisponíveis, o que torna imprescindível a intervenção do Ministério Público no processo. Exatamente por isso, tal participação é dispensável nas demandas de alie-

1. Cf. Dinamarco, *A Instrumentalidade do Processo*, pp. 121 e ss.

2. Willis Santiago Guerra Filho, "Jurisdição voluntária estudada pela teoria geral do processo", p. 40.

3. "A tutela jurisdicional integrativa é o objeto total do pedido e o *meritum causae* também, por via de consequência" (Willis Santiago Guerra Filho, "Jurisdição voluntária estudada pela teoria geral do processo", p. 56).

4. Por essa razão, aliás, o Código de Processo Civil/2015 eliminou o inciso VIII do art. 485 do CPC/1973 (rescisão de sentença fundada em confissão, desistência ou transação), pois eventual invalidade de todos os atos de disposição de direitos praticados no processo deve ser impugnada mediante demanda anulatória, não rescisória (art. 966, § 4º).

nação de coisa comum, nas quais os interesses são privados e o processo é contencioso, não obstante inserido pelo legislador processual no capítulo dos procedimentos de jurisdição voluntária. O Código de Processo Civil/2015, aliás, exige a intervenção do *Parquet* apenas nas hipóteses previstas no art. 178, ou seja, se estiverem envolvidos interesses compatíveis com a atividade ministerial (art. 721).[5]

Revela-se importante, pois, a distinção entre jurisdição contenciosa e jurisdição voluntária, o que deve ser feito em função de dados inerentes à relação material. A administração pública de interesses particulares, realizada pelo Poder Judiciário (jurisdição voluntária), ocorre naqueles casos em que o legislador, levando em conta a relevância dos interesses em jogo, exige que o acordo de vontades realizado pelos titulares seja examinado pelo órgão jurisdicional. Este não substitui a vontade das partes, que a manifestaram expressamente; nem age com o objetivo de atuar a vontade concreta da lei, o que já foi feito pelos próprios interessados. Dentre os escopos da jurisdição, na voluntária encontra-se apenas o social.[6]

Por isso, poderia a atividade do juiz, nesses casos, ser exercida por órgãos administrativos – o que, aliás, ocorre em outros casos (realização de casamento, transmissão de domínio sobre bens imóveis, constituição de sociedades).

Nas edições anteriores fiz a seguinte consideração: "Quisesse o legislador infraconstitucional transferir a homologação de uma separação consensual para qualquer ente público (Ministério Público, p. ex.), tal regra não violaria o princípio da inafastabilidade da jurisdição (CF, art. 5º, XXXV), pois não se trata de atividade tipicamente jurisdicional".

O legislador infraconstitucional de 2015 adotou exatamente essa solução. Hoje, por força do disposto no art. 733, §§ 1º e 2º, do CPC, a separação e o divórcio, se consensuais, podem ser rea-

5. Cf. Bedaque, "O Ministério Público no processo civil: algumas questões polêmicas", pp. 47-50.

6. Cf. Bedaque, "O Ministério Público no processo civil: algumas questões polêmicas", pp. 43-45.

lizados por escritura pública, independentemente de homologação judicial Nessa mesma linha, é dispensado o inventário judicial se houver acordo entre os herdeiros capazes (art. 610, §§ 1º e 2º).

22. *Competência*

A atividade jurisdicional do Estado é exercida pelos juízes, que integram os vários órgãos do Poder Judiciário. A atribuição, a cada um deles, de parcela da totalidade dos processos iniciados com a propositura da ação é feita segundo as regras legais de distribuição de competência.

Todo juiz é investido de jurisdição, ou seja, tem, em abstrato, o poder de aplicar a norma à situação material. Tendo em vista, porém, o grande número e a diversidade de demandas, o legislador as distribuiu entre os vários órgãos que compõem o Poder Judiciário. Essa relação de adequação entre determinado processo e um juízo ou tribunal denomina-se competência. Por isso, fala-se em medida de jurisdição. Nessa mesma ordem de raciocínio, competência é o limite da jurisdição.[7]

Para efetuar essa distribuição o legislador vale-se de determinados critérios científicos, elaborados e aperfeiçoados pela doutrina. Sem aprofundar no estudo do tema, tendo em vista o escopo deste estudo, verifica-se que tais critérios levam em consideração, basicamente, dados da relação substancial.

Em certos casos a competência é fixada, por exemplo, em função da natureza da relação jurídica de direito material (relação trabalhista, civil, penal, tributária, comercial) ou da qualidade especial de um de seus integrantes (pessoas jurídicas de direito público, ocupantes de determinados cargos). Outras

7. Segundo Antônio Carlos Marcato os órgãos jurisdicionais são dotados de idênticos poderes para o pleno exercício da função que lhes foi atribuída: "Nessa medida, portanto, a competência não representa a quantidade de jurisdição conferida a cada órgão jurisdicional; significa, isto, sim, os limites legais impostos ao exercício válido e regular do poder jurisdicional por aqueles, ou, por outras palavras, a competência legitima o exercício do poder, pelo órgão jurisdicional, em processo concretamente considerado" (cf. "Breves considerações sobre jurisdição e competência", p. 72).

vezes é a situação do objeto mediato da ação, o bem da vida pleiteado pelo autor, o dado considerado pelo legislador para fixação da competência (CPC, art. 47). Também não se pode esquecer das hipóteses em que os participantes de um contrato estipulam cláusula eletiva, ou seja, elegem determinado foro para eventual futuro processo.

Verifica-se, pois, que a competência jurisdicional é determinada à luz da relação jurídica substancial ou de seus elementos. Tal como ocorre nas condições da ação (v. itens 23 e ss.), a análise desses dados é feita à luz da demanda apresentada pelo autor.[8] Apenas inexiste aqui juízo de valor sobre qualquer deles. Nas condições da ação, ao contrário, a decisão produz efeitos no âmbito da relação substancial descrita na inicial, porque define aspectos a ela inerentes. O juiz afirma que uma das partes não a integra ou que ainda não se verificou a crise cuja eliminação se pretende (legitimidade e interesse). Tanto o exame da competência como o das condições da ação, todavia, são feitos segundo elementos da relação substancial posta em juízo.

Em síntese, na grande maioria das vezes é em função do direito material que a competência do órgão jurisdicional é fixada.[9]

8. Ou seja, "em face dos termos em que a demanda está posta pela inicial" (TJSP, Câmara Especial, AI 12.529-0, rel. Des. Sylvio do Amaral, j. 9.5.1991. No mesmo sentido: AI 14.976-0, Diadema, rel. Des. Lair Loureiro, j. 16.7.1992; AI 14.953-0, São Paulo, rel. Des. Sabino Neto, j. 26.6.1992; AI 14.813-0, São Manoel, rel. Des. Yussef Cahali, j. 11.6.1992; CComp 14.759-0, São Paulo, rel. Des. Cunha Camargo, j. 21.5.1992; CComp 14.056-0, São Paulo, rel. Des. Garrigós Vinhaes, j. 16.1.1992; CComp 13.705-0, São Paulo, rel. Des. Sylvio do Amaral, j. 7.11.1991; CComp 13.638-0, São Paulo, rel. Des. Sabino Neto, j.10.10.1991; CComp 13.628-0, São Paulo, rel. Des. Odyr Porto, j. 24.10.1991; CComp 13.487-0, São Paulo, rel. Des. César de Moraes, j. 26.9.1991; CComp 13.427-0, São Paulo, rel. Des. Torres de Carvalho, j. 3.10.1991).

9. A propósito, situação examinada pelo STJ revela a relevância da relação substancial na fixação da competência. Em demanda visando ao arbitramento de honorários, proposta por advogado, discutiu-se se a competência era da Justiça Federal, onde teve curso o processo, ou da Justiça Estadual. Decidiu o Tribunal que a competência devia ser determinada em função do contrato de honorários, não possuindo a demanda o caráter de acessório da ação primitiva (cf. 2ª Seção, CComp 3.259-2-MG, rel. Min. Sálvio de Figueiredo, *DJU* 16.11.1992, p. 21.082).

Nota-se, portanto, a importância da relação jurídica deduzida na inicial, como *causa petendi*, na determinação da competência.

Também a conexão de ações, fenômeno processual decorrente da identidade de causa de pedir ou de pedido em duas demandas (CPC, art. 55) e que acarreta a reunião de processos (CPC, art. 57), implicando alteração da competência, está intimamente ligada ao direito material.[10]

A simples identidade de relação jurídica material já é suficiente para configurar a conexão.[11] A função dos fatos constitutivos é exatamente individualizar o direito cuja existência é afirmada pelo autor.[12] *E sua origem está no direito material.*

23. A garantia constitucional da ação

Conforme já visto, um dos marcos da evolução processual consiste exatamente na polêmica travada entre dois civilistas tedescos, nos anos de 1856/1857, a respeito do conceito de *ação* para os romanos. Segundo Windscheid, a *actio* romana identificava-se mais ou menos com a noção de direito subjetivo. O sistema jurídico seria constituído por um sistema de *actiones*. No Direito moderno essa situação assemelhar-se-ia ao fenômeno denominado pretensão, ou seja, a faculdade de impor sua vontade mediante a via judiciária.[13]

10. Como se sabe, *causa petendi* da ação "é o fato jurídico que o autor coloca como fundamento do seu pedido (...). Ela é, assim, o fato do qual surge ou o direito que o autor pretende perseguir ou a relação jurídica de que se faz derivar o direito, com todas as circunstâncias e indicações necessárias para individualizar exatamente a ação" (Liebman, *Manual de Direito Processual Civil*, vol. I, pp. 193 e 194; v. também José Rogério Cruz e Tucci, *A "Causa Petendi" no Processo Civil*, esp. pp. 75 e ss.; Bedaque, "Os elementos objetivos da demanda examinados à luz do contraditório", pp. 25-34). Sobre a polêmica a respeito da causa de pedir, cf. *infra*, n. 24.

11. Cf.: Chiovenda, *Instituições de Direito Processual Civil*, vol. II, p. 217; TJSP, CComp 13.464-0, São Paulo, rel. Des. Torres de Carvalho, j. 24.10.1991, e AI 12.408-0, Santa Bárbara d'Oeste, rel. Des. Freitas Camargo, j. 24.10.1991. A respeito desse tema, cf. o profundo estudo de Bruno Silveira de Oliveira, *Conexidade e Efetividade Processual*, esp. pp. 23/157.

12. Cf. Crisanto Mandrioli, *Corso di Diritto Processuale Civile*, vol. I, p. 128.

13. Cf. Dinamarco, *Fundamentos do Processo Civil Moderno*, p. 55.

Actio seria a atuação de alguém perante o pretor, recitando fórmulas legais solenes e sacramentais, para obtenção de um jurado particular, incumbido de dirimir a controvérsia.

No chamado período do processo formulário, o devedor era conduzido perante o pretor, que concedia ao credor uma das fórmulas previstas em seu édito. Dizia-se, então, que a ação precedia o direito, pois o pretor poderia até criar uma fórmula para o caso concreto, ainda que não houvesse lei a respeito.

Já para Muther, os conceitos de ação no Direito Romano e no moderno coincidem, sendo que em Roma havia prioridade do direito sobre a ação. Ação seria o direito à tutela jurídica.[14]

Temos, aí, o princípio da corrente autonomista, que desvincula ação do direito subjetivo.[15]

Não obstante ainda haver discussões a respeito, as ideias em torno da ação são mais claras no Direito moderno.

Imagine-se determinada situação da vida, regulada por normas de direito material. Toda relação entre duas ou mais pessoas a respeito de um bem apto a satisfazer suas necessidades configura um conflito de interesses. A lei nada mais é do que a reprodução abstrata desse conflito e a previsão do resultado pretendido pelo Estado. Assim, o legislador descreve em tese determinada situação envolvendo duas ou mais pessoas e estabelece qual dos interesses deve prevalecer. Verificada concretamente a hipótese legal, uma das partes será titular da situação de vantagem prevista na lei. Trata-se do direito subjetivo, poder atribuído e tutelado pela norma jurídica de exigir de alguém um comportamento.[16]

Se os destinatários desse dispositivo se comportarem exatamente como exigido pela norma, o conflito de interesses se resolve naturalmente, com a atuação espontânea do direito material pelos próprios interessados. Nas hipóteses em que isso não

14. Cf.: Ada Pellegrini Grinover, *As Garantias Constitucionais do Direito de Ação*, pp. 45 e ss.; Dinamarco, *Fundamentos do Processo Civil Moderno*, p. 55.

15. Moreira Alves, "Direito subjetivo, pretensão e ação", pp. 116-120.

16. Moreira Alves, "Direito subjetivo, pretensão e ação", p. 113.

ocorre, como o Estado não permite, salvo em algumas situações especiais (desforço imediato, por exemplo: CC, art. 1.210, § 1º), sejam os interesses satisfeitos com a utilização da força, a norma será aplicada coercitivamente pelos órgãos investidos da atividade jurisdicional do Estado. Como ela é inerte, necessita ser provocada. O poder que todos temos de, diante de determinada situação concreta verificada nas relações da vida e reguladas pelo Direito, postular a tutela jurisdicional para satisfação de determinado interesse denomina-se ação.

Ação constitui, pois, direito ou poder, cujo exercício tem em vista a tutela jurisdicional.[17]

Em princípio, e com exceção de algumas técnicas específicas existentes no sistema, esse direito, poder ou faculdade de provocar a jurisdição refere-se sempre a determinada situação concreta, inerente às relações da vida das pessoas. Não tem sentido ou qualquer relevância para o ordenamento, nem mesmo para efeito de meras elucubrações acadêmicas, imaginar a possibilidade de alguém pleitear a atuação jurisdicional sem deduzir situação de direito substancial a ser solucionada.

Assim, ao assegurar o amplo poder de acesso ao Poder Judiciário, a Constituição (art. 5º, XXXV) refere-se a um direito, isto é, a uma faculdade decorrente da proteção da regra material a determinada situação da vida. Não existe garantia constitucional do mero ingresso, ou pelo menos não é esse o significado atribuído à expressão "inafastabilidade da jurisdição". A proteção diz respeito a lesão ou ameaça a direito, não necessariamente existente, mas ao menos afirmado.

17. Vale a pena transcrever lição de Moreira Alves: "Para o processualista, a ação será um instrumento dessa tutela, que se estuda, mas sem perder a noção de que é um instrumento. Não tem sentido considerar-se que o processo seja um fim, quando o processo, na realidade, é um meio. Nem por isso fica diminuído. De nada adianta um poder, de nada adianta o direito material, sem o direito formal, de nada adianta um poder, sem um meio pelo qual esse poder se exercite, realmente, na sua plenitude. E de nada adianta a lei atribuir abstratamente poderes, sem que seja possível ao próprio Estado ensejar a atuação concreta dessa lei, no caso que se apresenta diante dele, em que alguém a está infringindo concretamente" ("Direito subjetivo, pretensão e ação", p. 122).

O princípio da demanda está necessariamente vinculado a uma situação da vida, supostamente prevista em regras de direito material. Trata-se de assegurar, no plano constitucional, a existência de um meio para retirar a jurisdição de sua inércia. E a jurisdição não atua senão diante de situações concretas (ressalvadas, obviamente, como já observado acima, as hipóteses excepcionais em que a atividade jurisdicional emite pronunciamento sobre a lei em tese, como no controle direto de constitucionalidade). Necessário, portanto, que o interessado, ao pleitear a tutela jurisdicional, se reporte a determinada situação concreta.[18]

Assim, entende-se por direito constitucional de ação o poder ou faculdade de alguém provocar a atividade jurisdicional do Estado, em função de determinada situação real, segundo afirmado pelo autor da demanda, cuja efetiva existência será verificada no processo.

Os próprios defensores da chamada teoria abstrata da ação, no seu segmento mais extremado, não a desvinculam totalmente da situação de direito material.[19]

Além do mais, a tutela constitucional da ação compreende todos os meios para a obtenção do pronunciamento do juiz sobre a própria pretensão.[20] Não se trata, obviamente, de mera garantia de acesso, compreendendo outros mecanismos e princípios

18. A respeito da crítica ao texto constitucional, que representaria retrocesso doutrinário por fazer referência a lesão, bem como das razões por que com ela não se concorda, v. *infra*, n. 23.6.

19. Couture, por exemplo, conceitua ação como o poder jurídico, inerente à personalidade do sujeito de direito, de recorrer aos órgãos jurisdicionais para reclamar a satisfação de uma pretensão (cf. *Fundamentos del Derecho Procesal Civil*, pp. 68-79). Também Alfredo Rocco e Calmon de Passos, ambos referindo-se ao direito a uma tutela meramente processual que, todavia, não deixa de estar ligada indiretamente a uma situação substancial (cf. *La Sentenza Civile*, pp. 77 e 90; *A Ação no Direito Processual Civil Brasileiro*, p. 146). Para um resumo a respeito das teorias abstratistas, v. Bedaque, *Poderes Instrutórios do Juiz*, pp. 39-47.

20. "Podem, assim, decorrer da tutela constitucional do direito de ação outras garantias, implícitas no preceito constitucional, mas operando agora no curso do *iter* processual, com a finalidade de tutelar a efetividade da garantia constitucional" (Ada Grinover, *As Garantias Constitucionais do Direito de Ação*, pp. 76 e 77).

destinados a assegurar um processo justo e efetivo, ou seja, o "devido processo legal."[21]

Ora, não parece razoável imaginar-se a possibilidade de existirem garantias constitucionais complementares à da ação, visando a possibilitar sua efetividade, sem que esta tenha algum conteúdo. Ação, por mais abstrata seja a concepção admitida, não prescinde da referência a determinada situação concreta. A tutela constitucional do poder de demandar adquire, nesta perspectiva, caráter instrumental.

Assim, mesmo a concepção puramente processual (ou exclusivamente constitucional, como afirmam alguns), que desconsidera qualquer elemento da relação material, reconhece a existência de um nexo, por mínimo que seja, entre tais fenômenos, admitindo ser a pretensão apresentada em juízo o cordão umbilical que une a ação ao direito substancial.[22]

Tais construções doutrinárias revestem-se de importante sentido prático, visto que eventual negativa de resposta pelo órgão jurisdicional a um pedido de tutela pode configurar violação ao art. 5º, XXXV, da CF apenas se a pretensão estiver relacionada a uma situação da vida. Mesmo o chamado direito de petição aos Poderes Públicos, consubstanciado no inciso XXXIV, "a", do mesmo dispositivo constitucional, refere-se a defesa de direitos ou abuso de poder. Isto é, está relacionado a uma determinada situação concreta apresentada pelo interessado.

Tudo isso permite concluir ser o mero direito de ingresso, absolutamente desvinculado do caso concreto, fenômeno juridicamente irrelevante, pois não tem amparo na Constituição.

De resto, autorizada doutrina sustenta a impropriedade da distinção entre direito de ação e direito de propor demandas.

21. Cf. Comoglio, "Note riepilogative su azione e forme di tutela, nell'ottica della domanda giudiziale", p. 472. V. também Bedaque, *Tutela Cautelar e Tutela Antecipada: Tutelas Sumárias e de Urgência (Tentativa de Sistematização)*, pp. 64-85, cuja 6ª edição foi refundida, visando a adequá-la ao Código de Processo Civil/2015, com a adoção do título *Tutela Provisória Analisada à Luz das Garantias Constitucionais da Ação e do Processo*, pp. 61-100.

22. Cf. Alcalá-Zamora y Castillo, *Estudios de Teoría General e Historia del Proceso,* t. 1, p. 343.

Compete às regras constitucionais estabelecer o conteúdo mínimo do direito ao processo, regulando a relação entre a iniciativa da parte e a possibilidade de obtenção da tutela jurisdicional. Caracterizada a "ação constitucional", restaria inútil antever outro direito de ação no plano processual, como algo autônomo e distinto daquele poder constitucional.[23]

Assegura-se, portanto, a todo sujeito de direito, pessoa física ou jurídica, o poder de invocar a função jurisdicional e pleitear a realização de atos destinados a substituir a atividade indevidamente omitida por integrantes de uma relação jurídica material,[24] dizendo e atuando a vontade concreta do Direito, para alcançar o resultado prático previsto nas regras de direito material. Assim agindo, afirmará e manterá a integridade do ordenamento jurídico, além de restabelecer a paz social. A jurisdição teria, assim, escopos jurídico, político e social.[25]

Esse poder de provocar a jurisdição vem acompanhado de uma série de outras garantias constitucionais, destinadas a lhe conferir efetividade e que configuram aquilo que se convencionou chamar de *devido processo legal*.[26]

23. "Ogni qual volta esistano (come pure esistono in Italia) le basi costituzionali di quel diritto individuale, non ha più senso alcuno postulare e difendere l'autonomia dell'*azione* (od, ancor più, delle 'azioni' tipizzate dalla tradizione civilistica), nei confronti del potere di proposizione delle relative 'domande'. I soli problemi, chi nel processo mantengono una loro fondamentale rilevanza, sono quelli riguardanti l'effettività e la duttilità variabile delle forme di tutela (o, se si preferisce, dei tipi di rimedio giurisdizionale), accordabili, su domanda, dal giudice adito. Da lì, in sostanza, deve muovere qualsiasi moderna risistemazione dei principi chi reggono il processo" (Luigi Paolo Comoglio, "Note riepilogative su azione e forme di tutela, nell'ottica della domanda giudiziale", p. 487).

24. Daí o caráter substitutivo da jurisdição. Cf., a respeito: Chiovenda, *Instituições de Direito Processual Civil*, vol. II, p. 9; Grinover, Cintra e Dinamarco, *Teoria Geral do Processo*, p. 116; Dinamarco, *Execução Civil*, pp. 55 e ss.

25. V. *supra*, n. 16. Cf. também: Dinamarco, *A Instrumentalidade do Processo*, p. 447; Bedaque, *Poderes Instrutórios do Juiz*, p. 31, esp. nota 19; Yarshell, *Tutela Jurisdicional Específica nas Obrigações de Declaração de Vontade*, p. 17.

26. Cf.: Grinover, *As Garantias Constitucionais do Direito de Ação*, pp. 75 e ss.; Bedaque, *Tutela Cautelar e Tutela Antecipada: Tutelas Sumárias e de Urgência (Tentativa de Sistematização)*, pp. 71 e ss. (6ª ed. com o título

A possibilidade de ingresso em juízo, também denominada de garantia constitucional da inafastabilidade da tutela jurisdicional,[27] não se limita, todavia, a assegurar o direito de acesso. Sugere a doutrina processual, comprometida com os resultados do processo, que o princípio da inafastabilidade significa oferta de efetiva tutela aos titulares de interesses amparados pelo Direito. É lícito concluir, pois, a partir dessa premissa, que o legislador constitucional, preocupado em proporcionar aos litigantes acesso à ordem jurídica justa, consagrou outras garantias visando a esse objetivo.[28]

Daí por que se deve entender o texto constitucional de forma mais abrangente possível, para considerar ali estampada a garantia de acesso a uma tutela jurisdicional adequada às diversas espécies de direitos previstos no plano substancial, hábil a protegê-los de maneira efetiva. De nada adiantará a proteção constitucional do direito de demandar em juízo se o sistema processual não estiver preparado para garantir de maneira eficaz o interesse juridicamente protegido. O devido processo legal não se limita aos princípios da ampla defesa, contraditório, igualdade. É preciso também proporcionar às partes instrumento adequado a atingir o resultado previsto, proporcionando aos interessados acesso à ordem jurídica justa, consistente em assegurar ao titular de um direito praticamente tudo aquilo que o ordenamento jurídico lhe garante.[29]

Tutela Provisória Analisada à Luz das Garantias Constitucionais da Ação e do Processo, pp. 67 e ss.).

27. Para Dinamarco a expressão atual tem conotação mais política, enquanto a outra, que ressaltava apenas a iniciativa de provocação – garantia constitucional de ação –, tinha significado puramente técnico (cf. "Universalidade da tutela jurisdicional", p. 7).

28. Cf., a respeito, Dinamarco, "Universalidade da tutela jurisdicional", p. 8. V. também meus *Tutela Cautelar e Tutela Antecipada: Tutelas Sumárias e de Urgência (Tentativa de Sistematização)*, pp. 64-101 (6ª ed. com o título *Tutela Provisória Analisada à Luz das Garantias Constitucionais da Ação e do Processo*, pp. 61-100) e *Efetividade do Processo e Técnica Processual*, pp. 230 e ss.

29. "La costituzionalizzazione del diritto di azione, avvenuta in un contesto (normativo) che pone come principio ideologico di riferimento il superamento dell'eguaglianza in senso formale, impone di adoperarsi per eliminare le conseguenze causate dalla cesura creatasi tra diritto sostanziale

23.1 O exercício do direito constitucional de ação e as regras infraconstitucionais do processo

Permite o legislador processual que o juiz, ao receber a petição inicial, analise preliminarmente, mediante cognição sumária, o respectivo conteúdo, para verificar sua conformidade com as regras processuais. Tal análise, todavia, extrapola os limites da relação processual. Não se restringe ao exame dos requisitos formais, nem daqueles pressupostos necessários à constituição do processo. Voltará o juiz sua atenção também para a relação de direito material, descrita pelo autor ao apontar os elementos da demanda (partes, causa de pedir e pedido).

A compreensão dessa atividade cognitiva, incidente sobre dados da relação jurídica substancial, contribui decisivamente para a correta aplicação da técnica processual.

Depois de verificar os requisitos formais da inicial e concluir pela presença dos pressupostos de nascimento e desenvolvimento válido do processo,[30] deve o juiz ocupar-se de alguns aspectos da pretensão substancial, tal como afirmada na inicial. Isso porque é possível que essa cognição sumária ou superficial da causa de pedir e do pedido já possibilite conclusão de que o autor – isto é, aquele que exerceu o direito constitucional de demandar – jamais poderá obter provimento favorável. Ora, se desde logo se verifica que o demandante não reúne condições mínimas de obter a tutela jurisdicional do Estado, não há motivo para o prosseguimento daquele processo. Admite-se, então, seja a fase cognitiva extinta de plano, por ausência de requisito de admissibilidade do exame de mérito, que construção doutrinária

(singoli diritti sostanziali) e processo, studiando le tecniche attraverso le quali sia possibile consentire che il processo assolva la sua funzione istituzionale di strumento diretto a 'dare per quanto è possibile praticamente a chi ha un diritto tutto quello e proprio quello ch'egli ha diritto di conseguire' ai sensi del diritto sostanziale" (cf. Proto Pisani, *Appunti sulla Giustizia Civile*, p. 71).

30. "A análise dos pressupostos processuais há de preceder a das 'condições da ação'" (cf.: José Carlos Barbosa Moreira, "Aspectos da 'extinção do processo' conforme o art. 329 do CPC", p. 203; Bedaque, "Pressupostos processuais e condições da ação", *Justitia* 156/54, nota 34). O dogma da precedência, todavia, não é absoluto (cf. Bedaque, *Efetividade do Processo e Técnica Processual*, pp. 166-170).

adotada pelo legislador brasileiro de 1973 denominava condição da ação. Poupam-se tempo e dinheiro, além de possibilitar que o juiz passe a cuidar de casos onde sua atividade se mostre útil. O Código de Processo Civil/2015, embora mencione expressamente a legitimidade e o interesse como requisitos necessários ao julgamento do mérito, não utiliza a terminologia anterior.

A visão instrumentalista do direito processual e de seus institutos fundamentais permite concluir que as condições necessárias ao poder de pleitear a tutela jurisdicional estabelecem intenso vínculo entre direito e processo.[31]

Falar em condições da ação, que se situam no plano do dever-ser, é considerar as situações tutelandas e, a partir delas, a ação, para verificar se a tutela pleiteada é, em tese, possível.[32]

Aliás, a própria ação, mesmo na sua concepção mais abstrata, regulada no plano constitucional, estabelece relação entre direito e processo, conforme esclarecido no item anterior.[33]

Resta saber em que circunstâncias é possível verificar, após cognição sumária, que o autor não pode obter a tutela jurisdicional. Imprescindível, ainda, estabelecer o exato limite entre esse exame e aquele incidente sobre o mérito propriamente dito.[34]

31. "Constituem um ponto de contato entre o direito processual e o plano do direito substancial; é da situação concreta sobre que o juiz é chamado a pronunciar-se (situação de direito material) que emergem os dados que, manipulados pelo processualista, lhe revelarão se a demanda é juridicamente possível, se ocorre legítimo interesse processual e quem são as pessoas sobre cuja esfera de direitos será lícito incidirem os efeitos do provimento a ser emitido em concreto" (cf. Dinamarco, *Litisconsórcio*, p. 9; v. também *Execução Civil*, pp. 363 e ss.).

32. Flávio Yarshell percebeu muito bem a questão (cf. *Tutela Jurisdicional Específica nas Obrigações de Declaração de Vontade*, pp. 112 e 113).

33. Cf. Bedaque, *Poderes Instrutórios do Juiz*, p. 52, notas 60 e 64; v. também p. 56, a respeito da relativa autonomia da ação.

34. Teresa Arruda Alvim Pinto atentou para essa dificuldade, e afirma que muitas vezes o indeferimento do pedido e a impossibilidade jurídica se confundem, tendo a distingui-los apenas o momento da prolação do provimento. O mesmo problema surgiria com relação à legitimidade (cf. *Nulidades da Sentença*, pp. 29 e 31).

A respeito das condições da ação e do mérito, cf. Bedaque, *Efetividade do Processo e Técnica Processual*, pp. 236 e ss.

Segundo doutrina acatada integralmente pelo legislador processual de 1973, três circunstâncias revelariam a total inutilidade daquele processo, em face da pretensão formulada pelo autor.

Muitas vezes o exame superficial da relação material posta pelo demandante na petição demonstra que seu pedido é evidentemente inviável, pois está ele pleiteando algo que o ordenamento jurídico veda expressa ou implicitamente. Imagine-se, por exemplo, que alguém postule a reparação de danos decorrentes de ilícito civil, afirmando que a responsabilidade do réu é objetiva e independe de qualquer consideração de ordem subjetiva. Ora, como a responsabilidade civil é fundada na culpa (CC, art. 186), os fatos relatados pelo autor não lhe conferem nenhum direito subjetivo. Na medida em que o juiz está preso aos limites da demanda (CPC/1973, arts. 2º, 128 e 460; v. CPC/2015, arts. 2º, 141 e 492), não poderia acolher o pedido, ainda que demonstrada a culpa do réu no decorrer da instrução. Se desde o início já se sabe que o pedido será julgado improcedente, para que despender inutilmente todos os esforços necessários ao desenvolvimento do processo? Antecipa-se o resultado, com o mínimo de esforço.

Faço aqui duas considerações. A primeira delas implica alteração de entendimento, se considerado o exemplo apresentado. Ainda à luz do Código anterior, se a inadmissibilidade do pedido não fosse detectada de plano, e no curso do processo a conduta culposa ficasse demonstrada, com observância do contraditório, passei a admitir o exame do mérito.[35]

Além disso, deve ser ressaltada a modificação legislativa. Essa situação não comporta mais o indeferimento da inicial sem exame da pretensão. Se verificada uma das hipóteses do art. 332 do CPC/2015, o pedido será liminarmente indeferido, caracterizando sentença de mérito. Caso contrário haverá julgamento antecipado do pedido, nos termos do art. 355, I, do CPC/2015.

Em síntese, fenômeno denominado impossibilidade jurídica do pedido pelo Código revogado não é mais considerado óbice ao exame do mérito.

35. Para considerações sobre essa posição, cf. Bedaque, *Efetividade do Processo e Técnica Processual*, Capítulo II, n. 20.

É possível, também, a identificação pelo juiz, sempre mediante cognição superficial, de que uma das partes não ocupa nenhum dos polos da relação substancial. Isto é, um deles ou até mesmo ambos não participam daquela situação da vida da qual o autor pretende extrair uma consequência jurídica. Em princípio, tratando-se de direitos individuais, somente seu titular pode exigir a satisfação. Por outro lado, estranhos a uma relação jurídica não são, ao menos em princípio, atingidos por seus efeitos. Nessa medida, ou o autor não está autorizado a pleitear direito com fundamento em relação jurídica da qual não faz parte, ou o réu está sujeito aos efeitos daquela relação. Se tal circunstância ficar evidenciada com o exame da situação posta na inicial, permite-se que o juiz diga desde logo que o autor não tem direito decorrente da situação substancial por ele descrita, ou o réu não tem obrigação, por não estar vinculado a ela.

Por último, a cognição sumária da relação material pode indicar que o autor não tem necessidade da tutela, visto que seu direito, se existir, ainda não é exigível ou que ele está pleiteando tutela evidentemente inadequada para a situação trazida ao órgão jurisdicional.

Em todos esses casos o legislador processual entende deva o juiz, desde logo, reconhecer que o exercício do direito constitucional de ação não possibilitará à jurisdição alcançar seus escopos. Por isso, impõe decisão imediata, por força da qual é comunicada ao autor a manifesta inexistência do direito à tutela jurisdicional.

Em síntese, exercida a garantia constitucional de ação, o juiz sairá de sua inércia e verificará, à luz daquela relação de direito substancial deduzida pelo autor na petição inicial, se existe possibilidade, em tese, de o interessado ser efetivamente titular de situação amparada por regras de direito material (ou se o autor pode, excepcionalmente, exercer em juízo direito de terceiro, por autorização expressa do legislador) e se realmente necessita da intervenção estatal. Caso tal não ocorra, de nada adiantará o prosseguimento do processo, pois já se sabe, de antemão, que a tutela buscada é evidentemente inviável.[36]

Assim, se alguém vem a juízo pedir proteção para determinada situação da vida de que não faz parte, receberá como resposta decisão no sentido de que apenas o titular desse suposto direito pode defendê-lo (CPC, arts. 17 e 18). Essa limitação não constitui óbice ao direito constitucional de ação, livremente exercido e examinado. Trata-se, todavia, de restrição infraconstitucional plenamente justificável, pois o sujeito não é titular daquela relação jurídica material, não ocupa nenhum de seus polos.[37] Não pode, portanto, pleitear qualquer consequência ou efeito dessa situação. O mesmo se diga das hipóteses em que o juiz tem condições de aferir, de plano, que a lesão ou ameaça afirmadas ainda não ocorreram.[38]

Daí a noção desta categoria processual, denominada pela doutrina de condições da ação, isto é, requisitos necessários a que o exercício da garantia constitucional da ação torne possível, ao menos em tese, a obtenção da tutela jurisdicional. Estamos, aqui, diante do direito processual de ação, ou seja, o poder de fazer com que a atividade jurisdicional do Estado chegue a analisar a situação da vida trazida pelo autor, a fim de atuar a

36. Para Teresa Arruda Alvim Pinto a distinção entre sentença de mérito e de carência muitas vezes só é possível se considerarmos o momento em que a decisão é proferida e o grau de imediatidade de aferição de seu conteúdo (cf. *Nulidades da Sentença*, p. 35).

37. Donaldo Armelin define bem *legitimidade*: "A legitimidade é uma qualidade do sujeito aferida em função de ato jurídico realizado ou a ser praticado. Qualidade outorgada exclusivamente pelo sistema jurídico e exigível, como é óbvio, em se tratando de negócios jurídicos multilaterais, de todos os seus participantes, qualquer que seja o polo da relação jurídica em que se encontrem. Essa qualidade resulta de uma situação jurídica oriunda precipuamente da titularidade de uma relação jurídica ou de uma posição em uma situação de fato, à qual o legislador reconhece efeitos jurígenos" (*Legitimidade para Agir no Direito Processual Civil Brasileiro*, p. 11; cf. também Dinamarco, *Execução Civil*, pp. 238 e ss.).

38. Em síntese: "Por que levar até o fim um processo, quando desde logo se vê que ele é inadequado à declaração ou atuação da vontade concreta da lei que disciplina as relações das partes?" (Dinamarco, *Execução Civil*, 2ª ed., vol. I, p. 211). Cf. também Luiz Machado Guimarães, *Estudos de Direito Processual Civil*, pp. 105 e 106.

vontade concreta da lei, pacificando e mantendo a integridade do ordenamento jurídico. Os dois requisitos necessários a que a atividade do juiz se desenvolva até a tutela a ser prestada em favor de uma das partes constituem o elo, a ponte de ligação, entre o processo e o direito material.

A real ocorrência, ou não, de lesão ao direito configura exame do mérito. Mas a violação afirmada constitui condição da ação. O mesmo se dá com a tutela preventiva, em que a parte afirma a existência de uma situação material a ser preservada. Vale insistir que os dados para verificação das condições da ação são todos fornecidos pelo direito material.[39] Examinar condições da ação significa voltar os olhos para a relação jurídica substancial.[40]

Essa atividade, em princípio, não implica análise do mérito, porque realizada mediante cognição superficial.[41] A autonomia do processo frente ao direito substancial fica assegurada, pois o conteúdo do direito processual de ação restringe-se ao direito subjetivo material descrito na inicial. Esse poder de agir em juízo não depende da efetiva existência da situação de vantagem, mas apenas de sua afirmação. O objeto do processo consiste na pretensão ao reconhecimento do direito, não na sua existência. Assim, ao mesmo tempo em que se reafirma a independência entre os dois momentos do ordenamento jurídico, mantém-se a relação de instrumentalidade do processo frente ao direito material.[42]

Até a 3ª edição deste estudo sustentei que: "Ademais, o exame das condições da ação distingue-se do de mérito em

39. Por isso se diz que "esse direito vincula-se ao direito material pelas chamadas condições da ação, sendo, por isso, direito condicionado" (Milton Paulo de Carvalho, *Do Pedido no Processo Civil*, p. 78).

40. "É a situação de direito material subjacente a cada pretensão que dirá, portanto, se o demandante tem o poder de exigir o provimento final" (Dinamarco, *Execução Civil*, 2ª ed., vol. I, p. 211; cf. também Moreira Alves, "Direito subjetivo, pretensão e ação", p. 123).

41. Segundo pondera Adroaldo Furtado Fabrício, "não se está a defender que as chamadas condições da ação sejam o próprio e todo o mérito. O exame delas, é claro, não esgota necessariamente o *meritum causae*, mas é com certeza um passo que se dá dentro do mérito" ("Extinção do processo e mérito da causa", p. 22).

42. Cf. Sergio Menchini, *I Limiti Oggettivi del Giudicato Civile*, p. 46.

substância. Enquanto no primeiro o juiz se limita a verificar determinados elementos apenas da relação material (possibilidade jurídica, legitimidade e interesse), no segundo aprofunda-se ele na análise de toda a relação, naquilo que interessar para o objeto do processo e a tutela representada pela sentença".

Alterei em parte esse entendimento. Hoje, como já afirmado acima, penso haver identidade entre *impossibilidade jurídica* e *improcedência*. *Legitimidade* e *interesse* não se confundem plenamente com o mérito. Mas o exame desses elementos produz efeitos no plano material, razão por que a decisão deve adquirir a qualidade da coisa julgada.

O Código de Processo Civil/2015, embora não adote expressamente esse entendimento, reconhece a imutabilidade da sentença na qual seja reconhecida a carência da ação ao impedir a renovação da demanda se não eliminada a irregularidade (art. 485, VI, c/c art. 486, § 1º).

A ação processual é sujeita a condições exatamente porque não configura direito (poder) vazio. Seu conteúdo situa-se precisamente no plano substancial. Tanto a sentença de mérito como a de carência projetam efeitos para fora do processo. Daí por que ambas são aptas à imutabilidade.

Não obstante tenha modificado parcialmente a posição sobre as condições da ação, ainda considero útil a teoria de Liebman, que vislumbra esse instituto processual à luz do resultado da atividade jurisdicional. Somente existe direito processual de ação quando, presentes certos requisitos, o sujeito obtém o provimento jurisdicional sobre o caso concreto. A ação constitui a ponte de ligação entre este e a função jurisdicional,[43] sem que, com isso, fique eliminada a nítida separação entre a ação, como instituto do direito processual, e o direito material a ser tutelado mediante

43. Cf. Liebman, "O despacho saneador e o julgamento de mérito", p. 130, nota 30; cf. também: Kazuo Watanabe, *Da Cognição no Processo Civil*, p. 67; Bedaque, *Poderes Instrutórios do Juiz*, pp. 46-56. Continuo a defender a superioridade da doutrina abstrata de Liebman, não obstante críticas sofridas pela opção (cf. *Ajuris* 52/244).

Sobre as alterações de entendimento referidas no texto, cf. Bedaque, *Efetividade do Processo e Técnica Processual*, pp. 247 e ss.

o respectivo exercício. Pretende-se a "relativização" do binômio, rejeitando-se, todavia, a identificação entre seus componentes.[44]

Quando a doutrina faz referência a ação de direito material leva em conta exclusivamente o fenômeno substancial, ou seja, o conteúdo da demanda. Daí falar-se em ação de consignação em pagamento, ação de usucapião, ação de nulidade de ato jurídico, processualmente classificadas como ações meramente declaratórias, visto que visam a uma tutela declaratória; ação de indenização, ação de repetição do indébito, de natureza condenatória, pois o autor busca a sanção processual; ação de anulação de ato jurídico, ação de separação judicial, constitutivas, porque implicam alteração de situação jurídica.[45]

23.2 Ação, tutela e condições da ação

Afirmou-se, no início, que a premissa fundamental das ideias aqui apresentadas consiste na aproximação dos fenômenos processual e substancial. Como consequência, esse binômio é flexibilizado, sem comprometer a autonomia existente entre os dois planos do ordenamento jurídico. Essa visão torna clara a necessidade de ser conferida maior ênfase ao caráter instrumental do processo. Para tanto desenvolveu-se a ideia de tutela jurisdicional, método pelo qual o direito processual é estudado a partir das situações de direito material.

44. Moreira Alves aproxima exageradamente os dois fenômenos. Para o autor os conceitos de pretensão e de ação variam conforme a ideia que se adote a respeito de direito subjetivo (cf. "Direito subjetivo, pretensão e ação", pp. 115 e 116). Parece, aqui, manifestação exagerada da relativização do binômio direito-processo. O conceito de ação não depende do de direito subjetivo material, dada a sua natureza abstrata. Incorre no mesmo equívoco, ao que parece, Ovídio Baptista da Silva ao afirmar que a ação é um momento posterior na vida do direito subjetivo (cf. "Direito subjetivo, pretensão de direito material e ação", *Ajuris* 17/101). Aliás, o eminente Processualista, no trabalho citado, afirma que o direito subjetivo compreende, além da faculdade de o titular exercer as vantagens que tal posição jurídica contenha, a faculdade de defendê-lo em juízo nos casos de lesão ou de risco. Conclui que a ação pode ser o próprio direito subjetivo em seu momento dinâmico (p. 100).

45. O critério de classificação das ações fundado na natureza do direito material posto em causa é apresentado por Ovídio Baptista da Silva (cf. *Curso de Processo Civil*, vol. I, pp. 117-148).

Resta saber se essa noção vai de encontro à teoria abstrata da ação. Minha resposta é não. O próprio idealizador das condições da ação, para quem esse direito não está vinculado à procedência do pedido inicial, não rejeitava a ideia de tutela.[46]

Conforme já afirmado, tutela jurisdicional relaciona-se diretamente com o direito material. Melhor explicando: tutela jurisdicional nada mais é do que a efetiva proteção conferida pela função estatal de solução de controvérsias àquele cuja situação da vida encontra-se amparada pelo direito substancial.

Assim, se o autor tiver efetivamente razão, à luz dos elementos dos autos, a decisão judicial ser-lhe-á favorável. Em consequência, seu direito obterá a proteção jurisdicional. Caso, todavia, não consiga demonstrar que a situação fática descrita corresponde à previsão abstrata feita pelo legislador material, o alegado direito não será reconhecido.

Nessa medida, o autor obterá a tutela jurisdicional se, ao final do processo, a situação por ele narrada na inicial resultar demonstrada e se adequar à previsão legal.

Se tal não ocorrer, o juiz, ao desacolher a demanda, conferirá ao réu a tutela jurisdicional. Isso porque essa conclusão implica dizer que, à luz do direito material, o réu não se encontra naquela situação de subordinação perante o autor, que contra ele não possui nenhum direito.

Daí concluir-se que a noção de tutela jurisdicional está diretamente relacionada com o direito substancial. Somente se pode falar em tutela jurisdicional se a solução do processo resultar na análise da *res in iudicium deducta*, no processo de conhecimento, ou na concessão da tutela satisfativa, no processo de execução.

Para esse resultado ser alcançado, todavia, é necessário ultrapassar duas ordens de questões, que se colocam como antecedentes lógicos do pronunciamento sobre o caso concreto: os pressupostos processuais e as condições da ação.

46. Para Liebman: "Naturalmente, só tem direito à tutela jurisdicional aquele que tem razão, não quem ostenta um direito inexistente" (*Manual de Direito Processual*, vol. I, p. 147).

Deixando de lado, por enquanto, o tema dos pressupostos processuais, procurar-se-á analisar as condições da ação, segundo concepção dos chamados abstratistas, a fim de verificar a existência de eventual conflito entre as ideias dessa teoria abstrata com a noção de tutela jurisdicional.

Conforme já repetido inúmeras vezes, as condições da ação constituem o elo entre o processo e o direito material.

Quem provoca a atividade jurisdicional do Estado, pleiteando tutelar o reconhecimento de direito decorrente da incidência da norma sobre determinada situação da vida, somente conseguirá seja examinada a pretensão se presentes as condições necessárias ao julgamento do mérito. Caso contrário terá assegurados apenas a garantia constitucional de ação e o consequente acesso ao devido processo legal, mas não o direito processual de ação.

Para tanto, necessário narre o autor, na petição inicial, situação à qual esteja vinculado ou tenha autorização legal para defender em juízo direito a ela inerente, o mesmo ocorrendo com o réu; e também deve pleitear a proteção adequada e dela efetivamente necessitar. Em conformidade com a terminologia tecnicamente correta, autor e réu têm de ser partes legítimas e é necessário haver interesse processual.[47]

Caso não preenchidas essas duas condições, ambas analisadas à luz da relação jurídica substancial afirmada na inicial, o juiz pode obstar ao desenvolvimento do processo, privando o autor de decisão sobre a situação da vida relatada.

Trata-se de mecanismo que possibilita evidente economia processual, na medida em que permite a extinção da fase cognitiva do processo, cuja viabilidade para pacificar aquela situação da vida não se mostra, ao menos, razoável.

Essa concepção das condições da ação parece ser a única compatível com a teoria abstrata. Isto é, a visão segundo a qual

47. Sobre condições da ação, cf.: Liebman, *Manual de Direito Processual*, vol. I, pp. 148-161; Dinamarco, *Execução Civil*, pp. 363 e ss.; Bedaque, "Pressupostos processuais e condições da ação", *Revista da Procuradoria-Geral do Estado de São Paulo* 35/187 e ss., e *Efetividade do Processo e Técnica Processual*, pp. 236 e ss.

a ação existe independentemente do direito material pleiteado por seu intermédio. A simples análise da situação da vida feita *in statu assertionis*, no condicional, não compromete essa premissa, pois não implica cognição exauriente sobre mérito.[48] O autor terá direito ao pronunciamento judicial sobre a pretensão se preencher essas condições, cujo exame será feito à luz dos fatos descritos na inicial. Se o julgador conhecer profunda e concretamente das alegações contidas na petição, após esgotados os meios probatórios necessários e deferidos, proferirá juízo sobre o mérito da questão, acolhendo ou rejeitando a demanda. Mas sempre conferindo a tutela jurisdicional ao autor ou ao réu, o que implica a pretendida pacificação social.

Embora ainda controvertida na doutrina, a denominada visão assertista das condições da ação vem ganhando adeptos.[49]

Importante compreender corretamente as premissas nas quais esse entendimento está fundado, razão por que considero importante insistir nelas. As condições da ação são requisitos necessários ao julgamento do mérito e devem ser aferidas com base em elementos da relação material. Parte legítima, por exemplo, é aquela que participa da situação da vida deduzida como fundamento do pedido. Como concluir a presença dessa condição

48. São condições da ação "apenas aquelas que se possam conferir em abstrato a partir, exclusivamente, da ação proposta na forma em que ela foi retratada na petição inicial, sem qualquer consideração quanto à realidade dos fatos ou à existência do direito subjetivo invocado, ou, mesmo, quanto a ser este efetivamente tutelado pelo direito positivo" (Álvaro Érix Ferreira, "Garantia constitucional de acesso à tutela jurisdicional", p. 45).

Trata-se de exame exclusivamente lógico dos elementos da ação, à luz da petição inicial. Nesse sentido decidiu o eminente Min. Nilson Naves, do colendo STJ: "Realmente, o Magistrado examinou o mérito do pedido, tendo o acórdão apenas alterado o dispositivo da sentença, de carência para improcedência. Assim é que a autora afirmou na inicial que tinha a posse do imóvel que teria sido esbulhado pelo réu. E o Magistrado examinou toda a prova produzida nos autos para concluir pela inexistência de prova de posse anterior. Somente se a autora admitisse na petição inicial que nunca tinha tido posse é que se poderia falar em carência da ação, hipótese em que a inicial deveria ter sido indeferida liminarmente" (AI 40.951-1-SP, *DJU* 8.10.1993, p. 21.091).

49. Cândido Dinamarco repudia expressamente essa visão das condições da ação (cfr. *Instituições de Direito Processual Civil*, 3ª ed., vol. II, pp. 316-318, 6ª ed., pp. 323-325).

sem o exame da realidade externa ao processo? Somente após a verificação da causa de pedir e do pedido (elementos extraídos do plano substancial) será possível concluir a respeito do interesse. Dúvida não há, portanto, de que as condições da ação são informadas por dados da relação material. Essa afirmação é praticamente incontroversa.[50]

O problema todo reside na intensidade dessa análise, pois, se ultrapassados determinados limites, o juiz acabará examinando o próprio mérito.[51] Aliás, se essa categoria não for compreendida adequadamente, existe o risco de a carência da ação passar a ser a forma normal de extinção da fase cognitiva do processo, ainda que o juiz conheça profundamente da relação material. A sentença denominada *terminativa* deve ser fenômeno absolutamente excepcional, pois nela está consubstanciado o fracasso do instrumento estatal de solução de controvérsias, que não alcançou nenhum de seus escopos.

Diante desse quadro, o exame da relação substancial, destinado a identificar a presença das condições da ação, deve limitar-se às afirmações da inicial. Em princípio nenhuma prova

50. Cândido Dinamarco, *Instituições de Direito Processual Civil*, 3ª ed., vol. II, pp. 298-300.

51. Segundo Dinamarco a inutilidade da decisão revela a inexistência de qualquer das condições da ação, independentemente do momento processual em que reconhecida essa situação. A sentença, portanto, não seria de mérito. Se movida a quem não é inquilino, exemplifica o Mestre, a sentença será de carência por ilegitimidade, seja proferida no início ou após a instrução: "a circunstância puramente ocasional e fortuita de o juiz não haver posto fim ao processo de imediato não transmuda as coisas. A única consequência prática é que o processo terá durado mais" (*Instituições de Direito Processual Civil*, 7ª ed., vol. II, p. 369). Faço, todavia, as seguintes ponderações: se o autor não faz referência ao verdadeiro locatário na inicial, certamente deduziu outra causa de pedir, pois não há coincidência entre o contrato descrito e o realizado. Demonstrado pelo réu que as partes, na verdade, são outras, concluirá o juiz pela existência de contrato diverso. Isso significa que o autor não se desincumbiu do ônus de demonstrar o fato constitutivo de seu direito, devendo o pedido ser rejeitado pelo mérito (CPC, art. 373, I). Nem poderia o julgador julgar improcedente o pedido relativo ao contrato de locação efetivamente existente, pois essa *causa petendi* não integra os elementos objetivos da demanda (CPC, arts. 141 e 492, *caput*). Ele simplesmente rejeitará o pedido, porque não provados os fatos constitutivos afirmados pelo autor (contrato de locação com terceiro, não com o réu).

é necessária à aferição do interesse e da legitimidade, salvo em casos excepcionais. Parte legítima para figurar no polo ativo, por exemplo, é quem se diz titular do direito afirmado, salvo se a lei exigir, para seu exercício, determinada posição jurídica – como a situação de casado para pleitear a separação. Nesse caso, a prova respectiva deve acompanhar a inicial. Se, todavia, a pretensão não estiver relacionada a determinada especificidade do autor, a simples afirmação da titularidade lhe confere legitimidade.[52]

O mesmo ocorre com o interesse processual.

Verifica-se, pois, que a ideia de tutela jurisdicional não conflita com a teoria abstrata da ação. Ao contrário, são noções que se complementam. Trata-se apenas de análises do fenômeno processual em momentos diferentes, caracterizados por atividade cognitiva diversa quanto à respectiva profundidade.

Segundo a posição defendida pelos adeptos da teoria abstrata da ação, tal como concebida por Liebman, a efetividade da tutela jurisdicional somente ocorre se as condições da ação forem preenchidas. Caso isso não ocorra, o juiz extinguirá a fase do processo reservada à atividade cognitiva sem analisar adequadamente a relação substancial deduzida. Não haverá pacificação social. Terá o autor exercido a garantia constitucional

52. Muito oportuna a lição de Barbosa Moreira a propósito de situação concreta idêntica à imaginada no texto. Tratando-se de pedido formulado por suposto credor ou proprietário, a aferição da legitimidade não se dá mediante exame das provas sobre a veracidade dessa afirmação, pois tal cognição levaria ao julgamento do mérito: "Salta aos olhos a ilação: em casos tais, para aferição da legitimidade, devemos contentar-nos com a simples afirmação de que uma das partes tem certa posição jurídica, e a parte contrária tem outra. Particularizando para as ações como a vertente, em que se discutem relações jurídicas obrigacionais: devemos contentar-nos com a simples afirmação de que o autor é credor, e o réu é devedor. A questão da legitimidade *ad causam* tem de ser resolvida à luz do que se alega na inicial, admitindo-se, para argumentar, que seja veraz a narrativa do autor (*uti si vera sint exposita*). Se o autor Caio afirma ser credor de Tício, tanto basta para que se haja de reconhecer a Caio legitimidade ativa, e a Tício legitimidade passiva. Em sede de julgamento de mérito é que se decidirá se o alegado crédito existe ou não; e, em consequência, se Caio é credor, e se Tício é devedor" ("Legitimação passiva: critério de aferição. Mérito", in *Direito Aplicado II (Pareceres)*, p. 377). É preciso ressalvar, como bem observado pelo ilustre processualista carioca, as hipóteses de legitimidade extraordinária.

de acesso à Justiça, sem proporcionar ao órgão jurisdicional a oportunidade de colocar fim à situação litigiosa, com a atuação da vontade concreta da lei e a consequente pacificação.

Se, todavia, o autor propuser demanda viável, ou seja, se presentes as condições da ação, irá o julgador examinar com maior profundidade a relação jurídico-material, a fim de verificar a quem deve ser concedida a tutela jurisdicional. Nesses casos alcança-se o resultado esperado da função jurisdicional. O processo atingirá os escopos social, político e jurídico.

Assim, o estudo do direito processual pelo prisma da tutela jurisdicional representa amadurecimento da doutrina, na medida em que não mais se preocupa em afirmar a autonomia desta ciência. Não se discute se o processo constitui ramo autônomo do Direito ou se a ação existe independentemente do direito material. Pretende-se, agora, analisar o processo como instrumento de efetiva transformação social. Isso somente se verifica nos casos em que o juiz confere a uma das partes a tutela jurisdicional. Este é o verdadeiro significado da instrumentalidade do processo.

A partir dessa perspectiva, sustenta-se, mesmo, a absoluta impropriedade de se qualificar a ação, ou de classificá-la em declaratória, condenatória e constitutiva, pois são atributos inerentes ao resultado do processo, ao mérito. Referem-se, pois, à espécie de tutela objeto da demanda.

Por isso, a doutrina moderna sugere que o parâmetro para classificação seja a tutela pleiteada, não a ação. O nexo entre ambas não autorizaria a qualificação desta última, meio tecnicamente neutro e abstrato, em função de circunstâncias do resultado pretendido. A tipicidade da ação se resolveria, em verdade, na multiplicidade de formas de tutela.[53]

53. "Riconosciuta perciò l'insufficienza delle tradizionali classificazioni – impermiate sui tipi di azione (di condanna, costitutive, di mero accertamento) oppure sul tipo di giudizio instaurabile (ad es., di cognizione, conservativo od esecutivo, come si esprime l'art. 2.943 CC) –, è ormai inevitabile la necessità di ricorrere ad altri parametri classificatori, i quali tengano conto dei possibili risultati del processo, in rapporto a quelle forme di tutela che rappresentano l'oggetto variabile della domanda giurisdizionale" (Luigi Paolo Comoglio, "Note riepilogative su azione e forme di tutela, nell'ottica della domanda giudiziale", p. 489). Sobre a utilidade do estudo do direito processual a partir

Conclui-se, portanto, que o fenômeno processual pode ser estudado do ponto de vista de quem requer a tutela jurisdicional e pelo prisma de quem é efetivamente merecedor dessa proteção. A compreensão desse segundo momento pressupõe, necessariamente, o perfeito entendimento do primeiro. Ambas as análises são importantes para a evolução do direito processual.[54]

23.3 Legítimo interesse processual

As condições da ação constituem, sem dúvida – e desde que compreendidas dentro de seus devidos limites –, noção extremamente útil à visão instrumentalista do direito processual e à flexibilização do binômio direito-processo. Veja-se, por exemplo, a ideia de interesse, concebida como utilidade da tutela jurisdicional pleiteada, em função dos respectivos escopos, todos ligados ao direito material. O sistema prevê medidas processuais adequadas para cada situação de direito material. Para verificar a presença do interesse indaga-se, à luz dos fatos narrados pelo autor e dos

da ideia de tutela jurisdicional, reporto-me mais uma vez ao excelente estudo de Carlos Alberto Alvaro de Oliveira, *Teoria e Prática da Tutela Jurisdicional*, no qual é destacada a importância do exame do tema pelo ângulo da eficácia, pois, neste plano, completa-se o muito apropriadamente denominado *ciclo essencial do processo*: "Não há dúvida, portanto, de que os efeitos decorrentes do ato judicial ostentam grande significado em tema de tutela jurisdicional. Principalmente porque os efeitos, como se verá adiante, tendem a se realizar no mundo sensível, circunstância fundamental para o retorno ao direito material, ao *posterius* que é a tutela do direito, *momento imediatamente posterior ao último ato da tutela jurisdicional*. Assim, por exemplo, o fato material da entrega do dinheiro satisfaz o direito do autor, produzindo-se em consequência a tutela do direito, o ressarcimento. Completa-se, de tal sorte, o ciclo essencial do processo, pois a tutela jurisdicional deve partir da situação material (ainda que meramente afirmada) e à situação material dever retornar, aqui em outro nível qualitativo, depois da contestação da realidade do direito postulado *in statu assertionis*" (pp. 108-109).

54. A respeito da necessidade de análise das condições da ação *in statu assertionis*, cf.: Barbosa Moreira, "Legitimidade para agir. Indeferimento da petição inicial", pp. 198 e ss.; Bedaque, "Pressupostos processuais", *Justitia* 156/48-66 e *Revista da Procuradoria-Geral do Estado de São Paulo* 35/193 e ss.; Álvaro Érix Ferreira, "Garantia constitucional de acesso à tutela jurisdicional", p. 40. V. também Luiz Machado Guimarães, *Estudos de Direito Processual Civil*, pp. 102 e 103, referindo-se à posição de Liebman nesse sentido, sustentada em conferência que pronunciou em 29.9.1949.

dados da relação material, se o provimento judicial pleiteado será útil para o fim do processo; se a medida requerida é necessária e adequada aos objetivos jurídicos, políticos e sociais do processo, estes também exteriores à relação processual. Todo este exame, portanto, é feito com os olhos voltados para fora do processo, para a situação da vida trazida à apreciação do juiz. Verifica-se se o instrumento escolhido é útil, necessário, adequado ao seu objeto.

Quando se fala em legítimo interesse processual leva-se em conta não só a efetiva necessidade da tutela pleiteada, como, também, sua adequação à situação da vida exposta. O legislador prevê diferentes tipos de tutela, à luz das características inerentes às relações materiais (autoridade coatora, direito líquido e certo, tipo de obrigação).[55]

A situação da vida que legitima o pedido de tutela declaratória, por exemplo, é representada pela dúvida objetiva sobre a existência, ou não, de uma relação jurídica ou de um direito. É a crise de certeza sobre a situação substancial ou o direito dela decorrente.

O legislador brasileiro admite a propositura de demanda meramente declaratória, "ainda que tenha ocorrido a violação do direito" (CPC, art. 20). Na verdade, o que pretende a regra é permitir o pedido de tutela declaratória ainda que o autor deduza situação da vida para a qual adequada seria, a rigor, a condenatória. Não se trata, é claro, de violação de direito ocorrida, mas afirmada.

A propósito desse dispositivo fiz considerações críticas nas edições anteriores, pois a tutela declaratória, em princípio, não era apta a eliminar a crise de adimplemento das obrigações. E a concepção de processo como instrumento de pacificação implica seja a tutela adequada para pôr fim à situação litigiosa, não a possíveis interesses egoístas e eventuais de uma das partes.

O art. 475-N, I, do CPC/1973, com redação dada pela Lei 11.232, de 23.12.2005, todavia, conferiu-lhe utilidade prática, pois a sentença declaratória, versando sobre a existência de obri-

55. Cf. Cândido Dinamarco, *Execução Civil*, pp. 393 e ss.

gação exigível, passou a ser considerada título executivo judicial. Essa regra foi reproduzida no art. 515, I, do Código em vigor.

Nessa medida, se o credor, diante de inadimplemento fundado na inexistência da dívida, pleitear tutela meramente declaratória, eventual sentença de procedência do pedido é passível de execução.

Antes dessa alteração legislativa sustentei a possibilidade de o juiz condenar o réu inadimplente ainda que formulado pedido meramente declaratório, visto que esse acréscimo de natureza processual não configura julgamento *ultra petita*.[56] Esse entendimento, porém, ficou superado pela nova eficácia conferida à tutela declaratória.

De qualquer modo, o pedido de tutela declaratória formulado com base na hipótese de crise de adimplemento só é admissível se fundado em dúvida objetiva sobre a existência da obrigação. Se o descumprimento alegado não decorre de negativa da relação jurídica pelo devedor, incabível a tutela declaratória. Isto é, a dívida vencida só pode ser objeto de ação declaratória se houver crise de certeza quanto à existência do direito.

Trata-se de alternativa raramente adotada. Como a crise de adimplemento torna adequada a tutela condenatória, esta é, normalmente, a proteção pleiteada pelo autor. E, em face do disposto no art. 503, § 1º, do CPC, eventual existência de dúvida sobre a relação prejudicial poderá ser eliminada por decisão apta ao trânsito em julgado. Por isso, aliás, deixou de existir a ação declaratória incidental prevista no art. 5º do CPC/1973.

Já, a ação constitutiva pode ser adequadamente proposta com o fim de se obter tutela jurisdicional destinada a produzir

56. Sobre o tema, cf. meu *Efetividade do Processo e Técnica Processual*, pp. 375-378. V. também: Fredie Didier Jr., "A sentença meramente declaratória como título executivo – Aspecto importante da reforma processual civil brasileira de 2005", pp. 245 e ss.; Cássio Scarpinella Bueno, *A Nova Etapa da Reforma do Código de Processo Civil*, vol. I, pp. 132 e ss.; Ronaldo Vasconcelos, "Eficácia executiva das sentenças declaratórias no CPC (Lei n. 11.232/2005)", pp. 96 e ss. Para Carlos Alberto Carmona mesmo a sentença de improcedência de demanda declaratória negativa pode, dependendo da situação concreta, configurar título executivo (cf. "Quinze anos de reforma no Código de Processo Civil", p. 46).

determinada alteração no âmbito da relação material, necessária porque a parte contrária resiste em admiti-la espontaneamente ou por vedação do próprio ordenamento (ação constitutiva necessária). O objeto do processo constitutivo é a pretensão a uma modificação jurídica. A descrição dessa situação confere o legítimo interesse. Sua ocorrência concreta dá direito à tutela pretendida.

23.4 Legitimidade e possibilidade jurídica

Esse mesmo raciocínio pode ser utilizado na análise da legitimidade, cuja finalidade também é possibilitar ao juiz a verificação, antes de proceder à cognição profunda e exauriente da relação material, sobre se a tutela pleiteada pode, em tese, ser favorável ao autor. Conclusão contrária revela, de plano, a inutilidade de todo o esforço a ser desenvolvido pelo Estado, razão por que o processo não deve prosseguir.

Assim, se o autor alega ser titular de uma relação jurídica, indicando como sujeito passivo o réu, a sentença que, após cognição adequada, negue tal situação, afirmando ser outro o devedor, estará julgando o mérito, ou seja, decidindo a lide trazida pelo autor. Ainda que, equivocadamente, se conclua pela carência da ação, tal sentença é passível de rescisória.[57]

A legitimidade processual nada mais é do que reflexo da própria legitimação de direito material. Da mesma forma que a validade e a eficácia de um ato concernente a relação jurídica substancial dependem de estar o agente investido de condição legal para praticá-lo, também o ato processual, consubstanciado na demanda, deve envolver sujeitos que, em tese, se encontram naquela situação da vida trazida à apreciação do juiz. Se apenas o proprietário pode alienar, somente quem se diz proprietário tem

57. Assim decidiu o colendo STJ: "Afirmando o autor ser titular de uma relação jurídica, de que sujeito passivo o réu, a decisão que o negue, recusando sua pretensão, terá decidido a lide, julgado o mérito. Nada importa, para isso, que se considere seja outro o devedor. Releva, para o processo, unicamente a lide a ele trazida – Admissibilidade, em tese, da rescisória, nada obstando tenha-se dado pela carência de ação, quando o julgamento foi de mérito" (3ª Turma, REsp 21.544-0-MG, rel. Min. Eduardo Ribeiro, *DJU* 8.6.1992, p. 8.619).

legitimidade para reivindicar.[58] É sempre a situação substancial afirmada que determina a legitimação.[59]

Também, tratando-se de legitimação extraordinária, não se pode prescindir da relação material. Sustenta-se, com sólidos argumentos, a necessidade de haver nexo entre as relações jurídicas de titularidade do legitimado ordinário e do extraordinário. A legitimação extraordinária somente é admissível quando se tratar de mecanismo destinado à tutela do interesse do legitimado extraordinário, ante a inércia do substituído. Tal análise depende fundamentalmente das relações jurídicas substanciais de que fazem parte os titulares desses interesses. Impossível solucionar o problema sem o exame do direito material.[60]

Registro novamente a alteração ocorrida no direito processual em relação à possibilidade jurídica do pedido, não mais considerada condição da ação pelo legislador de 2015. Se a pretensão não for admitida pelo ordenamento jurídico, o julgamento será de improcedência, o que pode ocorrer em caráter liminar (art. 332) ou antecipadamente (art. 355, I).[61]

58. "Porque assim é no campo do direito material, este modo de ser tem reflexos no âmbito do direito processual. Se, para ser válido, o ato de direito material reclama seja praticado pelo titular do interesse substancial, no campo do processo, este, para ser válido, reclama seja quem postula a satisfação do interesse (de que se diz titular e que se propõe provar existente) aquele que, em tese, está na situação legitimante de direito material, isto é, o sujeito a quem é atribuível a titularidade do interesse de direito material" (cf. Calmon de Passos, "Substituição processual e interesses difusos, coletivos e homogêneos. Vale a pena 'pensar' de novo?", p. 270).

59. Cf. José Rogério Cruz e Tucci, "A denominada 'situação substancial' como objeto do processo na obra de Fazzalari", p. 277.

60. Cf. Calmon de Passos, "Substituição processual e interesses difusos, coletivos e homogêneos. Vale a pena 'pensar' de novo?", p. 276.

61. Impossibilidade jurídica, como condição da ação, tal como regulada no Código de Processo Civil/1973, era denominada por alguns de absoluta, ou seja, a negativa genérica da pretensão no ordenamento jurídico. A análise de circunstâncias concretas a respeito de pedido admitido em tese implicaria exame de mérito. Nesse sentido, concluiu a colenda Câmara Especial do TJSP, em acórdão relatado pelo eminente Des. Sabino Neto: AI 17.738-0, de Guarulhos, j. 22.7.1993: "De acordo com a sistemática do Código de Processo Civil, a impossibilidade jurídica é condição da ação, como expresso, aliás, no seu art. 267, inciso IV. Mas, coerente com a antiga teoria de Liebman, apenas a impossibilidade jurídica absoluta, somente esta se inclui no rol das

23.5 Decadência, impossibilidade e mérito (Código de Processo Civil/1973)

A propósito desse tema, na vigência do Código anterior, parte da doutrina entendia haver certa contradição entre os arts. 267, I, 295, IV, e 269, IV, do CPC brasileiro. Explica-se: o juiz podia rejeitar liminarmente a inicial por prescrição ou decadência, nos termos do art. 295, IV. A rigor, até a vigência da Lei 11.280, de 16.2.2006, o indeferimento liminar do pedido somente era possível em casos de decadência, pois o reconhecimento da prescrição, tal como então estabelecido no art. 219, § 5º, necessitava de provocação.[62] Com a nova redação desse dispositivo, também em relação à prescrição conferiu-se ao juiz o poder de agir *ex officio*.

O indeferimento da inicial implicava extinção do processo sem julgamento de mérito (art. 267, I). Todavia, o reconhecimento da decadência ou da prescrição configurava sentença de mérito (art. 269, IV). Segundo alguns teria o legislador incidido em erro técnico, pois a inexistência do direito por um desses fundamentos implica exame do mérito, que não poderia levar ao indeferimento da inicial.[63] Tentei harmonizar as regras à luz da perspectiva assertista das condições da ação.

Se o juiz vislumbrasse de plano, sem necessidade de realizar cognição exauriente, que o autor não tinha mais o direito, visto que dele decaíra, deveria indeferir a petição, extinguindo o processo por impossibilidade jurídica da demanda. Como o

condições da ação (Fidélis dos Santos). O que se pede (adoção) é previsto no ordenamento jurídico; logo, o pedido é possível. O mais é mérito e com ele deve ser decidido, porquanto a impossibilidade relativa do pedido gera a improcedência da ação".

Ressalto novamente a alteração de entendimento quanto à natureza da possibilidade jurídica adotado pelo Código de Processo Civil/2015: não há diferença ontológica entre essa condição da ação e o mérito (cf. Bedaque, *Efetividade do Processo e Técnica Processual*, pp. 269 e ss.).

62. A respeito, cf. Calmon de Passos, *Comentários ao Código de Processo Civil*, vol. III, p. 213.

63. Cf. Calmon de Passos, *Comentários ao Código de Processo Civil*, vol. III, p. 213; v. também Moniz de Aragão, *Comentários ao Código de Processo Civil*, vol. II, p. 487.

ordenamento jurídico material reconhece a extinção do direito potestativo por força da decadência, verificava-se manifesta improcedência da pretensão, tornando absolutamente desnecessário o prosseguimento do processo, para exame profundo da relação jurídica material apresentada e das provas a ela concernentes. Por economia processual, permitia o legislador que o juiz, mediante essa análise superficial dos fatos inerentes à relação substancial, pusesse fim ao processo. Apesar da natureza da cognição realizada, essa decisão produzia efeitos para fora do processo, isto é, sobre a situação da vida. Embora se tratasse de exame sumário da relação substancial, não havia inconveniente em lhe atribuir a qualidade da coisa julgada material, pois, não obstante superficial, foi suficiente para formação do convencimento do julgador sobre a inexistência do direito.

Esse mesmo raciocínio era realizado pelo juiz ao indeferir a inicial com fundamento no art. 285-A do CPC/1973. Se, tratando-se de matéria exclusivamente de direito, ele já tivesse convicção quanto à improcedência da pretensão, podia rejeitá-la de plano.[64]

Ainda na vigência dessas regras, convenci-me de que a última previsão legal acima mencionada não se distinguia, substancialmente, da rejeição liminar da inicial por impossibilidade jurídica da demanda (CPC, art. 295, parágrafo único, I) e também por decadência e prescrição.

Daí por que fiz o seguinte registro:

"Das edições anteriores constou que: 'Apenas a prescrição ou decadência reconhecidas após cognição exauriente permitem a prolação de sentença de mérito, hábil a produzir efeitos substanciais, que poderão tornar-se imutáveis'.

"Hoje, considero apta ao trânsito em julgado qualquer dessas decisões."[65]

64. Apesar da letra da lei, não me parece necessária a existência de sentenças anteriores sobre o mesmo tema. Essa exigência não tem razão de ser. Se o juiz conclui pela inexistência de amparo legal à pretensão do autor, não tem sentido permitir o julgamento liminar apenas se houver decidido anteriormente no mesmo sentido. Por que não poderá fazê-lo já na primeira oportunidade?

65. Para Kazuo Watanabe o pronunciamento judicial que afirmava a prescrição de um direito hipotético configurava carência da ação por falta de

O legislador de 2015 também se convenceu da possibilidade de improcedência liminar do pedido, ou seja, mediante sentença de mérito. Não incluiu, todavia, a impossibilidade jurídica. Na Comissão encarregada de elaborar o Anteprojeto do Código, fui voto vencido, pois defendi a absoluta equivalência dessa situação às demais previstas no art. 332, I a IV e § 1º. Assim, a existência de vedação legal ao pedido formulado autoriza o julgamento antecipado, nos termos do art. 355, I. Não obstante a inexistência de regra expressa, interpretação teleológica das respectivas normas admite a incidência da analogia e justifica a conclusão.

23.6 A título de reflexão doutrinária: os arts. 75 do Código Civil/1916 e 5º, XXXV, da Constituição Federal

A partir das premissas metodológicas aqui adotadas, torna-se possível afastar as críticas formuladas a determinados dispositivos legais, considerados como resquícios da teoria imanentista da ação. O art. 75 do CC/1916, por exemplo, segundo o qual "a todo direito corresponde uma ação, que o assegura", não podia ser entendido como se o exercício do direito de ação decorresse da efetiva existência do direito material, pois todo direito *afirmado* pode ser objeto de demanda judicial. Sua existência, ou não, é questão a ser examinada mediante atividade cognitiva do órgão jurisdicional. Assim, o ordenamento processual deve assegurar

interesse de agir. De qualquer modo, aponta relevante consequência prática decorrente dessa distinção científica: "O que de ordinário os juízes fazem é o reconhecimento da prescrição de um direito hipotético (que poderá existir ou não). Havendo recurso da sentença de semelhante conteúdo, a segunda instância, se acaso entender não inteirado o lapso temporal necessário à prescrição ou que se trata de direito imprescritível (*v.g.*, direito previdenciário), deverá devolver o processo ao juízo de origem para julgamento do mérito da causa (julgamento que é muitas vezes impraticável seja desde logo feito, por dependente, a apuração do direito discutido, de dilação probatória), pena de atentado ao princípio do duplo grau de jurisdição" (cf. *Da Cognição no Processo Civil*, p. 70; v. também Liebman, "O despacho saneador e o julgamento de mérito", p. 134, nota i.1).

Sobre minha posição atual, cf. *Efetividade do Processo e Técnica Processual*, pp. 243 e ss.

a todos os supostos titulares de direitos o poder de invocar, mediante o exercício da ação, a tutela jurisdicional do Estado.[66]

Também o art. 5º, XXXV, da CF não merece as críticas que lhe são dirigidas.[67]

O direito de ação é necessariamente conexo com uma situação da vida, razão pela qual não tem sentido falar-se em pura ação, fenômeno totalmente abstrato e sem conteúdo. Ao referir-se a ameaça ou lesão a direito, o legislador constitucional quer dizer que o autor deve procurar a atividade jurisdicional do Estado para deduzir situação de direito material passível de proteção. Dessa forma, toda lesão ou ameaça de direito, *afirmada* por quem se diz titular do interesse protegido pela norma substancial, ou por quem tenha poderes para exercê-lo em nome próprio, assegura, por si só, o acesso ao Poder Judiciário. Iniciado o processo com a propositura da demanda, o juiz verificará se a pretensão, tal como deduzida, reúne condições para ser analisada. A garantia constitucional do direito de acesso ao Judiciário não implica confusão entre os dois planos do Direito. O legislador veda óbices à dedução de qualquer lesão ou ameaça a direito *afirmada na petição inicial*. Provocado o juiz, instaura-se o processo, cujo prosseguimento até o exame da pretensão dependerá da presença de requisitos técnicos. Se atendidos, será julgado o mérito, com acolhimento ou rejeição do pedido, segundo as regras de direito material.

Deve esse artigo constitucional, portanto, ser submetido a releitura, em conformidade com a visão do direito processual a partir da tutela jurisdicional. Não configura resquício da teoria imanentista da ação, pois não pressupõe a real ameaça ou violação a direito, para conferir a garantia de acesso à Justiça. Assegura-se o acesso simplesmente à luz da pretensão deduzida pelo autor da demanda. Se ela será acolhida é outro problema. Entenda-se o art. 5º, XV, da CF, pois, à luz da teoria processual

66. Cf., a respeito, propondo a releitura do art. 75 do CC: Kazuo Watanabe, *Da Cognição no Processo Civil*, p. 20; José Carlos Barbosa Moreira, "Notas sobre o problema da 'efetividade' do processo", p. 82.

67. Cf. Dinamarco, *Fundamentos do Processo Civil Moderno*, p. 58.

já amadurecida quanto à sua autonomia e independência mas, ao mesmo tempo, consciente da sua natureza instrumental.

Tais dispositivos seriam, portanto, representativos da visão dos institutos processuais a partir do seu objeto, ou seja, do direito material. É a visão de tutela jurisdicional, ou tutela jurisdicional de direitos.

23.7 Condições da ação, tutela jurisdicional e coisa julgada

Dentre as exigências pertinentes à técnica processual e destinadas a possibilitar o julgamento da pretensão deduzida pelo autor (mérito), destacam-se as condições da ação, sobre as quais foram tecidas considerações nos itens acima.

Resta verificar de forma mais detalhada se o juiz, ao examiná-las, não formará juízo de valor sobre a procedência, ou não, do pedido, concedendo ou negando a tutela jurisdicional ao autor. Essa preocupação decorre dos elementos sobre que incide essa análise: será necessário formar juízo de valor sobre dados da relação material.

Melhor explicando: o decreto de carência da ação projeta efeitos para fora do processo, pois diz respeito a elementos da relação substancial controvertida. Nessa medida, aparentemente, o juiz estaria negando a tutela ao autor, concedendo-a ao réu, pois a sentença abordará e resolverá questões inerentes ao direito material, ainda que mediante cognição sumária.

Essa impressão é falsa e deve ser afastada pela correta compreensão da técnica processual.

Tanto a ausência dos pressupostos processuais quanto a das condições da ação constituem óbices legítimos ao exame do mérito.[68] A garantia constitucional da ação assegura o acesso ao

68. Como bem anota Dinamarco: "Há sólidas e bem experimentadas razões para impedir a apreciação de pretensões sem que estejam presentes os pressupostos processuais, ou sem que a boa ordem processual tenha sido observada e, sobretudo, sem que estejam presentes as condições da ação. Tais óbices não comprometem o sistema e são, muito antes disso, garantia de seriedade e racionalidade com que o Estado exerce sua função pacificadora institucionalizada, mediante regras que no fim das contas constituem penhor

devido processo legal, não necessariamente à solução do litígio. Uma dessas categorias – as condições da ação – é constituída por elementos da relação material. Resta saber se a cognição realizada pelo juiz nessa oportunidade é suficiente para a formação do juízo de certeza exigido para a decisão de mérito.

Considerada essa premissa, a questão relevante, a merecer reflexão dos estudiosos, diz respeito à possibilidade ou conveniência de a sentença que julgar o autor carecedor da ação, por ausência de uma das condições, ficar coberta pela coisa julgada material. Reside aí, efetivamente, a grande importância em se determinar a natureza da sentença de carência.[69]

Conforme exposto acima e em diversas oportunidades neste estudo, o exame das condições da ação implica análise da relação jurídica material. Para o juiz verificar, por exemplo, se o autor é parte legítima e possui interesse, tem de voltar os olhos para a situação da vida apresentada na inicial e verificar quem a integra..

Trata-se, portanto, de análise das questões de mérito, embora realizada de forma condicional, hipotética. Isto é, o juiz examina os fatos narrados na petição inicial ou, em alguns casos, após instrução superficial (nas ações possessórias, por exemplo, a audiência de justificação configura ato de instrução prévia, preliminar, que permite tão somente a verificação da legitimidade e do interesse, além da plausibilidade das afirmações), e conclui a respeito das condições.[70]

de segurança e tranquilidade para todos os sujeitos" (cf. "Universalidade da tutela jurisdicional", p. 11).

69. "Este problema, o de identificar-se ou não a força de coisa julgada na sentença proferida, é o que realmente tem relevância; não fora esse crucial envolvimento, careceria de maior importância a discussão em torno da identidade ou dessemelhança entre as locuções 'carência da ação' e 'improcedência da ação' (ou do pedido, como seria de melhor terminologia)" (Adroaldo Furtado Fabrício, "Extinção do processo e mérito da causa", p. 23).

70. Correta a observação de Adroaldo Furtado Fabrício: "nada que se situe no plano estritamente processual pode dar resposta à questão, porque a relação de 'pertinência' à qual se alude outra coisa não é senão a identidade, de um lado, entre o autor e o 'credor' (*latissimo sensu*) e, de outra banda, entre o réu e o 'devedor' (em sentido igualmente largo)" (cf. "Extinção do processo e mérito da causa", p. 19).

Ora, nada obsta a que, sem afrontar o sistema, a extinção do processo nestas circunstâncias caracterize sentença de mérito e, portanto, possa tornar-se imutável.[71]

O Código/2015 não chegou a tanto, como já observado no item 23.2. Mas o art. 486, § 1º, impede seja reproposta a ação se não sanado o vício. Em última análise, a sentença de carência não pode ser revista se inalterada a situação material. Trata-se de efeito muito próximo ao produzido pela coisa julgada material.

24. Elementos da ação

A petição inicial deve conter a descrição da relação de direito material, com indicação dos sujeitos e dos respectivos dados fáticos e jurídicos. Imprescindível, ainda, seja deduzida a pretensão, ou seja, o suposto direito subjetivo ou potestativo, cuja satisfação o autor pretende obter mediante a tutela jurisdicional.

Ela deve ser, pois, perfeitamente identificada. O vínculo pode decorrer, por exemplo, de contrato, de ato ilícito, da propriedade de um bem etc. Além de indicar a natureza da relação, necessário aponte o autor os motivos pelos quais necessita da tutela jurisdicional para a satisfação do seu direito. Por fim, é preciso indicar qual o objeto da pretensão.

Trata-se dos elementos da ação, pelos quais a relação substancial é individualizada. É imprescindível a perfeita compreensão desses elementos, pois a partir deles são resolvidos vários dos problemas processuais, como competência, conexão, continência, litispendência, congruência e coisa julgada. O critério para determinação do objeto material do processo e identificação da demanda é fator fundamental para a solução de questões atinentes a tais institutos.[72] Já no Direito Romano a causa de pedir, o pedido e as partes prestavam-se para a individuação

71. Esta é, aliás, a conclusão de Adroaldo Furtado Fabrício (cf. "Extinção do processo e mérito da causa", p. 23). Para exame mais aprofundado da questão, cf. Bedaque, *Efetividade do Processo e Técnica Processual*, pp. 230 e ss.

72. Cf. José Rogério Cruz e Tucci, "A denominada 'situação substancial' como objeto do processo na obra de Fazzalari", p. 271.

da *eadem res*.[73] Muito embora a teoria da tríplice identidade seja insuficiente para resolver todos os problemas decorrentes do confronto entre duas ou mais ações, não se pode negar sua importância. Diante dessas situações excepcionais, a teoria dos três *eadem*, embora não constitua critério absoluto, deve ser aceita como "boa hipótese de trabalho".[74]

A ação, portanto, identifica-se pelas partes, pela causa de pedir e pelo objeto ou pedido. Nessa análise deve o processualista, necessariamente, voltar os olhos para a relação substancial, pois lá encontram-se tais elementos.

A *causa petendi* é, reitera-se, representada pelo fato constitutivo do vínculo jurídico, bem como o fato afirmado pelo autor, em razão do qual torna-se necessária a intervenção jurisdicional. Tais fatos dão origem a uma relação jurídica de direito material e a um possível direito dela decorrente, ao menos segundo a ótica do autor.[75]

A causa de pedir é elemento essencial da ação, pois revela a conexão entre a tutela jurisdicional pleiteada pelo autor e a pretensão por ele formulada. O provimento será emitido à luz da situação jurídica material descrita na inicial.[76]

Esse exame, obviamente, não pode ser feito sem os elementos do direito material. Aliás, a grande fonte de divergência doutrinária com relação à causa de pedir diz respeito aos elementos necessários à sua perfeita identificação. Discute-se se é suficiente a dedução dos fatos constitutivos do direito ou se há necessidade apenas da indicação da relação jurídica substancial. O conteúdo

73. Cf. José Rogério Cruz e Tucci, *A "Causa Petendi" no Processo Civil*, p. 36.

74. Cf. José Rogério Cruz e Tucci, ob. ult. cit., p. 169.

75. Segundo afirma Milton Paulo de Carvalho, são "elementos da *causa petendi* o fato (causa remota) e o fundamento jurídico (causa próxima). A causa remota compreende tanto o fato constitutivo do vínculo quanto o fato particular, ou seja, o fato do réu contrário ao direito afirmado pelo autor, que vem a constituir o interesse de agir. A causa próxima compõe-se da relação jurídica que vincula autor e réu (chamemos de direito constitutivo) mais o direito particular (*diritto singolo*) invocado pelo autor como causador do efeito pretendido" (cf. *Do Pedido no Processo Civil*, p. 94).

76. Cf. Milton Paulo de Carvalho, *Do Pedido no Processo Civil*, p. 77.

mínimo para identificação da *causa agendi* seriam os fatos constitutivos da pretensão do autor, ou seria a relação ou estado jurídicos por ele afirmados?[77] Essa controvérsia dá origem às teorias da substanciação e da individuação.[78] A adoção de uma ou outra vai depender da opção pela regra da eventualidade.[79]

De qualquer forma, a causa de pedir, quer para os adeptos da teoria da individuação, quer para os defensores da substanciação, revela o nexo existente entre o direito material e o processo. Não devem ser aceitas as construções da doutrina alemã, tendentes a excluir a causa de pedir do objeto do processo, acarretando completa separação entre os dois ramos do ordenamento jurídico.[80] Para a perspectiva do instrumentalismo substancial, sustentada neste trabalho, tanto faz a referência aos fatos constitutivos ou à relação jurídica, pois em ambos se

77. Cf. Botelho de Mesquita, "A *causa petendi* nas ações reivindicatórias", p. 185. Informa, ainda, o ilustre Professor que a principal crítica sofrida pela teoria da substanciação reside no fato de a construção se afastar do direito material, esquecida a função do direito processual (ob. cit., p. 187).

78. Cf. Fazzalari, *Note in Tema di Diritto e Processo*, p. 118, para quem as doutrinas opostas estão muito próximas, podendo ser consideradas como as duas faces da mesma realidade: "propugnare, infatti, l'allegazione dei fatti costitutivi o quella del rapporto giuridico significa porsi, rispettivamente, dal punto di vista della fattispecie (sostanziale) e da quello degli effetti che ne promanano, cioè da due punti di vista perfettamente compatibili, anzi corrispondenti".

Milton Paulo de Carvalho (*Do Pedido no Processo Civil*, pp. 81 e ss.) afirma que o Direito Brasileiro se vale das duas teorias para determinar o conteúdo da causa de pedir. No mesmo sentido Botelho de Mesquita, "A *causa petendi* nas ações reivindicatórias", p. 197.

Para uma análise da construção de Fazzalari, v. José Rogério Cruz e Tucci, "A denominada 'situação substancial' como objeto do processo na obra de Fazzalari", *passim*.

79. "A regra da eventualidade, impondo um sistema rígido de preclusões, constitui, em última análise, pressuposto da teoria da substanciação, ao exigir a exposição simultânea, na petição inicial, dos fatos que fazem emergir a pretensão do demandante (*causa petendi* remota) e do enquadramento da situação concreta, narrada *in statu assertionis*, à previsão abstrata, contida no ordenamento de direito positivo, e do qual decorre a juricidade daquela (*causa petendi* próxima)" (José Rogério Cruz e Tucci, "A regra da eventualidade como pressuposto da denominada teoria da substanciação", p. 42).

80. Cf. José Rogério Cruz e Tucci, "A denominada 'situação substancial' como objeto do processo na obra de Fazzalari", pp. 272 e 273.

está inserindo o direito substancial no processo. O que parece importante ressaltar é a impossibilidade absoluta de se ignorar o nexo entre direito e processo na determinação da causa de pedir e do objeto do processo.[81] A *causa petendi* constitui o meio pelo qual o demandante introduz o seu direito subjetivo (substancial) no processo.[82]

O próprio objeto mediato da ação, o bem da vida pretendido pelo autor, é identificado em função da causa de pedir, ou seja, a partir dos fatos e do fundamento jurídico da demanda chega-se ao pedido.[83]

Assim, o perfeito entendimento sobre as relações entre direito material e relação processual constitui fator imprescindível para a demarcação do objeto litigioso do processo.[84]

Em síntese: identifica-se e individualiza-se uma ação com dados da relação substancial. À luz desses elementos serão concebidos outros fenômenos tipicamente processuais, como a conexão, a litispendência e a coisa julgada. Evidencia-se mais uma vez a íntima relação entre processo e direito, entre o instrumento e seu objeto.

81. "O objeto" do processo, portanto, identifica-se com a circunstância jurídica concreta deduzida em juízo *in statu assertionis*, e que aflora individualizada pela situação de fato contrária ao modelo traçado pelo direito material" (José Rogério Cruz e Tucci, "A denominada 'situação substancial' como objeto do processo na obra de Fazzalari", p. 277).

82. José Rogério Cruz e Tucci, *A "Causa Petendi" no Processo Civil*, p. 107.

83. Cf. Milton Paulo de Carvalho, *Do Pedido no Processo Civil*, pp. 93-95. Sobre os elementos para identificação das ações, v. também Moniz de Aragão, "Conexão e 'tríplice identidade'", pp. 50-56.

84. José Rogério Cruz e Tucci, *A "Causa Petendi" no Processo Civil*, p. 112. Também Carlos Alberto Alvaro de Oliveira aponta a causa de pedir e o pedido como pontos de confluência entre o direito material e o processo, considerando fundamental à compreensão do sistema processual a conscientização desse liame. Por isso, conclui: "As considerações antes desenvolvidas mostram bem que não é possível aceitar as teses alemãs que desvinculam o conceito de pretensão processual de qualquer liame com uma situação jurídica individualizada concretamente, consoante suporte fático contido no direito material, e individualizá-la unicamente com base no critério da 'finalidade', promovendo assim uma completa cisão entre direito material e processual" (*Teoria e Prática da Tutela Jurisdicional*, pp. 95 e 96).

25. Pressupostos processuais e relação material

Na linha dos objetivos deste trabalho – demonstração da necessidade de o processualista considerar aspectos da relação material na elaboração do método de solução de controvérsias – também parece importante discorrer sobre os pressupostos processuais, cuja concepção é controvertida na doutrina. Segundo a corrente ampliativa, os requisitos para o nascimento válido e o desenvolvimento regular do processo visam a assegurar a consecução do resultado útil do instrumento, o que vai ao encontro da visão instrumentalista aqui defendida. Essa aproximação é produtiva, pois facilita a adequação do instrumento a seu objeto.[85]

Mesmo para os defensores da corrente restritiva a respeito dos pressupostos processuais, não existe absoluta separação entre estes e o direito material. Um dos requisitos necessários ao nascimento da relação processual válida, segundo esse entendimento, é a dedução regular da demanda, ou seja, um pedido de tutela a uma situação substancial, dirigido ao órgão jurisdicional. Não se pode pensar em demanda adequadamente formulada, sem referência à relação material a ser atingida pela decisão judicial. Existe, pois, já no momento em que se verifica a regularidade da relação processual, nexo entre ambas, exatamente porque não se pode imaginar processo sem conteúdo.

Para os defensores da corrente ampliativa a ligação é ainda maior, pois, para se aferir os chamados pressupostos objetivos extrínsecos (ausência de litispendência, coisa julgada e compromisso), bem como os subjetivos referentes ao juiz (competência e imparcialidade) é imprescindível o exame da relação material. E tem mais: à luz dessa concepção, pressupostos processuais são requisitos ao nascimento e desenvolvimento regular do processo, até o julgamento de mérito. Já, para os defensores da

85. Cf. Bedaque, "Pressupostos processuais e condições da ação", "Pressupostos", *Revista da Procuradoria-Geral do Estado de São Paulo* 35/187; v. também José Carlos Barbosa Moreira, "Sobre os pressupostos processuais", pp. 83 e ss.

tese restritiva essa correlação entre relação processual e mérito é inaceitável.[86]

Não parece acertada a segunda conclusão, com o devido respeito, pois a análise do processo à luz da relação substancial justifica-se em razão de seu caráter instrumental. A aceitação dos pressupostos de validade do processo, isto é, dos requisitos necessários ao provimento final, atende à perspectiva instrumentalista da ciência processual. O instrumento não tem tanta importância intrínseca; vale mais pelo resultado que ele consegue alcançar.

De qualquer modo, pode-se concluir pela existência de determinados requisitos, não só de existência como, também, de validade do processo. Estes últimos podem até ser denominados não de pressupostos, mas de requisitos para que a jurisdição atinja seu escopo. Somente um processo sem vícios possibilita ao juiz fornecer a tutela jurisdicional.[87] E a verificação dessa regularidade deve ser feita mediante exame da relação material.

26. Pluralidade de partes: litisconsórcio e intervenção de terceiros

Também em tema de pluralidade de partes, que abrange os institutos do litisconsórcio e da intervenção de terceiros, relevante é a consideração do direito material afirmado. Como a tutela jurisdicional pode produzir efeitos na esfera jurídica de todos os integrantes da relação substancial deduzida em juízo, bem como bem como ante a possível existência de interligação entre relações jurídicas distintas, admite-se a categoria dos sujeitos plúrimos nos polos ativos e passivos do processo.[88]

86. Cf. Ada Pellegrini Grinover, *As Condições da Ação Penal*, p. 21.

87. Cf. Bedaque, "Pressupostos processuais e condições da ação", *Justitia* 156/51.

88. A pluralidade de partes constitui "reflexo imediato (ditado pelo princípio do contraditório) dessa interligação entre situações jurídico-materiais de uma pluralidade de pessoas cujos interesses substanciais estão em liça e cujas esferas jurídicas poderão ser afetadas pelo provimento a ser emitido" (Cândido Dinamarco, *Litisconsórcio*, p. 10).

As diversas hipóteses em que se verifica o fenômeno da pluralidade de partes refletem a diversidade de situações de direito material e de nexos entre elas existentes. Os elementos do litígio são fundamentais para a configuração das situações passíveis de justificar esse instituto processual.[89]

Da mesma forma que a legitimidade dos sujeitos ativo e passivo da demanda está fundada no vínculo de ambos com a relação substancial afirmada na inicial, a pluralidade de partes depende diretamente dessa mesma situação legitimante, isto é, dos fatos jurídicos descritos como causa de pedir ou deduzidos na contestação. É no plano da relação jurídica substancial que se verifica se a pluralidade de partes pode ou deve ocorrer; também é o direito material que determina qual a espécie de pluralidade (litisconsórcio e as cinco formas de intervenção de terceiros: assistência, denunciação da lide, chamamento ao processo, desconsideração da personalidade jurídica e *amicus curiae*).[90]

A complexidade das relações jurídicas de direito material, portanto, acaba produzindo reflexos no processo. Se são vários os

89. Cf. Sérgio Ferraz, *Assistência Litisconsorcial no Direito Processual Civil*, pp. 1-14.

90. Invoca-se mais uma vez a preciosíssima lição de Dinamarco, que, pela extrema clareza, merece transcrição integral: "Essas situações são diferentes entre si, representando uma ligação mais íntima ou menos entre as pessoas, numa mesma relação jurídica substancial complexa ou em relações que se tangenciam ou interpenetram em maior ou em menor profundidade. Por isso mesmo, diferenças de monta existem também entre a maneira como se dá a pluralidade de partes; e a lei cuida de empregar técnicas e expedientes diversos, herdados de sua experiência multissecular e de mais de uma civilização, definindo o modo de participação no processo e as situações jurídico-processuais em que se põem essas pessoas quando se trata de litisconsórcio necessário ou simplesmente admissível, quando é caso de uma intervenção principal (oposição) ou apenas *ad coadjuvandum* (assistência), quando ocorre a denunciação da lide, o chamamento ao processo, a nomeação à autoria. Como é natural, a cada uma das situações legitimantes descritas em lei corresponderá uma forma adequada de participação na relação processual (daí a disciplina da pluralidade de partes em suas variadas espécies)" (*Litisconsórcio*, p. 14). Ressalte-se a eliminação, pelo Código/2015, de duas formas de intervenção de terceiros previstas na legislação revogada: oposição, regulada como procedimento cognitivo especial (arts. 682-686), e nomeação à autoria, substituída pela mera indicação, pelo réu, do legitimado passivo e a alteração da inicial pelo autor, caso concorde com a alegação (arts. 338 e 339).

integrantes da situação da vida regida pelas normas substanciais e trazida para exame do juiz, surge o fenômeno da pluralidade de partes no processo.

A admissibilidade e a obrigatoriedade do litisconsórcio, a necessidade ou não de regulamentação uniforme das situações de cada um dos litisconsortes (arts. 113-118), a possibilidade de a tutela jurisdicional atingir terceiros, ainda que indiretamente (arts. 119-124), a dedução de pretensões incidentais versando direito de regresso ou responsabilidade solidária (arts. 125-129), a inclusão de responsáveis secundários no polo passivo (arts. 133-137) e a relevância da matéria objeto do processo (art. 138) são questões processuais cuja solução deve ser encontrada segundo dados da relação material.

26.1 Litisconsórcio

A admissibilidade do litisconsórcio depende da existência de vínculo entre as situações de cada um dos ocupantes do polo ativo ou passivo da relação processual. Tal liame será mais ou menos intenso, conforme se verifica pelo disposto no art. 113 do CPC. Exige-se, no mínimo, afinidade de questões entre as diversas situações apresentadas, sob pena de não ser admissível a pluralidade de partes (inciso III). Além disso, o litisconsórcio somente será admitido se os sujeitos forem titulares da relação substancial litigiosa e o objeto do processo lhes disser respeito. Veja-se o exemplo da obrigação não solidária com pluralidade de devedores. Caso o credor mova ação a um só, para exigir a parte que lhe toca, tendo em vista os limites da demanda, os demais não poderão ser litisconsortes, apesar de integrarem a mesma relação jurídico-substancial. É-lhes facultado intervir a título de assistentes litisconsorciais, visto que mantêm relação com o adversário do assistido.[91] A identificação desse dados é feita à luz das afirmações deduzidas na inicial.

O regime jurídico do litisconsórcio também é determinado pela relação material, pois, tendo em vista a incindibilidade das

91. Cf. Cândido Dinamarco, *Litisconsórcio*, pp. 19 e 20.

situações de seus integrantes, postas como objeto do processo, a sentença terá de regrá-las de maneira igual, uniforme, dando origem ao fenômeno do litisconsórcio unitário. Se, considerado o plano do direito substancial, a decisão judicial impuser a mesma sorte ou acarretar os mesmos efeitos à situação dos litisconsortes, estará configurada a unitariedade.[92]

Caso o juiz possa, em tese, formular regra jurídica concreta diferente para os ocupantes de um dos polos do processo teremos o litisconsórcio simples ou comum.[93]

No caso de relações incindíveis, indivisíveis, portanto, normalmente haverá necessidade da participação de todos os integrantes dessa relação substancial, gerando o fenômeno do litisconsórcio necessário. Nesse caso, a necessariedade e a unitariedade, embora sejam classificações diversas – pois decorrentes de ângulos diferentes de análise do litisconsórcio –, podem ter origem no mesmo fenômeno: incindibilidade da relação jurídica material (cf. CPC, art. 114, parte final). Embora resultem de classificações diferentes do litisconsórcio, pois fundadas em perspectivas diversas (formação e resultado), as razões que conduzem à obrigatoriedade do litisconsórcio podem ser as mesmas que levam à unitariedade.[94] Daí a razão pela qual, na grande maioria dos casos, o litisconsórcio é, ao mesmo tempo, necessário e unitário.[95] Essa coincidência somente não se verifica nas hipóteses em que a pluralidade de partes é obrigatória por determinação legal, não obstante cindível a relação substancial (por exemplo, CPC, art. 73, §§ 1º e 3º).

92. Cf. Sérgio Ferraz, *Assistência Litisconsorcial no Direito Processual Civil*, p. 24.

93. Cf. Cândido Dinamarco, *Litisconsórcio*, pp. 88-94.

94. "Se a relação posta em juízo for incindível, então não se admitirão julgamentos discrepantes e, por força da regra geral contida no art. 47, também necessário será o litisconsórcio" (Dinamarco, *Litisconsórcio*, p. 117). Tal regra, evidentemente, comporta exceções, desde que previstas em lei (cf. ob. cit., pp. 144-152).

95. Para Mathias Lambauer, num "sentido lógico-jurídico, efetivamente, unitário o litisconsórcio é somente quando necessário for". Conclui que: "Todo litisconsórcio necessário é unitário e todo litisconsórcio unitário é necessário" (cf. *Do Litisconsórcio Necessário*, pp. 211-213).

De qualquer modo, a imposição legal quanto à formação do litisconsórcio e o respectivo regime jurídico são determinados por circunstâncias inerentes à relação material.[96]

26.2 Intervenção de terceiros

A relação substancial posta em juízo (causa de pedir) e a pretensão formulada pelo autor (pedido) também são fundamentais para a determinação da possibilidade de terceiros intervirem no processo, nas diversas hipóteses admitidas pelo estatuto processual.

A assistência é possível se configurado o interesse jurídico, isto é, a relação jurídica de que o terceiro participa guarda nexo com aquela objeto do processo. Em razão do inter-relacionamento e da interdependência entre relações jurídicas, a sentença pode atingir reflexamente situação da vida estranha ao processo. Configura-se, aí, o interesse jurídico referido pelo legislador para admitir a assistência, forma voluntária de intervenção.[97]

Dependendo da intensidade desse vínculo, da maior ou menor proximidade entre as situações da vida, a assistência será simples (arts. 121-123) ou litisconsorcial (art. 124). Esta última revela a existência de nexo mais intenso entre elas, pouco menos que o necessário para a legitimação do litisconsórcio. Para tanto, bastaria alguma alteração no pedido e na causa de pedir. No exemplo da obrigação não solidária, se o credor exigisse a dívida inteira, todos os devedores seriam litisconsortes passivos.[98] Mas, apesar de próximas, não se confundem as situações de litisconsórcio e de assistência litisconsorcial ou qualificada, não obstante o disposto

96. Ao tratar do litisconsórcio necessário, afirma Giovanni Verde: "Ancora una volta lo studioso del processo viene a contatto con l'esigenza di compiere un'indagine nel campo del diritto sostanziale per stabilire come questo si raccordi alla tutela giurisdizionale" (*Profili del Processo Civile – Parte Generale*, p. 195).

97. Cf. Athos Gusmão Carneiro, *Intervenção de Terceiros*, p. 83.

98. Cf. Dinamarco, *Litisconsórcio*, pp. 21-31, onde se verifica com bastante nitidez que a distinção entre as figuras da assistência simples, da assistência qualificada e do litisconsórcio é feita com base em elementos e circunstâncias inerentes à relação de direito material litigiosa.

no art. 124 do CPC.[99] Não parece correto afirmar-se, pois, que o assistente litisconsorcial se encontra direta e imediatamente vinculado à relação jurídica posta como objeto do processo,[100] o que o equipararia ao litisconsorte. Mas, tendo em vista a regra expressa, o assistente litisconsorcial, para efeitos processuais, recebe o tratamento legal previsto para o litisconsorte.

De qualquer modo, para os fins deste trabalho é suficiente destacar que a legitimação para intervir resulta de circunstâncias inerentes à relação material.[101] Admite-se a assistência exatamente porque o terceiro poderá ser atingido pelos efeitos reflexos que a decisão produzir em sua esfera jurídica.[102]

Denunciação da lide, outra modalidade de intervenção de terceiros, é o exercício do direito de regresso no mesmo processo, ou seja, uma das partes propõe ação incidental, por meio da qual denuncia o litígio a alguém, que, citado, passará a ocupar, simultaneamente, a posição de assistente na demanda originária e réu na denunciação.[103] Se ambas forem acolhidas, o juiz condenará o denunciado perante o denunciante, pois a relação substancial de garantia existe apenas entre eles.

99. Ubiratan de Couto Maurício, ao tratar do tema no regime anterior, rendeu-se à literalidade do dispositivo legal e considera o assistente litisconsorcial como litisconsorte unitário do assistido (cf. *Assistência Simples no Direito Processual Civil*, p. 66). Não se trata, todavia, de verdadeiro litisconsórcio, visto que não lhe toca o objeto do processo, nem será ele atingido diretamente pela decisão (cf. Dinamarco, *Litisconsórcio*, p. 28). Para outras considerações sobre o entendimento sustentado no texto, cf. Bedaque, *Comentários ao Código de Processo Civil*, vol. III, ns. 16 e 17, pp. 50-56.

100. Essa é a posição de Athos Carneiro, *Intervenção de Terceiros*, p. 87.

101. Fala a doutrina em legitimação para agir e legitimação para intervir, sendo que esta última gera a assistência, porque o terceiro não é sujeito da relação substancial deduzida em juízo, "mas de uma relação conexa (em sentido lato) àquela, de modo que sua legitimação não lhe permite obter, em próprio nome, a mesma atuação da vontade concreta da lei pedida pela parte ao lado da qual intervém" (Vicente Greco Filho, *Da Intervenção de Terceiros*, p. 32).

102. Cf. Ubiratan de Couto Maurício, *Assistência Simples no Direito Processual Civil*, p. 42.

103. Não obteve aceitação na doutrina e na jurisprudência, apesar dos sólidos argumentos, a posição de que a denunciação da lide não implica automática propositura da ação de regresso. Cf., a respeito: Milton Flaks, *Denunciação da Lide*, pp. 88 e ss.; Edson Ribas Malachini, "Responsabilidade civil do Estado e denunciação da lide", pp. 21-43.

Em princípio, compreensão do fenômeno incompatível com a realidade jurídico-material admite, em denunciação feita pelo réu, a condenação do denunciado em face do autor originário. A rigor, tal não seria possível, ante a total inexistência de vínculo jurídico que justifique o reconhecimento da obrigação de um em favor do outro.[104]

O legislador processual, todavia, considera o denunciado pelo réu seu litisconsorte e autoriza o autor da demanda principal a requerer o cumprimento da sentença contra qualquer deles (art. 128, I e parágrafo único). Essa regra processual visa a conferir maior efetividade à tutela jurisdicional concedida ao titular do direito material.

A defeituosa redação do art. 70 do CPC/1973, quanto à obrigatoriedade da denunciação, foi adequada pela doutrina e pela jurisprudência à vontade do direito material. A denunciação seria obrigatória, sob pena de perda do direito de regresso, apenas na hipótese de evicção (art. 70, I), assim mesmo em razão do disposto no art. 1.116 do CC.[105]

O Código em vigor eliminou a imprecisão, pois considera admissível, não obrigatória, a denunciação (art. 125), permitindo seja o direito de regresso exercido em via autônoma (§ 1º).

A distinção entre a modalidade de intervenção denominada chamamento ao processo e a denunciação da lide é feita também à luz da relação material. Enquanto na primeira hipótese de intervenção os chamados passam a ocupar a posição de réus, visto que todos integram a mesma situação da vida e o pedido, embora formulado a um deles, diz respeito a todos, na denunciação existe vínculo apenas entre denunciante, que exerce o direito de regresso, e denunciado, obrigado pela garantia.

104. Ainda na vigência do Código de Processo Civil/1973 o colendo STJ entendeu possíveis o reconhecimento da responsabilidade exclusiva e a condenação direta do litisdenunciado, que, ao contestar, assumiria a posição de litisconsorte do denunciante (3ª Turma, REsp 23.102-8-RS, rel. Min. Dias Trindade, *DJU* 5.4.1993, p. 5.837).

105. Cf. Sydney Sanches, *Denunciação da Lide no Direito Processual Civil Brasileiro*, pp. 44-67, com vasta bibliografia.

Em síntese: na denunciação existe nexo jurídico no plano material apenas entre denunciante e denunciado; no chamamento os chamados são devedores do credor comum, não do chamado.[106]

A diferença entre ambos reside, pois, na existência ou não de vínculo direto, no plano material, entre o terceiro e a parte contrária àquela que provoca sua intervenção.[107]

Exatamente por isso, se observada a lógica dos institutos, os chamados serão condenados perante o autor; já, o denunciado somente responderia ao denunciante. Nessa linha de raciocínio, não seria o litisdenunciado condenado perante a parte contrária do litisdenunciante, pois inexiste, no plano jurídico-material, qualquer relação entre eles.

Não obstante isso, como antecipado acima, doutrina e jurisprudência na vigência do Código/1973 orientaram-se em sentido diverso. Passaram a admitir a condenação do denunciado perante o adversário do denunciante, como se a denunciação desse causa a verdadeiro litisconsórcio passivo. No plano substancial, a rigor, não existe liame entre autor e denunciado pelo réu. Mas, por razões eminentemente pragmáticas, desconsiderou-se a técnica processual. A partir dessa orientação, aliás, até demanda direta entre vítima do dano e seguradora já foi admitida, com fundamento em suposta estipulação em favor de terceiro. Tal entendimento encontraria amparo no art. 787 do CC, que estabeleceria relação jurídica de direito material entre ambos.[108]

A legislação em vigor encampou essa posição de forma ampla ao legitimar o autor, em denunciação feita pelo réu, a requerer o cumprimento da sentença também contra o denunciado (art. 128, parágrafo único).

Verifica-se aqui, mais uma vez, profunda influência do direito material na técnica processual. A solução adotada com relação ao meio processual adequado para dedução da obrigação de garantia assumida pela seguradora está diretamente relacionada a aspectos da relação substancial.

106. Cf. Athos Carneiro, *Intervenção de Terceiros*, p. 77.

107. Cf. Dinamarco, *Direito Processual Civil*, p. 173.

108. Cf. meu *Código de Processo Civil Interpretado*, p. 165.

Embora tenha adotado solução tecnicamente heterodoxa, a adaptação visou a atender a especificidades do direito material. A previsão legal expressa afasta a possibilidade de controvérsia a respeito.[109]

Especificidades da relação jurídica substancial também influem na desconsideração da personalidade jurídica, por força da qual terceiros passam a ser partes legítimas para integrar o polo passivo do processo, se verificada uma das hipóteses do art. 50 do CC (art. 133). Na mesma linha, a admissibilidade de intervenção do *amicus curiae* no processo está relacionada a aspectos da relação material (art. 138).

Conforme se verifica, torna-se bem mais simples o exame da pluralidade de partes a partir da situação material e da tutela pleiteada.

27. Nulidade processual e instrumentalidade das formas

Inicio este tópico reiterando a premissa central do trabalho. O direito processual deve ser estudado pelo prisma da instrumentalidade substancial, ou seja, todos os seus institutos fundamentais constituem meios para tornar efetiva a tutela jurisdicional. Este é o resultado que se busca com o processo.

Nessa ordem de ideias, cuja reiteração é proposital, pois visa a ressaltar o escopo deste estudo, o tema das nulidades processuais apresenta-se de suma importância. Isso porque é exatamente aqui que o formalismo exagerado pode pôr a perder toda uma série de atividades desenvolvidas pelos sujeitos do processo, com o fim de alcançar o escopo da atividade jurisdicional.

A partir da premissa segundo a qual é necessário flexibilizar o binômio direito-processo, identifica-se como consequência inexorável a necessidade de compatibilizar as nulidades processuais com alguns princípios aplicáveis aos atos viciados. A

109. Cf. Bedaque, *Comentários ao Código de Processo Civil*, vol. III, ns. 33 e 34, pp. 87-90.

questão deve ser tratada à luz da instrumentalidade das formas e do prejuízo (*pas de nullité sans grief*).[110]

Toda vez que o ato processual, não obstante praticado em desconformidade com o modelo legal, atingir seu escopo, a nulidade não deve ser declarada, salvo se dela decorrer violação a alguma garantia substancial do processo, como o contraditório e a ampla defesa. O princípio da legalidade das formas e a necessidade de observância às regras do procedimento são garantia do resultado do processo. Se este for alcançado, em princípio, deixa de ter relevância o não atendimento à forma.

Entende-se aplicável essa conclusão a qualquer tipo de nulidade, mesmo às absolutas. Nenhum defeito deve acarretar essa consequência se o escopo a que o ato se destinava for alcançado. Assim devia ser interpretado o art. 244 do CPC/1973.[111] O legislador de 2015 adotou esse entendimento, pois prevê a irrelevância do vício, em caráter genérico, sempre que o ato atingir sua finalidade (art. 276).

Um dos critérios para verificar a existência de prejuízo decorrente do vício processual tem em vista elementos do próprio direito material. Se a sentença de mérito puder ser proferida em favor daquele a quem o reconhecimento da nulidade iria favorecer não há por que decretá-la (CPC, art. 282, § 2º).

Trata-se de aplicação do princípio da instrumentalidade das formas projetado para o plano substancial, com o reconhecimento de que o os requisitos formais visam tão somente a assegurar o resultado do ato e, consequentemente o escopo do processo, representado pela obtenção da tutela jurisdicional por quem faça jus a ela. Alcançado esse resultado, com observância das

110. Cf. Bedaque, "Nulidade processual e instrumentalidade do processo", pp. 34 e ss.

111. Contra: Roque Komatsu, *Da Invalidade no Processo Civil*, p. 254. Para análise dos argumentos favoráveis à posição sustentada no texto, cf. Bedaque, "Nulidade processual e instrumentalidade do processo", pp. 35-38. Sobre a amplitude do princípio da instrumentalidade das formas, cuja incidência não deve ficar restrita aos vícios dos atos processuais, alcançando também os pressupostos processuais, as condições da ação e outros aspectos relacionados à técnica processual, cf. meu *Efetividade do Processo e Técnica Processual*, *passim*.

garantias e dos princípios fundamentais do direito processual e sem ofensa ao devido processo legal, passam a ser irrelevantes os eventuais vícios do procedimento.

Somente a consciência do instrumentalismo substancial permite tal conclusão, aplicável, como já se disse, também às nulidades tidas como absolutas pelo legislador processual. A aproximação dos dois polos do binômio direito-processo possibilita o abrandamento do rigor em relação às nulidades processuais, reduzindo sua importância em função do objetivo fundamental do processo, que é a tutela jurisdicional.

É possível imaginar situação em que até mesmo a ofensa ao devido processo legal não implique nulidade do processo. Será irrelevante a nulidade da citação, por exemplo, se a demanda for julgada improcedente. Mesmo se o vício impedir a participação do réu, a rejeição do pedido torna irrelevante a própria ausência do contraditório.

28. Coisa julgada

Outro instituto cujo conteúdo revela nexo intenso entre o processo e o direito material é, sem dúvida, a coisa julgada. Sua concepção e seus limites, objetivos e subjetivos, são intensamente influenciados pela própria natureza do direito litigioso, sobre o qual versa a decisão judicial. Vale a pena, portanto, reexaminar este tema processual, principalmente à luz das noções de interesses ou direitos difusos, coletivos e individuais homogêneos.[112]

Verificada controvérsia envolvendo relação jurídica, eventual solução pleiteada e obtida pela via do processo jurisdicional, não interpostos ou esgotados os recursos cabíveis, passa a reger definitivamente a situação. A decisão judicial de mérito julga a pretensão posta pelo autor na inicial (ou pelo réu na reconvenção). Como esse ato produz efeitos para fora do processo, incidindo sobre a relação material, a solução dada precisa estabilizar-se, sob pena de não conduzir à eliminação do litígio, frustrando-se

112. Cf. José Carlos Barbosa Moreira, "O processo civil hoje: um Congresso da Associação Internacional de Direito Processual".

por completo os escopos da função jurisdicional, em especial, no caso, a segurança jurídica. A legitimidade da coisa julgada apoia-se nas premissas dos próprios objetivos do sistema processual, que não seriam atingidos caso os pronunciamentos judiciais não ficassem imunes a ataques futuros.

O regime dos limites da coisa julgada, sem dúvida, deve ser considerado em função de o direito referir-se a apenas uma pessoa, a várias determinadas ou a titulares indeterminados.[113]

Isto é, também para a concepção desse instituto processual, não se pode prescindir da situação da vida sobre que o provimento jurisdicional irá projetar seus efeitos. A eficácia da tutela contida no julgamento de mérito destina-se a atuar, principalmente, no plano substancial, regulando as relações entre as partes e o bem da vida objeto da controvérsia, mediante tutelas declaratórias, constitutivas e condenatórias. Imprescindível, portanto, para bem precisar o exato alcance da imutabilidade determinada pelo trânsito em julgado, bem como das consequências ligadas ao respectivo instituto, identificar precisamente a relação jurídica material sobre que incidirá o provimento judicial.[114] O sistema processual leva em conta especificidades da situação regulada pela decisão para fixar os limites da respectiva imutabilidade.

A coisa julgada, portanto, vai depender fundamentalmente da natureza e das características dessa situação a ser regrada pelo juiz. Exatamente por isso, existe diferença entre a imutabilidade das sentenças penal e civil, aquela dotada de imunização menos intensa, em função dos interesses em conflito. A sentença penal condenatória pode ser modificada a qualquer tempo, via revisão criminal, desde que verificada uma das hipóteses do art. 621 do CPP.

Pela mesma razão, não obstante a imprecisão técnica da afirmação, fala-se em determinadas sentenças não sujeitas ao trânsito em julgado, como a que condena em alimentos. Nesses casos a imutabilidade decorrente da coisa julgada pode cessar, pois a relação regulada, por ter natureza continuada, é passível

113. Cf. Ada Pellegrini Grinover, "Da coisa julgada no Código de Defesa do Consumidor", p. 382.

114. Cf. Sergio Menchini, *I Limitti Oggettivi del Giudicato Civile*, p. 2.

de alteração no tempo (v. CPC, art. 505, I e II, e *infra*, n. 28.2, notas 133 e 134).

Por outro lado, apesar do disposto no art. 506 do CPC, a eficácia de alguns provimentos de mérito torna-se imutável em relação a terceiros, como nas ações coletivas (Lei 7.347, de 24.7.1985, art. 16; Lei 8.078, de 11.9.1990, art. 103).

Destaque-se, ainda, a nova técnica adotada pelo Código de Processo Civil/2015, quanto aos limites objetivos da coisa julgada. Admite-se a extensão da imutabilidade à resolução de questão prejudicial, se presentes os requisitos do art. 503, § 1º, I-III). Essa regra tornou desnecessária a propositura de ação declaratória incidental (CPC/1973, art. 5º), para incidência da coisa julgada sobre a conclusão adotada pelo juiz, quanto à existência ou inexistência da relação jurídica com base na qual o autor fundamentou sua pretensão.

28.1 Coisa julgada e interesses difusos, coletivos e individuais homogêneos

Além da previsão do art. 503 do CPC, referida acima, as circunstâncias da relação material determinam também a extensão dos limites objetivos da coisa julgada, em determinados casos, à fundamentação da sentença.

Pensemos nos efeitos civis da sentença penal. Para esse fim, a coisa julgada abrange os respectivos fundamentos, o que implica ampliação de seus limites objetivos.[115]

De fato. O dispositivo da decisão proferida no processo penal limita-se a considerar o réu culpado ou inocente em relação

115. Cf. Ada Pellegrini Grinover, "Notas" à *Eficácia e Autoridade da Sentença*, de Liebman, p. 264, e "A coisa julgada perante a Constituição, a Lei da Ação Civil Pública, o Estatuto da Criança e do Adolescente e o Código de Defesa do Consumidor", p. 414.

Adroaldo Furtado Fabrício, em estudo sobre a influência da sentença penal absolutória no Cível, conclui que o *decisum* dessa decisão incorpora o fundamento da absolvição. Qualquer limitação à admissibilidade ou procedência da demanda civil indenizatória deverá constar do dispositivo da sentença penal (cf. "Absolvição criminal por negativa de existência ou de autoria do fato: limites de sua influência sobre o juízo cível", pp. 12 e 20 e 21).

ao crime a ele imputado. Eventuais danos patrimoniais não são objeto de julgamento, embora possam constar dos motivos da decisão. Apesar disso, não há necessidade de reconhecimento do prejuízo no âmbito civil. Basta seja ele liquidado (CPP, art. 63, e CPC, art. 515, § 1º). Na mesma linha, negados categoricamente o fato ou a autoria, bem como admitida excludente de antijuridicidade, a sentença penal absolutória transitada em julgado impede o reconhecimento do direito a indenização em favor da vítima, ressalvada apenas a hipótese de improcedência por falta de prova (CPP, arts. 65 e 66).

Técnica processual semelhante foi utilizada pelo legislador ao estabelecer regras processuais em defesa do consumidor (Código de Defesa do Consumidor). Da mesma forma que o juiz civil está vinculado às soluções dadas no âmbito penal a questões de fato e de direito comuns a ambos os processos – isto é, às premissas lógicas do pronunciamento sobre o objeto da demanda penal –, também no Código do Consumidor (art. 103, § 3º) o fundamento da sentença dada na ação coletiva será imutável nas ações individuais, ampliando-se "o objeto do processo para que o julgado inclua o pronunciamento sobre seu fundamento, *ope legis*".[116]

Talvez seja mais próprio afirmar que, na hipótese do Código do Consumidor, não se verifica ampliação objetiva dos limites da coisa julgada, mas ampliação do próprio objeto do processo.[117]

Seja qual for a técnica adotada pelo legislador, o que importa é a imutabilidade do fundamento da sentença coletiva,

116. Cf. Ada Pellegrini Grinover, "Da coisa julgada no Código de Defesa do Consumidor", p. 390. V. também: "A coisa julgada perante a Constituição, a Lei da Ação Civil Pública, o Estatuto da Criança e do Adolescente e o Código de Defesa do Consumidor", pp. 149 e 150; "O novo processo do consumidor", *RePro* 62.

117. Segundo Ada Pellegrini Grinover, "não se revela doutrinariamente correto afirmar que o Código de Defesa do Consumidor ampliou objetivamente os limites da coisa julgada, porque, quando há o transporte de uma coisa julgada no processo em defesa de interesses difusos e coletivos para beneficiar as vítimas do mesmo dano, o que ocorre parece ser mais uma ampliação do próprio objeto da demanda" ("A coisa julgada perante a Constituição, a Lei da Ação Civil Pública, o Estatuto da Criança e do Adolescente e o Código de Defesa do Consumidor", p. 417).

a ser invocado em eventual demanda visando à reparação de prejuízo individual decorrente, por exemplo, de dano ao meio ambiente reconhecido na ação civil pública.

Aliás, tratando-se de interesses de natureza indivisível, o dogma processual dos limites subjetivos da coisa julgada teve de ceder à realidade, isto é, à absoluta impossibilidade de tais interesses serem cindidos, e, portanto, desdobrados em dois ou mais direitos subjetivos.

Surgiu a necessidade de, ante tal verificação no plano material, ampliar os limites subjetivos da coisa julgada, que passam a atingir até quem não foi parte na relação jurídica material.[118]

Como consequência imediata, tornou-se imprescindível compatibilizar tal extensão com o princípio do contraditório, tão caro à moderna doutrina processual.[119]

Não se pretende tratar, aqui, de temas tão complexos. O objetivo do trabalho consiste apenas em chamar a atenção do processualista para a necessidade de adequar seus conceitos ás peculiaridades do direito substancial, que constitui seu objeto.

Nessa medida, verifica-se a profunda alteração nos limites subjetivos e objetivos da coisa julgada em demandas versando interesses indivisíveis, que acabam alcançando terceiros, que não participaram do contraditório instaurado perante o juiz. Tal ocorre pelo simples fato de haver o direito material instituído essa categoria de direitos, denominados difusos e coletivos. A indivisibilidade do bem implica tratamento uniforme, o que afasta a possibilidade de

118. O Código de Processo Civil/1973 estendia a coisa julgada *erga omnes* às sentenças proferidas nos processos versando sobre questões de estado. Exigia, todavia, a citação dos interessados, o que implicava a necessidade participação no processo de todos aqueles passíveis de serem atingidos pelos efeitos do julgamento (CPC/1973, art. 472). A propósito, remete-se o leitor ao precioso trabalho de Liebman, *Eficácia e Autoridade da Sentença*, onde, em artigo específico, tratou do tema (cf. "Limites à coisa julgada nas questões de estado", pp. 204 e ss.). Utiliza-se ele da ideia de interesses primários e secundários para explicar quais as pessoas legitimadas a ocupar o polo passivo da ação, a fim de que a imutabilidade da sentença atinja legitimamente a terceiros.

119. Cf. Ada Pellegrini Grinover, "A coisa julgada perante a Constituição, a Lei da Ação Civil Pública, o Estatuto da Criança e do Adolescente e o Código de Defesa do Consumidor", pp. 410 e ss.

decisões diferentes. Daí a necessidade de o disposto na sentença se tornar imutável para todos. É, pois, a indivisibilidade do objeto da demanda que determina a extensão dos limites subjetivos da coisa julgada *erga omnes* ou *ultra partes*.[120]

A coisa julgada *erga omnes*, portanto, nos processos cujo objeto seja um interesse difuso ou coletivo, decorre de circunstância inerente à própria natureza do direito, isto é, sua indivisibilidade.

Também nos chamados interesses individuais homogêneos, ou seja, aqueles direitos subjetivos, divisíveis, que, por circunstâncias, receberam tratamento coletivo, a coisa julgada atinge terceiros, mas *secundum eventum litis*.[121]

Tais observações visam a demonstrar que o regime da coisa julgada tem peculiaridades nas demandas coletivas, em virtude da natureza da relação jurídica material, mormente do objeto dessa relação.[122]

28.2 A coisa julgada como qualidade da sentença e de seus efeitos

As variações quanto aos limites objetivos e subjetivos da imutabilidade da decisão, verificadas em função da natureza e de circunstâncias da relação material, devem-se ao fato de que a utilidade prática da coisa julgada reside na estabilização dessas situações da vida, postas pela parte como objeto do processo. A imutabilidade dos efeitos da decisão judicial irá assegurar a eficiência do processo como instrumento de pacificação social. Sem essa qualidade restariam frustrados os escopos da jurisdição.[123]

120. Cf. Ada Pellegrini Grinover, "O novo processo do consumidor", p. 63.

121. Cf. Ada Pellegrini Grinover, "A coisa julgada perante a Constituição, a Lei da Ação Civil Pública, o Estatuto da Criança e do Adolescente e o Código de Defesa do Consumidor", pp. 410-412.

122. Tal circunstância não passou despercebida a Ada Pellegrini, que a destacou nos diversos trabalhos que escreveu a respeito do tema (cf. "Da coisa julgada no Código de Defesa do Consumidor", onde todos esses aspectos são abordados).

123. A conclusão de Adroaldo Furtado Fabrício a respeito do fundamento político da coisa julgada formal é plenamente válida para a material, muito

Por isso, apesar de minoritário, há entendimento doutrinário segundo o qual pretensões, não obstante tenham por objeto direitos diversos daqueles já acertados definitivamente em juízo, mas dedutíveis em defesa ou em reconvenção, não mais podem ser postuladas em processo futuro. Para resguardar a intangibilidade da coisa julgada, demanda posterior, versando sobre situação subjetivamente incompatível, embora diversos os elementos objetivos, não poderia ser proposta. Primeiro, porque deveria a parte tê-la deduzido em defesa ou reconvenção; depois, em razão de o exame do pedido implicar retorno à discussão sobre a atribuição do bem da vida conferido na demanda anterior.[124]

Trata-se de posição doutrinária não adotada no sistema processual brasileiro, ao menos com essa amplitude. Corresponde à eficácia preclusiva da coisa julgada estabelecida de modo mais

embora negue o autor seja a coisa julgada qualidade da sentença ou de seus efeitos: "a própria atividade jurisdicional não poderia realizar seus precípuos objetivos se não chegasse um momento para além do qual o litígio não pudesse prosseguir. É imprescindível colocar-se um limite temporal absoluto, um ponto final inarredável à permissibilidade da discussão e das impugnações. Sem isso, a jurisdição resultaria inútil e não valeria senão como exercício acadêmico, já que permaneceria indefinidamente aberta a possibilidade de rediscutir-se o decidido, com as óbvias repercussões negativas sobre a estabilidade das relações jurídicas" (cf. "A coisa julgada nas ações de alimentos", p. 10).

124. A construção é de Sergio Menchini ("Il giudicato civile", pp. 120-124), para quem tal situação poderia ocorrer em três hipóteses: (a) impossibilidade de exercer direito potestativo à impugnação de negócio jurídico, cuja subsistência, ou existência de alguns de seus efeitos, esteja já acertada definitivamente. Eventual invalidade do negócio é logicamente contrastante com o implícito reconhecimento de sua validade e eficácia, feito no primeiro processo. Entre os exemplos apresentados encontra-se o do devedor condenado a pagar uma prestação do contrato, que estaria impedido de alegar nulidade do negócio em demanda futura, em que se pleiteia a condenação ao pagamento de outra prestação do mesmo contrato; (b) também não poderia o vencido propor ação relativa à titularidade de direito real cujo reconhecimento seja incompatível, no plano substancial, com a situação reconhecida ao vencedor do primeiro processo. Exemplo: afirmado o direito de propriedade em favor de alguém, estaria a parte contrária impedida de reivindicá-la com base em título anterior; (c) por último, não pode o sucumbente exigir contracrédito oriundo da mesma relação jurídica anteriormente decidida em razão da qual se reconheceu crédito da parte contrária. Deveria ele, até o limite deste crédito, ter pleiteado o reconhecimento da compensação.

restrito no art. 508 do CPC e que, segundo parte da doutrina, atinge também a situação do assistente.[125]

De fato. Dispõe o art. 123 do CPC que o assistente, salvo em situações excepcionais ali previstas, não pode discutir, em processo futuro, a *justiça da decisão* após o trânsito em julgado da sentença.

Essa regra tem gerado polêmica, visto não existir concordância quanto ao exato sentido da expressão *justiça da decisão*. Sustentam alguns tratar-se da própria coisa julgada, que para o assistente abrangeria a motivação da sentença.[126]

125. Cf. Cândido Dinamarco, *Litisconsórcio*, pp. 22, nota 37, e 25, nota 42, ao tratar do tema na vigência do Código anterior, cujo art. 55 tinha redação idêntica à do art. 123 do CPC/2015.

126. Para Sérgio Ferraz os motivos da sentença, que, no tocante às partes principais, não são atingidos pela coisa julgada, tornam-se imutáveis para o assistente. Isso implica dizer que o limite objetivo da coisa julgada é mais abrangente para o assistente do que para as partes principais (cf. *Assistência Litisconsorcial no Direito Processual Civil*, p. 81). Segundo Dinamarco, trata-se, na verdade, de eficácia preclusiva da coisa julgada. Tal fenômeno impede a discussão em futura demanda de qualquer ponto ou questão com o objetivo de atingir o objeto da demanda anterior, cuja sentença transitou em julgado. Tudo pode ser novamente discutido e reapreciado desde que não vise a infirmar o julgado. Ocorre que, se o assistente fica impedido de discutir os motivos, ou seja, os pronunciamentos dados incidentemente no processo em que ele interveio, na causa posterior em que figure como parte principal, não se está diante de eficácia preclusiva da coisa julgada. Isso porque essa última demanda tem outro objeto. O que temos, na verdade, é o seguinte: as partes podem em processo posterior rediscutir as questões incidentes já decididas, os fundamentos da decisão, desde que não visem a infirmar a coisa julgada; essa discussão somente é vedada quando o objetivo seja atacar a decisão trânsita em julgado, em razão da eficácia preclusiva da coisa julgada. Já, o assistente está impedido de suscitar tais questões em futuro processo cujo objeto não seja o mesmo. Não parecem idênticas as situações. A eficácia da intervenção do assistente é muito maior do que para as próprias partes, em termos da coisa julgada. Cf., ainda: Ubiratan de Couto Maurício, *Assistência Simples no Direito Processual Civil*; Athos Carneiro, *Intervenção de Terceiros*; Vicente Greco Filho, *Da Intervenção de Terceiros*. No Código em vigor, cf. Bedaque, *Comentários ao Código de Processo Civil*, vol. III, pp. 45-48. Marcus Vinicius de Abreu Sampaio aparentemente concorda com o entendimento aqui sustentado (*Breves Comentários ao Novo Código de Processo Civil*, p. 452). No mesmo sentido, substancialmente: Humberto Theodoro Jr., *Curso de Direito Processual Civil*, vol. I, pp. 379 e 380; Cássio Sacarpinella Bueno, *Comentários ao Código de Processo Civil*,

A coisa julgada visa a impedir conflitos práticos de julgados, pois estabiliza os efeitos da tutela jurisdicional. Faz com que a regra concreta revelada na sentença fique imune a novos julgados e novas normas. Daí dizer-se que o instituto tem finalidade eminentemente prática, destinando-se a conferir estabilidade à tutela jurisdicional.[127]

O sistema processual pretende evitar novos litígios a respeito da mesma situação da vida. Nessa medida, natural que o grau de imunização e seus limites sejam determinados pelas circunstâncias da relação jurídica substancial.

Não obstante a excelência dos argumentos, não procede a crítica, formulada por autorizadíssima doutrina, à conclusão segundo a qual a coisa julgada material consiste na imutabilidade dos efeitos da sentença.[128]

Não se pode negar que, apesar de tipicamente processual, esse instituto tem seus elementos definidores emprestados do direito material. E é muito mais do que mera imutabilidade da decisão, pois torna indiscutíveis os efeitos desta no plano substancial.[129]

A estabilidade não se limita, portanto, à decisão judicial, mas também a seus efeitos. Claro que tal cristalização perdura enquanto a situação da vida regrada pelo pronunciamento jurisdicional permanecer com as mesmas características.

A sentença de mérito formula a regra concreta e a relação de direito material apresentada ao juiz passa a ser regida por essa norma. Limita-se o pronunciamento judicial a declarar di-

vol. I, p. 538; Luiz Henrique Volpe Camargo, *Comentários ao Novo Código de Processo Civil*, p. 204.

127. Cf. José Carlos Barbosa Moreira, "Coisa julgada e declaração", p. 83.

128. Cf. José Carlos Barbosa Moreira, *Temas de Direito Processual*, 3ª Série, p. 99; v. também "Coisa julgada e declaração", p. 89. Segundo entendimento do eminente Professor, a indiscutibilidade atinge não os efeitos, mas o próprio conteúdo da sentença, "como regra jurídica concreta referida à situação sobre que se exerceu a atividade cognitiva do órgão judicial".

129. Sobre a natureza processual e substancial da coisa julgada e as críticas à construção, cf. Corrado Vocino, *Considerazioni sul Giudicato*, pp. 119-123.

reito já existente, a definir os contornos e as circunstâncias de relações jurídicas nascidas do encontro do fato com a norma.[130]

Nada impede, porém, tratando-se de situações jurídicas cuja existência subsista à decisão judicial, que acontecimentos posteriores possam atingi-las, alterando-as. A decisão judicial, obviamente, não pode impedir a ocorrência desse fenômeno. São fatos novos, incidentes sobre a situação da vida objeto de decisão judicial anterior, modificando-a. Mas, enquanto permanecerem as mesmas circunstâncias, a imutabilidade perdura, visto configurar qualidade dos efeitos materiais da sentença. Representa garantia para a parte beneficiada pela decisão. Em consequência desse escopo, aliás, ela própria pode abrir mão da situação de vantagem assegurada pela tutela jurisdicional.

Na verdade, a divergência doutrinária é aparente e está ligada a aspectos terminológicos. Negar a imutabilidade dos efeitos substanciais do ato judicial significa, tão somente, enfatizar o caráter político da coisa julgada. Sustentar que apenas o conteúdo jurídico da sentença torna-se indiscutível implica chamar atenção para a função da coisa julgada no sistema, independentemente de como as partes irão dispor sobre os efeitos substanciais do ato judicial. O que importa, pois, seria a imutabilidade da decisão em si, não de seus efeitos.

Por outro lado, todavia, ressaltar a imunização desses efeitos confere maior relevância ao aspecto da garantia como resultado da coisa julgada no plano material.

Verifica-se claramente esse fenômeno nas demandas alimentícias, cujas sentenças, ao contrário do que se afirma, são passíveis de trânsito em julgado. Apenas a natureza continuativa dessa relação jurídica torna-a muito mais permeável a alterações. Mas enquanto tal não ocorrer a imutabilidade existe. A sentença torna-se imutável, e a relação jurídica nela retratada e regulada também. Não se pode prever, todavia, acontecimentos futuros que venham modificar as características daquela relação continuada, e, portanto, permitir seja-lhe aplicado novo tratamento jurídico.

130. Cf.: Cândido Dinamarco, *Fundamentos do Processo Civil Moderno*, pp. 12-37; Corrado Vocino, *Considerazioni sul Giudicato*, p. 97.

Assim, a imunização da situação substancial será tanto menor quanto mais dinâmica ela se apresentar. As relações alimentícias possuem essa característica especial de intensa mobilidade.[131]

Em tais hipóteses, como a situação fática pode modificar-se, a nova sentença irá regrar relação diversa, não a anterior. A causa de pedir da ação é outra e a decisão judicial irá incidir sobre situação da vida substancialmente diferente. Não há a menor possibilidade, portanto, de conflito prático de decisões, fundamento político da coisa julgada.

Nessa medida, as sentenças chamadas *dispositivas*, que dizem respeito a relações mutáveis ou de trato continuado, também são aptas a transitar em julgado, como qualquer outro provimento de mérito. E permanecem inalteráveis enquanto não variarem as circunstâncias que as determinaram.[132] A hipótese é expressamente regulada pelo art. 505 do CPC/2015.

Coisa julgada nada mais é, pois, do que a imutabilidade da sentença de mérito e de seus efeitos.[133]

Está-se referindo, obviamente, à coisa julgada material.

Fundamental para boa compreensão deste fenômeno é o entendimento sobre o que vem a ser mérito. Examinar o mérito significa analisar fenômeno jurídico trazido de fora do proces-

131. Caracterizam-se, segundo se diz, pela longa duração e por um particular dinamismo: "A obrigação de alimentos, sobre alongar-se, normalmente, por muitos anos, sofre, também, com notável frequência, o influxo de alterações constantes nas suas bases fáticas, naturalmente resultantes do próprio dinamismo da vida de relação, afetando o fundamental binômio necessidade-possibilidade, que rege não apenas a medida da prestação, mas também sua subsistência e ocasionalmente até mesmo o sentido em que flui a relação de débito e crédito" (cf. Adroaldo Furtado Fabrício, "A coisa julgada nas ações de alimentos", p. 20).

132. Liebman conclui, com precisão: "O que há de diverso nestes casos não é a rigidez menor da coisa julgada, mas a natureza da relação jurídica, que continua a viver no tempo com conteúdo ou medida determinados por elementos essencialmente variáveis, de maneira que os fatos que sobrevenham podem influir nela, não só no sentido de extingui-la, fazendo, por isso, extinguir o valor da sentença, mas também no sentido de exigir mudança na determinação dela, feita anteriormente" (*Eficácia e Autoridade da Sentença*, p. 26).

133. Cf. Proto Pisani, "Appunti sul giudicato e sul suoi limiti oggettivi", p. 386.

so. Seus elementos estão no direito material.[134] Corresponde à noção de objeto do processo, como sendo a situação subjetiva afirmada na demanda, sobre cuja existência o juiz é chamado a se pronunciar.[135]

A propósito do tema, a doutrina italiana afirma que o objeto do processo, sobre que incidem a tutela jurisdicional e a coisa julgada, é determinado pelo direito alegado pelo autor.

Essa conclusão pode ser extraída de vários artigos da Constituição e do Código, que indicam o direito afirmado como objeto da demanda e da tutela jurisdicional.[136] Tal direito é determinado pelas normas substanciais, com base nos elementos da ação. Sempre direito, jamais ato ou fato, pode ser objeto do processo e da coisa julgada.[137]

Apontam os processualistas peninsulares também para a dificuldade em estabelecer os limites objetivos da coisa julgada, em função das várias concepções de objeto do processo. Sofrem críticas aqueles que buscam alcançar resultados semelhantes à noção germânica de *Streitgegenstand*, fundada em elementos meramente processuais, sem renunciar à tradição de coordenação necessária entre processo e direito substancial. Essa supervalorização da noção alemã tem sido rejeitada pela ciência processual italiana,[138] que não aceita a desvinculação entre objeto do processo e direito substancial para efeito de extensão objetiva da eficácia da sentença e da coisa julgada.[139]

134. Cf.: Cândido Dinamarco, *Fundamentos do Processo Civil Moderno*, p. 188; Bedaque, *Efetividade do Processo e Técnica Processual*, pp. 243 e ss.

135. Cf. Sergio Menchini, *I Limiti Oggettivi del Giudicato Civile*, p. 45.

136. Art. 24, comma 1º, Cost.: "tutti possono agire in giudizio per la tutela dei propri diritti e interessi legittimi"; 99: "Chi vuole fare valere un diritto in giudizio deve proporre domanda al giudice competente"; e 81 CPC: "nessuno può fare valere nel processo in nome proprio un diritto altrui"; 2.907: "alla tutela giurisdizionale dei diritti provvede l'autorità giudiziaria su demanda di parte"; e 2.697 do CC: "chi vuol fare valere un diritto in giudizio deve provare i fatti che ne costituiscono il fondamento".

137. Cf. Proto Pisani, "Appunti sul giudicato e sul suoi limiti oggettivi", p. 387.

138. Luigi Montesano, "Limiti oggettivi di giudicati su negozi invalidi", pp. 15-51, especialmente nota 3, p. 16.

139. Cf. Sergio Menchini, *I Limiti Oggettivi del Giudicato Civile*, pp. 51 e 52.

De qualquer modo, fixemo-nos no tema central deste trabalho. Sem dúvida, a influência da relação substancial é determinante na fixação dos limites objetivos ao ver da doutrina italiana. Afirma-se, por exemplo, que, tratando-se de relações jurídicas complexas, a coisa julgada se estende ao contrato, sempre que o direito deduzido em juízo seja parte de relação mais ampla. Toda ela seria abrangida pela imutabilidade.

Também a natureza do direito seria fator essencial na determinação do alcance da coisa julgada. Fala-se em direitos relativos e absolutos (*eterodeterminati* e *autodeterminati*). Aqueles são individualizados não apenas pelo seu conteúdo, mas também pelos fatos constitutivos, cuja alteração implica modificação do direito afirmado. Já, os chamados *autodeterminati* não podem subsistir simultaneamente, várias vezes, com idêntico teor, entre as mesmas partes. São individualizados pela mera indicação do conteúdo, sendo desnecessária a descrição do fato constitutivo. Para efeito de objeto do processo e de coisa julgada, a mudança de fato não acarreta alteração do direito afirmado.[140]

Essas referências a especificidades da coisa julgada estão a demonstrar que as várias correntes processuais a respeito dos limites da imutabilidade valem-se, para estabelecer as respectivas conclusões, de dados inerentes ao direito material, ou seja, às peculiaridades e à natureza da relação jurídica substancial.

Todo estudo versando sobre o tema deve iniciar, assim, pela determinação do objeto da demanda, pois sobre ele incidirá a decisão judicial, cujo trânsito em julgado torna imutável.[141]

Daí por que revela-se imprescindível a aproximação dos dois planos jurídicos, sem qualquer preconceito, o que possibilitará o tão almejado aperfeiçoamento do sistema processual.

140. Cf.: Proto Pisani, "Appunti sul giudicato e sul suoi limiti oggettivi", pp. 391 e ss.; José Rogério Cruz e Tucci, *A "Causa Petendi" no Processo Civil*, pp. 99 e ss.

141. "Bisogna, cioè, innansitutto, dirsi con chiarezza che cosa è statuito in modo vincolante dal provvedimento giurisdizionale, che definisce la lite" (Sergio Menchini, *I Limiti Oggettivi del Giudicato Civile*, p. 4).

29. Tutela executiva

Ressalte-se, inicialmente que, tratando-se de tutela executiva, adotou o legislador pátrio classificação feita à luz do direito material a atuar. As especificidades procedimentais do cumprimento de sentença levam em consideração as várias modalidades de obrigação objeto da tutela condenatória (CPC, arts. 520-538). Técnica idêntica é adotada nas execuções fundadas em títulos extrajudiciais (CPC, arts. 806-913).

Como observado pela doutrina, classificação ortodoxamente processual deveria levar em consideração critérios processuais, com terminologia baseada nos meios executivos (execução por expropriação, por desapossamento, por transformação).[142] A opção pelo critério material, todavia, é mais consentânea com a realidade, pois expressa de forma clara a natureza instrumental do processo. Os meios executivos são moldados às necessidades do direito substancial e em função deste classificados.[143]

Exatamente por isso não parece incorreta a opção pelo critério substancial, pois, em última análise, o que interessa é a satisfação desse direito.

142. Cf. Dinamarco, *Execução Civil*, 8ª ed., p. 312. O próprio autor reconhece, todavia, que na Alemanha, berço dos meios executivos, a tentativa de processualizar a classificação não obteve pleno sucesso.

143. Dinamarco, apesar de revelar preferência pelo critério processual, afirma: "Os meios executivos variam segundo a natureza do direito substancial que está à base da demanda deduzida em cada processo de execução, ou do seu objeto, ou da condição do devedor (civil, comerciante; solvente, insolvente). É da experiência comum que uma dívida em dinheiro não comporta execução pelos mesmos meios que servem à execução de dar coisa certa, nem esta se executa de modo idêntico ao da execução das obrigações de fazer ou de não fazer. Nem poderia ser indiferente ao sistema processual a situação patrimonial do devedor, pois a regra da *par condicio creditorum* está a exigir que os débitos do insolvente, valendo mais que o patrimônio que ele tem, sejam proporcionalmente pagos, mediante critério uniforme (ressalvadas as preferências)" (*Execução Civil*, 8ª ed., p. 312). Após identificar a variedade de dados da obrigação levados em consideração pelo legislador para regular as técnicas executivas e destacar a necessidade de adequação da tutela jurisdicional às especificidades da crise de direito material, o autor critica a falta de homogeneidade dos critérios (cf. *Instituições de Direito Processual Civil*, vol. IV, p. 465).

Para o fim de demonstrar a necessidade de reaproximação entre direito e processo, ante o inegável relacionamento que ambos mantêm, deve ser levado em consideração, na tutela satisfativa, o título executivo.

Para torná-la adequada, o legislador vai buscar no direito material situação que revele grande probabilidade da efetiva existência do direito afirmado.[144]

Assim, para justificar as medidas violentas de invasão do patrimônio de alguém deve o suposto credor encontrar-se em situação tal que não deixe margem a dúvidas. Isso se verifica após o pronunciamento judicial sobre a existência do débito e o inadimplemento (tutela condenatória). Mas o legislador também considera que determinadas situações da vida se aproximam dessa certeza, possibilitando àquele que delas participa a utilização da via executiva (títulos extrajudiciais).[145]

29.1 Repensando o processo de execução

A redação original deste tópico do trabalho tinha o seguinte teor:

"Outra é, todavia, a questão fundamental em sede de tutela executiva. Dúvida não há sobre a necessidade de ser repensado todo o processo de execução, incluindo nas reflexões a necessidade de sua manutenção como processo autônomo. A partir de situações tuteladas de forma mais eficaz pelo legislador, que possibilita a autoexecutoriedade de determinadas sentenças condenatórias (despejo, possessórias, alienação fiduciária), passa-se a imaginar a possibilidade de se estender essa técnica a outras hipóteses. Vale a pena meditar, inclusive, sobre as vantagens de uma sentença condenatória referente a quantia prescindir do processo de execução. Bastaria a intimação do réu para cumpri-la em determinado prazo, sob pena de penhora. Seriam

144. Cf. Dinamarco, *Execução Civil*, pp. 454 e 455.

145. Essa coordenação entre o processo de execução e o direito substancial, em função de o título executivo se constituir na situação da vida afirmada, foi muito bem ressaltada por Fazzalari (cf. *Note in Tema di Diritto e Processo*, p. 145).

ressalvadas, evidentemente, as situações excepcionais (como, p. ex., a citação ficta no processo cognitivo). Esse raciocínio é válido para todas as espécies de execução.

"O que não parece mais possível é a oferta de tantas oportunidades ao devedor inadimplente, que, mesmo após reconhecida esta situação pelo órgão jurisdicional, encontra no sistema processual inúmeras formas de se furtar ao pagamento. Nenhum profissional do Direito consegue convencer um leigo da necessidade de, após a sentença que condena o devedor, efetuar-se nova citação deste, com todas as circunstâncias que envolvem esse ato processual. Muito menos explicar-lhe que o executado poderá embargar e suspender a execução, na grande maioria das vezes com intuito nitidamente protelatório. Temos hoje, infelizmente, o processo civil do réu. Na prática, retornamos ao Direito Romano clássico da *actio iudicati*, tantos são os meios protelatórios de que o executado pode utilizar.

"Não se está preconizando a adoção de medidas arbitrárias e violentas, como as previstas no Direito dos povos germânicos que invadiram a Europa Ocidental no início da Idade Média. Pretende-se a solução de compromisso, algo semelhante ao instituto da *executio parata* e ao procedimento denominado execução *per ofício judicis*.[146] Em determinadas situações deve ser atenuado o princípio da demanda no processo de execução, ampliando-se as chamadas ações executivas *lato sensu*, sem prejuízo, evidentemente, do princípio do contraditório.[147]

146. Proferida a sentença condenatória, era suficiente simples requerimento ao juiz, sem necessidade de audiência do devedor, solicitando fossem tomadas as medidas necessárias à satisfação do direito. A *actio iudicati*, que implicava novo contraditório e possibilidade de injustificada protelação, foi reservada para casos excepcionais (cf. Liebman, *Processo de Execução*, pp. 9-13). Para um estudo completo sobre a evolução histórica e o Direito Comparado, cf. Cândido Dinamarco, *Execução Civil*, pp. 29-93.

147. "Nas 'ações executivas *lato sensu*' não fica de modo algum prejudicada a prevalência da garantia constitucional do contraditório (que a Constituição de 1988 estende a todo e qualquer processo: v. art. 5º, LV). O que importa é selecionar adequadamente os casos em que a maior urgência na tutela jurisdicional legitima a concentração do conhecimento e execução num processo só, com restrição à faculdade de oferecer embargos" (Cândido R. Dinamarco, "Os gêneros do processo", p. 21).

"A situação agrava-se ainda mais quando o polo passivo é ocupado pelo Estado. Além das prerrogativas processuais exageradas (prazo em quádruplo para contestar, p. ex.), conta ele com o beneplácito do legislador material. Basta indicar a absurda situação dos precatórios judiciais, cujos credores adquirem direitos para serem usufruídos pelos bisnetos (v. art. 33 das "Disposições Constitucionais Transitórias").

"Ainda em sede do processo de execução, nota-se a enorme distância entre as regras do Código de Processo Civil e a realidade da vida, onde os grandes negócios são realizados por via bancária, dificultando sobremaneira a efetivação de um ato de constrição judicial. É preciso que o sistema processual se atualize, tendo em vista a evolução das relações econômicas verificadas nos últimos anos.

"Uma das soluções para maior efetividade da tutela jurisdicional é a eliminação do processo de execução, nos casos de sentença condenatória referente a obrigações já vencidas; ou, pelo menos, a redução dos casos em que a propositura de nova ação seja necessária. A tutela sancionatória seria automática, independentemente de nova provocação do interessado. Se o réu quiser evitar a invasão de seu patrimônio, deve satisfazer a obrigação no prazo estabelecido na sentença."

As observações então desenvolvidas servem como mero documento de sugestão doutrinária formulada antes da alteração da lei. Optou-se por mantê-las, embora talvez tenham hoje interesse exclusivamente histórico.

Ainda na vigência do Código de Processo Civil/1973 o legislador brasileiro adotou a técnica aqui proposta para as obrigações de fazer, de não fazer e de dar (cf. arts. 431 e 431-A, com a redação dada pelas Leis 8.951/1994 e 10.352/2001). Por força desses dispositivos, deixou de existir processo de execução autônomo nas hipóteses de sentença condenatória cujo objeto seja uma das obrigações referidas. Concedida a tutela cognitiva, o juiz podia determinar as medidas necessárias à sua efetivação no mesmo processo.

Com relação às obrigações de pagar quantia em dinheiro sistemática análoga foi adotada pela Lei 11.232, de 22.12.2005.

Em resumo, a tutela condenatória passou a ser efetivada no próprio processo, após concluída a atividade cognitiva, em fase denominada *cumprimento de sentença.* Com essa nova técnica o sistema teria adotada a chamada tutela executiva *lato sensu.*

As obrigações de fazer, de não fazer e de dar continuaram sendo realizadas coercitivamente, nos termos dos arts. 461 e 461-A, ou seja, no próprio processo cognitivo, em fase posterior à sentença *condenatória.* A mesma técnica foi adotada para as obrigações de pagar quantia em dinheiro (art. 475-J). Com essa providência legislativa o direito processual brasileiro então em vigor teria, de uma penada, eliminado modalidade de tutela cognitiva, a que a doutrina tradicional atribui a denominação de *condenatória.* Com a vigência da Lei 11.232, de 22.12.2005, o sistema brasileiro passou a contar apenas com a também impropriamente chamada tutela executiva *lato sensu*, que, segundo a "Exposição de Motivos", tem carga de eficácia diversa, pois a executividade passa para primeiro plano. A eliminação do binômio condenação/execução constituiria grande avanço doutrinário e prático, visto que integra as fases cognitiva e executiva em apenas um processo.

Não obstante a alteração venha ao encontro das ponderações desenvolvidas no início deste tópico, é preciso cuidado com essas afirmações teóricas, boa parte destituída de significado prático e concreto. Mister entender, até para não criar falsas expectativas, que a alteração do sistema tradicional representa, na realidade, apenas eliminação da citação, ato necessário para validade do atual processo de execução. Quanto à efetivação da tutela jurisdicional, seja ela denominada condenatória ou executiva, serão necessários os mesmos atos materiais destinados a eliminar a resistência do devedor. É claro que a desnecessidade de nova citação constitui providência salutar. Mas daí a afirmar que a tutela passa a ter dose muito maior de efetividade é ignorar a realidade.

A lei em questão, a rigor, alterou aspectos puramente teóricos do sistema processual. A opção pela execução em processo autônomo ou em fase do mesmo processo repercute quase que exclusivamente na concepção desse método estatal de solução de controvérsias. Antes, o que se fazia em dois processos agora se realiza em um, dividido em duas fases. Em lugar de um processo de conhecimento e outro de execução, o novo modelo é constituído por um processo, ao qual se denomina sincrético, com fase cognitiva e fase executiva. As atividades desenvolvidas para eliminação da crise de adimplemento, todavia, são substancialmente idênticas.[148]

O modelo do processo único, com fases cognitiva e satisfativa, foi mantida pelo Código/2015. Para adequar o conceito de sentença à nova técnica, o CPC/2015 adotou a seguinte definição desse ato decisório, no art. 203, § 1º: "Ressalvadas as disposições expressas em procedimentos especiais, sentença é o pronunciamento por meio do qual o juiz, com fundamento nos arts. 485 e 487, põe fim à fase cognitiva do procedimento comum, bem como extingue a execução".

Finda a fase de conhecimento, provisória ou definitivamente, inicia-se o cumprimento de sentença, nos termos dos arts. 513 e ss.

A dificuldade para efetivação da tutela condenatória, todavia, permanece e tem como principal causa a ausência de bens no patrimônio do devedor. Idêntico é o problema no processo de execução fundado em título extrajudicial.[149]

148. Essa alteração no sistema tornou necessária a modificação do conceito de sentença, ato que não tem mais como efeito a extinção do processo (CPC/1973, art. 162, § 1º, c/c arts. 267 e 269). O novo critério leva em conta o conteúdo do ato. Teve como consequência tornar mais difícil a identificação desse ato processual, gerando controvérsias na doutrina e na jurisprudência (cf. meu "Algumas considerações sobre o cumprimento da sentença condenatória", pp. 71-72). Para exame de críticas à concepção da sentença executiva, cf. meu *Efetividade do Processo e Técnica Processual*, pp. 518 e ss.

149. O Exmo. Min. Luiz Fux, Presidente do CNJ, instituiu Grupo de Trabalho (Portarias 272 e 285 de 2020) com o objetivo de "diagnosticar, avaliar e apresentar medidas voltadas à modernização e à efetividade da atuação do Poder Judiciário nos processos de execução e cumprimento de sentença, excluídas as execuções fiscais" (Portaria 272, art. 1º). Os trabalhos estão em curso e já há inúmeras propostas destinadas a conferir maior efetividade

30. *Tutela preventiva*

Merece crítica o legislador brasileiro pela pouca importância dada à tutela preventiva. Preocupa-se principalmente com as medidas reparatórias e sancionatórias, a serem impostas após a lesão ao direito, muitas vezes irreversível. Buscam tais tutelas apenas eliminar o prejuízo já produzido. Mais eficaz é a tutela preventiva, que visa a impedir a ocorrência do dano, ou seja, antes de consumada a lesão ao direito.[150]

Tutela preventiva não se confunde com tutela provisória, pois visa à proteção direta da situação material em si; é definitiva, não tem característica de instrumentalidade hipotética e é satisfativa. Opõe-se à tutela sancionatória, que visa a reparar lesão já ocorrida.[151]

Ambas, todavia, são tutelas adequadas à realidade jurídico-material, na medida em que consideradas pelo legislador processual as circunstâncias da situação da vida sobre que incidirá o provimento jurisdicional. Trata-se de técnica processual construída à luz da visão instrumentalista do processo, o instrumentalismo substancial.[152]

Desde a 1ª edição deste trabalho, já sustentava a necessidade de ampliação da tutela preventiva, isto é, da prestação jurisdicional tendente a, de forma definitiva, evitar o dano. Como a tutela cognitiva, seguida da satisfativa, não é suficiente para assegurar, em todos os casos, o acesso à ordem jurídica justa, necessário se faz estender a outras situações as tutelas específicas previstas em procedimentos especiais, principalmente aqueles

prática ao cumprimento de sentença e ao processo de execução fundado em título extrajudicial, mediante medidas destinadas a assegurar a existência de bens no patrimônio do devedor, suficientes para satisfazer o direito do credor.

150. Cf. Ada Pellegrini Grinover, *O Processo em sua Unidade-II*, p. 71.

151. Cf. José Carlos Barbosa Moreira, "Tutela sancionatória e tutela preventiva", p. 25.

152. Na ótica do instrumentalismo substancial, a que aludimos no capítulo inicial do trabalho, a cognição sumária constitui uma técnica processual relevantíssima para a concepção de um processo que "tenha plena e total aderência à realidade sociojurídica a que se destina, cumprindo sua primordial vocação que é a de servir de instrumento à efetiva realização dos direitos" (Kazuo Watanabe, *Da Cognição no Processo Civil*, p. 110).

de cognição sumária. Não se trata apenas de tutela de natureza provisória.[153] A tutela preventiva destina-se à proteção definitiva da situação de direito material, enquanto a provisória (antecipada ou cautelar) conduz a decisão destinada a assegurar o resultado final, não a resolver o litígio.[154]

Algumas leis extravagantes preveem tutelas dessa natureza (ação popular, mandado de segurança e ação civil pública, por exemplo). Nesses casos, é possível o ajuizamento da demanda preventivamente, visando a evitar que o dano ocorra.

No campo do direito privado, o Código de Processo Civil prevê a tutela preventiva no interdito proibitório e, em certa medida, na nunciação de obra nova. É muito pouco, todavia.

O Código de Processo Civil/2015 adotou técnica que, se corretamente aplicada, pode alcançar esse objetivo. Se não, vejamos.

Sabe-se que, diante da incerteza objetiva e danosa a respeito da existência de relação jurídica material, pode o interessado pleitear sentença que declare o direito, eliminando a situação de dúvida.

Trata-se da tutela cognitiva meramente declaratória. Na redação original do Código de Processo Civil/1973, vencida a obrigação e configurado o inadimplemento, tinha o autor de mover novo processo de conhecimento, apenas para obter o título executivo, consubstanciado na sentença condenatória.

À luz desse quadro, sustentei a inexistência de óbice, ante a existência de indícios claros da intenção do devedor de não cumprir a obrigação, a que pudesse o legislador autorizar o credor a pleitear, além da declaração do direito, a condenação futura, para o caso de a suspeita se confirmar. E acrescentei: "Pois não previu o legislador a possibilidade de o titular de um

153. Cf. Proto Pisani, *Appunti sulla Giustizia Civile*, p. 21.

154. Cf. Ada Pellegrini Grinover, *O Processo em sua Unidade-II*, pp. 72 e ss., que trata do mandado de segurança e do *habeas corpus* como instrumentos de tutela preventiva das liberdades. Ressalta a Professora a superioridade dessa forma de tutela e a pouca atenção a ela dispensada pelo legislador brasileiro no campo das relações de direito privado.

direito lesado pleitear tutela meramente declaratória, providência tão inútil quanto desnecessária?".[155]

Ponderei, ainda, que, "não houvesse a previsão legal – Código de Processo Civil, art. 20 –, seria o autor carecedor da ação se postulasse tutela declaratória e apresentasse como causa de pedir um direito já violado. Haveria flagrante inadequação da prestação jurisdicional à situação declarada. Da mesma forma que, se alguém pleitear a condenação antes do vencimento da obrigação, estará caracterizada a falta de interesse processual, pois o autor não tem necessidade da tutela".

E concluí: "Seria perfeitamente possível, porém, admitir-se existente o interesse processual neste segundo caso, da mesma forma que se aceitou no primeiro. Bastaria a sensibilidade do legislador, para reconhecer a admissibilidade de condenação para o futuro de maneira ampla".

Pois bem. Ainda na vigência do Código anterior, o art. 475-N passou a considerar título executivo extrajudicial a sentença da qual constasse a existência de uma obrigação. Ou seja, a tutela declaratória tornou-se apta a possibilitar o acesso à via satisfativa do cumprimento de sentença. O Código de Processo Civil/2015 contém regra análoga (art. 515, I), mas com diferença relevante. É necessário o reconhecimento, na sentença, da exigibilidade da obrigação.

Em princípio, portanto, a obrigação reconhecida na sentença não depende da verificação de eventual termo ou condição. Caso contrário não seria exigível.

155. Aliás, como bem observa José Carlos Barbosa Moreira, "é pena que o legislador de 1973, tão preocupado com a admissibilidade da mera declaração posteriormente à ofensa, não tenha dedicado pelo menos igual atenção ao caso oposto, no entanto de muito maior interesse prático: mais fácil encontrar quem deseje obter a condenação prévia do devedor que dá sinais claros de pouca disposição para adimplir – manifesta como é, para o credor, a vantagem de munir-se antecipadamente do título, pondo-se em condições de utilizar a via executiva tão logo se concretize o inadimplemento –, do que descobrir quem se interesse pela satisfação 'platônica' de ver simplesmente declarada, sem consequências outras, a existência de direito já violado, ao qual nenhum socorro eficaz prestará o puro acertamento judicial" (cf. "Tutela sancionatória e tutela preventiva", p. 28).

Não obstante isso, o disposto no art. 514 admite sejam esses elementos demonstrados na própria fase do cumprimento da sentença. Assim, parece-me não tenha o legislador observado o significado técnico da expressão. Se os únicos óbices à exigibilidade da obrigações, portanto, forem a existência de termo ou condição, a sentença será passível de cumprimento quando verificado esses fatos, cuja prova será feita na respectiva fase.[156]

Tais regras, bem como a prevista no art. 323, permitem afirmar a adoção, pelo legislador brasileiro, da condenação para o futuro, independentemente da exigência existente no Direito Alemão.[157] Necessária, todavia, a crise de certeza para tornar admissível a tutela declaratória. Reconhecido o direito afirmado na inicial, a respectiva sentença tornar-se-á suscetível de cumprimento coercitivo no futuro se, verificados o termo ou a condição, caracterizar-se o inadimplemento da obrigação.

31. Tutela provisória

Questões inerentes à terminologia processual, muito embora possam parecer acadêmicas na maioria das vezes, são importantes para medir o grau de desenvolvimento da ciência.[158]

Essa observação pode ser aplicada, no âmbito do direito processual, a diversos institutos, entre os quais destaca-se a hoje denominada tutela provisória.

156. Cf.: José Rogério Cruz e Tucci, in *Comentários ao Código de Processo Civil* (obra coletiva), vol. VIII, pp. 264 e 265; Cássio Scarpinella Bueno, *Comentários ao Código de Processo Civil*, vol. I, pp. 118-122; Heitor Vitor Mendonça Sica, in *Comentários ao novo Código de Processo Civil* (obra coletiva), p. 803.

157. Segundo informa José Carlos Barbosa Moreira, o § 259 da Ordenação alemã permite a condenação para o futuro em termos genéricos se as circunstâncias justificarem o receio de inadimplemento da obrigação pelo devedor (cf. "Tutela sancionatória e tutela preventiva", p. 28).

158. "Onde os conceitos estão mal definidos, os fenômenos ainda confusos e insatisfatoriamente isolados, onde o método não chegou ainda a tornar-se claro ao estudioso de determinada ciência, é natural que ali também seja pobre a linguagem e as palavras se usem sem grande precisão técnica" (Dinamarco, *Fundamentos do Processo Civil Moderno*, pp. 101 e 102).

No Código revogado, de 1973, as tutelas jurisdicionais eram divididas em quatro livros. O primeiro e o quarto eram reservados à tutela cognitiva (processo de conhecimento e procedimentos especiais). O segundo tratava da tutela executiva (processo de execução) e o terceiro destinava-se a regular a tutela cautelar (processo cautelar). A cognitiva e a executiva destinavam-se à solução definitiva do litígio. Já, a cautelar tinha por finalidade a realização de providências destinadas a assegurar a eficácia e a utilidade das demais. Daí a necessidade de refletir sobre o acerto da expressão *tutela cautelar*, a partir do conceito de tutela jurisdicional adotado neste trabalho.

Poder-se-ia falar adequadamente em tutela cautelar se, conforme afirmado, a tutela jurisdicional se refere ao mérito, à situação material, e tem por escopo eliminar a crise no âmbito das relações jurídicas? Estaríamos diante de uma tutela autônoma, ou a cautelar não constitui terceira espécie?[159] A classificação adotada pelo Código de Processo Civil revogado e pela doutrina seria homogênea?

No sentido aqui utilizado, talvez fosse impróprio falar em tutela cautelar. Principalmente se se entender, com a maioria da doutrina, inexistir o denominado direito substancial de cautela.[160]

159. Cf. Calamandrei, "Istituzioni di diritto processuale civile", p. 61. Tarzia refere-se a tutela autônoma (*I Procedimenti Cautelari*, p. XV). Para Calamandrei, rigorosamente, o processo cautelar não constitui terceira espécie. Sobre a classificação da tutela cautelar, v. meu *Tutela Cautelar e Tutela Antecipada: Tutelas Sumárias e de Urgência (Tentativa de Sistematização)*, Capítulo V, n. 28, pp. 194 e ss. (6ª ed. com o título *Tutela Provisória Analisada à Luz das Garantias Constitucionais da Ação e do Processo*, pp. 189-198).

160. Segundo afirma Donaldo Armelin, "se direito material existir, por si bastante à conservação ou modificação do *statu quo* ou à eliminação de situação de perigo, será ele atendido através de uma prestação de tutela jurisdicional satisfativa e não cautelar. O caráter autárquico de tal direito dispensa o *periculum in mora* e pode ser invocado a qualquer momento, quando de sua violação, independentemente da existência de um processo ou da iminência de incoação deste. Esse direito de natureza material, que pode, inclusive, exigir uma prestação de tutela jurisdicional cautelar para garantir o equilíbrio entre os litigantes e/ou a eficácia da tutela jurisdicional satisfativa, futura ou pendente, não se confunde com o embasamento da postulação daquela tutela jurisdicional" ("A tutela jurisdicional cautelar", p. 121).

A cautelar, todavia, deve ser concebida como instrumento destinado a conferir efetividade à tutela jurisdicional definitiva, a ser pleiteada sempre que as circunstâncias do caso concreto exigirem. O resultado favorável obtido por essa via não confere ao interessado a tutela jurisdicional no sentido aqui examinado, ou seja, final e definitiva, apta a eliminar a crise de direito material. Servirá tão somente para conferir-lhe eficácia prática. É provisória, portanto, exatamente porque concebida para evitar que o tempo necessário ao desenvolvimento do devido processo legal acabe comprometendo a utilidade da tutela jurisdicional propriamente dita, ou seja, da decisão judicial por força da qual é solucionada a controvérsia.[161]

Fator determinante para a imprecisão a respeito da própria noção de tutela cautelar e de suas várias espécies, a meu ver, consiste na ausência de reflexões adequadas sobre teoria geral do processo.

Em primeiro lugar, a questão deve ser tratada do ponto de vista da natureza do pronunciamento pelo qual é conferida a proteção, não da demanda destinada a obtê-la. A ação deve ser afastada como polo metodológico para estudo desse tema, mesmo porque, como se verá oportunamente, no regime do Código de Processo Civil/2015 a tutela cautelar não requer a propositura de demanda autônoma, como ocorria no Código de Processo Civil/1973. O estudo realizado a partir da natureza e das características da atividade jurisdicional constitui o método mais adequado à compreensão do direito processual.

Como a ação deixou de ser o esteio, o fundamento, o fiel da balança, para a sistematização do método estatal de solução de controvérsias, com mais razão está afastada a postulação de um inexistente direito substancial de cautela.

Os pronunciamentos de natureza provisória, sejam cautelares ou antecipatórios, definem-se em função do objetivo buscado, qual seja, o de assegurar o cumprimento e os efeitos

161. Cf. Armelin, "A tutela jurisdicional cautelar", p. 123.

da atividade jurisdicional. Visam sempre à efetividade da tutela jurisdicional final.[162]

Tendo em vista a noção instrumentalista do processo, acentuada, sobremaneira, pela influência do direito substancial na concepção dessa ciência, não se vislumbra razão plausível para excluir do rol das cautelares aquelas medidas provisoriamente antecipatórias.

Tem-se, pois, por medida cautelar somente aquela representada por providências judiciais destinadas a proporcionar condições para que o processo principal, de conhecimento ou de execução, possa ser eficaz, ou seja apto a produzir "efeitos práticos, concretos e palpáveis". Daí não ser possível, por essa via, conferir mais do que o requerente obteria se concedida a tutela definitiva. Admite-se que a cautelar e a principal constituam medidas idênticas, desde que aquela tenha natureza provisória. Possui, pois, caráter cautelar a liminar em mandado de segurança. As providências não podem, todavia, implicar consequências irreversíveis ou de difícil retorno à situação anterior.[163]

No que se refere às liminares, que antecipam provisoriamente alguns efeitos da tutela final, devem ser consideradas espécies de tutela de urgência, de conteúdo antecipatório, a que parte considerável da doutrina atribui natureza cautelar. Há quem sustente, todavia, não haver identidade absoluta entre liminar e cautelar, embora muitas vezes haja grande semelhança entre elas.[164]

162. Cf. Fazzalari, "Profili della cautela", p. 4.

163. Cf. Teresa Celina Arruda Alvim Pinto, *Medida Cautelar, Mandado de Segurança e Ato Judicial*, pp. 136-138. Daí as seguintes conclusões a respeito do tema, apresentadas pela autora: "25. As medidas de natureza cautelar são aquelas cujo escopo é o de assegurar, garantir, a possibilidade de sucesso concreto do processo principal, seja de conhecimento ou de execução"; "27. Uma das características mais marcantes das medidas cuja natureza pode ser considerada como cautelar é a reversibilidade. Ou seja, a concessão da medida, veiculada por decisão interlocutória ou por sentença, não deve impossibilitar ou dificultar extremamente o retorno ao *statu quo ante*" (p. 163).

164. Cf. Betina Rizzato Lara, *Liminares no Processo Civil*, pp. 22 e ss., para quem a distinção reside em dois aspectos: a liminar implica antecipação dos efeitos fáticos da sentença, o que nem sempre ocorre com a cautelar; a medida cautelar depende de processo próprio, enquanto a liminar é concedida em procedimentos especiais. V. também pp. 62 e ss., onde a autora procura

Registro aqui alteração parcial da posição assumida na 2ª edição deste trabalho. Na verdade, as tutelas de urgência podem possuir conteúdo meramente conservativo ou provisoriamente satisfativo. Neste último caso a satisfação é representada pela antecipação de efeitos da tutela final, mas não em caráter definitivo. A provisoriedade é inerente a ambas, que visam a assegurar a utilidade prática da tutela destinada a solucionar fática e juridicamente a crise de direito material.[165]

É fundamental para caracterizar o provimento como cautelar a existência de nexo de funcionalidade ao sucessivo juízo de mérito (tutela cognitiva). Ainda que se trate de medida antecipatória.[166]

Se inexiste esse nexo trata-se de decisão de mérito emanada de juízo de emergência. Isso não significa, todavia, a impossibilidade de haver coincidência entre o provimento cautelar e aquele de mérito. No Direito Italiano a jurisprudência, embora ressaltando que a tutela cautelar estabelecida no art. 700 do *Codice de Procedura Civile* visa a assegurar provisoriamente os efeitos da decisão de mérito, conclui que sua aplicação não pode ser obstada pela eventual coincidência entre as medidas de urgência e definitiva.[167]

Caracteriza-se, portanto, pela provisoriedade, não constituindo meio idôneo para dar disciplina definitiva à relação substancial

classificar as liminares, que apresentam sempre o caráter de antecipatoriedade, em função da preponderância do aspecto cautelar ou satisfativo. Para Humberto Theodoro Jr. a diferença reside na neutralidade da cautelar ante o resultado do processo principal, enquanto a liminar implica satisfação do direito, ainda que provisória (cf. *Curso de Direito Processual Civil*, vol. II, p. 1.109).

165. Para exame mais aprofundado do tema, cf. meu *Tutela Cautelar e Tutela Antecipada: Tutelas Sumárias e de Urgência (Tentativa de Sistematização)*, especialmente o Capítulo V (6ª ed. com o título *Tutela Provisória Analisada à Luz das Garantias Constitucionais da Ação e do Processo*, Capítulo V).

166. Lottario Dettrich, "Dalla tutela cautelare anticipatoria", p. 682.

167. Aiello, Giacobbe e Preden, *Guida ai Provvedimenti d'Urgenza*, p. 87. Sobre as tutelas de urgência na legislação estrangeira, cf. meu *Tutela Cautelar e Tutela Antecipada: Tutelas Sumárias e de Urgência (Tentativa de Sistematização)*, pp. 36 e ss. (6ª ed. com o título *Tutela Provisória Analisada à Luz das Garantias Constitucionais da Ação e do Processo*, pp. 35 e ss.).

controvertida, pela sumariedade da cognição e, finalmente, pela instrumentalidade quanto ao procedimento de cognição plena.[168]

Não se pode descuidar do perigo de a cautelar se tornar meio de resolução definitiva do direito substancial, em via sumária. O provimento de urgência não pode se transformar em nova forma de tutela, nem se admite assimilar progressivamente a tutela cautelar a uma pronúncia sumária de mérito, com decisão antecipada da controvérsia.[169]

O legislador italiano preocupou-se, ao disciplinar as medidas cautelares (Lei 353, de 26.11.1990), em cercar de garantias a emissão do provimento judicial, para assegurar o contraditório e o possível reexame por parte de outro juiz, preocupado em ressaltar a relação de instrumentalidade que deve ligar a medida cautelar ao processo principal.[170] Duas foram as diretrizes seguidas pela legislação: previsão de uma disciplina geral das medidas cautelares, nominadas ou inominadas, pondo fim à disciplina fragmentária antes existente; e construção de um sistema que assegure tutela imediata, inclusive contra a decisão concessiva da medida cautelar.[171]

Aliás, um dos principais objetivos da lei italiana foi exatamente ressaltar o caráter provisório da tutela cautelar, que acaba se convertendo em forma alternativa de tutela jurisdicional definitiva, em razão de os efeitos produzidos se tornarem irreversíveis. O legislador de 1990 tratou do problema da revogação do provimento de urgência e do controle imediato das medidas cautelares por juiz diverso daquele que proferiu a decisão.[172]

168. Luigi Comoglio e Corrado Ferri, "La tutela cautelare in Italia", p. 973.

169. Luigi Comoglio e Corrado Ferri, "La tutela cautelare in Italia", p. 978.

170. Cf. Achille Salleti, "Appunti sulla nuova disciplina delle misure cautelari", p. 380.

171. Cf. Aldo Attardi, *Le Nuove Disposizioni sul Processo Civile*, p. 229.

172. Cf. Giuseppe Olivieri, "I provvedimenti cautelari nel nuovo processo civile", pp. 688-738. Afirma o autor, citando Tarzia: "L'importanza dell'intervento legislativo nella materia cautelare si spiega – oltre che naturalmente con l'esigenza di accelerare i processi e di renderne più razionale la disciplina – con la necessità di dare più compiuta regolamentazione (in particolare) alle misure cautelari innominate, che 'pensate come strumento sussidiario di tutela provvisoria, si sono effettivamente convertite in una forma alternativa di tutela

Em 13.12.1994, alterou-se o art. 273 do CPC brasileiro de 1973, para introduzir outra modalidade de tutela provisória, com conteúdo antecipatório dos efeitos da decisão definitiva. A partir de então, instaurou-se grande controvérsia na doutrina processual, inclusive sobre aspectos terminológicos desse novo instituto. A antecipação de efeitos prevista no dispositivo mencionado caracterizava-se também pela provisoriedade. Para muitos, todavia, distinguia-se da cautelar por seu caráter satisfativo e não meramente assecuratório.

Jamais concordei com esse entendimento. Como afirmado acima, a tutela antecipada devia ser tratada como espécie de cautelar, ao lado da outra, com conteúdo meramente assecuratório.

Essas reflexões precederam o Código de Processo Civil/2015. A partir da sua vigência a tutela jurisdicional destinada a assegurar o resultado útil do processo recebeu a denominação de "tutela provisória". Está regulada no Livro V, arts. 294 a 311. Compreende a tutela de urgência, cujas espécies são a tutela antecipada e a tutela cautelar, que podem ser pleiteadas em caráter antecedente ou incidente, bem como a tutela da evidência.

A classificação leva em consideração o risco à efetividade da tutela final e os efeitos dela decorrentes no âmbito da relação material (tutela antecipada e tutela cautelar), bem como o grau de probabilidade da existência do direito afirmado (tutela da evidência).

Temos aqui mais uma demonstração da relevância do direito substancial para a sistematização do direito processual. A distinção entre as duas modalidades de tutela jurisdicional de urgência reside exatamente na consequência produzida no âmbito da relação substancial, cujos efeitos podem ser antecipados ou simplesmente assegurados. Além disso, regulamentou-se a tutela provisória da evidência, cuja concessão depende do grau de verossimilhança do direito afirmado (art. 311).

giurisdizionale: la specie più difusa e più importante di una giurisdizione, in linea di diritto, provvisoria, ma in realtà spesso definitiva per l'irreversibilità degli effetti prodotti'" (p. 689).

31.1 A função cautelar do mandado de segurança

Nessa mesma linha, configurava evidente demonstração de sensibilidade jurídica a aceitação, no sistema do Código anterior, do mandado de segurança como meio destinado a atacar decisão judicial. Há casos em que o resultado do processo estaria definitivamente comprometido se determinadas decisões produzissem imediatamente seus efeitos. Ante a falta de outro instrumento processual para evitar o dano irreparável ou de difícil reparação, doutrina e jurisprudência admitiam a utilização do mandado de segurança. A eventual inutilidade da decisão e o dano irreparável eram aferidos à luz do direito postulado pelo impetrante, no processo em que o provimento jurisdicional teratológico foi proferido.[173]

Aliás, talvez até fosse desnecessária a via do mandado de segurança para esse fim. Até a modificação no regime do agravo no Código de Processo Civil/1973 pela Lei 9.139, de 30.11.1995, eram taxativas as hipóteses nas quais o legislador processual admitia a possibilidade de ao agravo ser conferido efeito suspensivo, medida a ser eventualmente adotada pelo próprio juiz de primeiro grau, a quem o recurso era encaminhado (CPC, art. 558). Não obstante isso, normalmente aguardava-se fosse a providência pleiteada no tribunal. De qualquer modo, também em situações não incluídas na previsão legal, a concessão de efeito suspensivo poderia ocorrer em primeira instância, sem qualquer violação ao sistema. Como se tratava de verdadeira tutela urgente e provisória, podia o juiz valer-se do poder geral de cautela e obstar aos efeitos da decisão, caso vislumbrasse risco de dano irreparável ou de difícil reparação.[174]

173. Cf. José Ignácio Botelho de Mesquita, "O mandado de segurança, contribuição para seu estudo", p. 130. Sobre o tema, v. amplo estudo de Teresa Arruda Alvim Pinto, *Medida Cautelar*, *Mandado de Segurança e Ato Judicial*.

174. A advertência de Dinamarco é pertinente: "a consciência dessa realidade não chegou ainda, todavia, aos juízes de primeiro grau. Salvo raríssimas exceções, intimidam-se e, entre cumprir a lei e salvar o direito, preferem a legalidade. Mas, se o sistema jurídico-positivo como um todo (ali incluída a Constituição Federal) quer que em certos casos o agravo de instrumento tenha efeito suspensivo, inexiste razão lógica ou ética, ou mesmo hierárquica, para que somente os juízes de grau superior possam atribuir-lhe tal eficácia. Também

A partir da Lei 9.139/1995, o problema ficou muito reduzido, visto que o agravo de instrumento passou a ser interposto diretamente no tribunal, competindo ao relator o exame de eventual pedido de suspensão dos efeitos da decisão agravada ou de antecipação da eficácia da tutela recursal (CPC, arts. 527, III, e 558).

Com a ampliação da admissibilidade dessa espécie de tutela de urgência, reduziram-se substancialmente as situações em que o mandado de segurança se revela necessário.

Também com o fim de conferir efetividade ao resultado do processo, o STF e o STJ admitiam ação cautelar para conferir efeito suspensivo a recurso especial ou extraordinário.[175]

aqui augura-se que um compromisso com essa mentalidade moderna leve os juízes a se anteciparem aos tribunais em casos concretos e, sem transgressão ao sistema ou infidelidade à lei como um todo, passem a fazer o que manda a justiça" ("Os gêneros do processo e o objeto da causa", p. 20).

175. A propósito, vale lembrar a interessante observação de Teresa Celina Arruda Alvim Pinto na vigência do Código de Processo Civil/1973 a respeito da aceitação pelo STJ da ação cautelar para conferir efeito suspensivo a recurso especial. Nos casos analisados, afirma que o mandado de segurança configuraria pedido juridicamente impossível, visto que inexistente direito líquido e certo contra o ato impugnado. Mais acertada, uma vez presente a plausibilidade do direito, a utilização da cautelar, fundada no art. 34, V e VI, do Regimento Interno, que consistiria em decorrência do poder geral de cautela do magistrado: "Pensamos que admitir-se o mandado de segurança para dar efeito suspensivo a recurso diante da prova de mero *fumus boni iuris* é, no mínimo, contra a lei. Poder-se-ia pensar no argumento de a parte ter direito líquido e certo ao julgamento eficaz do recurso, e, portanto, não seria necessária a prova de direito líquido e certo *contra o ato impugnado*, mas a mera probabilidade de que ao recurso fosse dado provimento, para que nascesse, para a parte, o direito líquido e certo de que fosse *eficaz* o julgamento do recurso contra a decisão interposto. Acreditamos, entretanto, que, rigorosamente, nestes casos e noutros semelhantes não caberia à parte lançar mão do mandado de segurança, mas de uma medida cautelar, tendo em vista a circunstância de que são os requisitos desta medida, e não outros, que a parte preenche" (*Medida Cautelar, Mandado de Segurança e Ato Judicial*, pp. 147 e 148). Esta solução já foi por mim defendida em conferência proferida na Associação dos Advogados de São Paulo, em 16.5.1989, sob o título "Decisões interlocutórias e os remédios contra atos do juiz: agravo de instrumento e mandado de segurança". Sem conhecer minha posição, a professora. Teresa Arruda Alvim vem a ela aderir, o que implica considerável reforço doutrinário. Não obstante continue entendendo mais adequado o pedido de tutela cautelar, admito a utilização do mandado de segurança para obtenção de efeito suspensivo nas situações

No Código em vigor, o efeito suspensivo pode ser atribuído a qualquer recurso pelo relator (arts. 995, parágrafo único; 1.012, §§ 3º e 4º; 1.019, I; 1.026, § 1º; e 1.029, § 5º).

excepcionais em que o recurso não é apto a impedir dano grave a quem o interpõe. Hipótese muito comum é a regulada pelo art. 558, parágrafo único, do CPC. Interposta apelação sem efeito suspensivo (art. 520), pode a parte pleiteá-lo em primeiro grau. Indeferido o pedido, caberia agravo de instrumento (TJSP, 22ª Câmara de Direito Privado., AI 7.214.431-5, Araraquara, j. 12.2.2008, v.u.; TJSP, 22ª Câmara de Direito Privado, AI 7.156.318-5, São Bernardo do Campo, j. 13.11.2007, v.u.). Mas, em razão das inúmeras posições doutrinárias a respeito do tema, e tendo em vista aspectos eminentemente pragmáticos, tenho examinado a pretensão mesmo se deduzida diretamente no tribunal, pela via do mandado de segurança ou da cautelar (TJSP, 1ª Câmara de Direito Público, MC 343.377-5/0, São Paulo, j. 21.9.2004; 1º TACivSP, 12ª Câmara, MS 961.940-9, São Paulo, j. 7.11.2000, v.u.).

Nos Tribunais Superiores a matéria é regulada nos respectivos Regimentos como modalidade de tutela cautelar (RISTF, art. 21, IV; RISTJ, art. 288). Em decisão relatada pelo eminente Min. Sálvio de Figueiredo assim se pronunciou a 4ª Turma do colendo STJ: "I – Consoante jurisprudência do Tribunal, com suporte em norma regimental, presentes os pressupostos do *fumus boni iuris* e do *periculum in mora*, admite-se em casos excepcionais, restritivamente considerados, a concessão de cautelar para comunicar efeito suspensivo a recurso especial, em atenção aos princípios da instrumentalidade e efetividade do processo. II – Tal deferimento, dada a possibilidade de lesão dificilmente reparável, independe de prévia admissão do recurso especial interposto" (*DJU* 31.8.1992, p. 13.650; v. também 3ª Turma, Ação Cautelar na Pet. 407-3-PR, STJ, rel. Min. Eduardo Ribeiro, *DJU* 10.5.1993, p. 8.630). Exigindo a existência de processo em fase recursal já instaurada perante o STF, cf. Pet. 467-1/170-DF (Medida Cautelar Inominada – Medida Liminar), rel. Min. Celso de Mello, *DJU* 22.3.1991, p. 3.057; v. também *DJU* 28.5.1992, pp. 7.638 e 7.639. Mais recentemente, o mesmo eminente Min. Celso de Mello afirmou que: "Circunstâncias excepcionais, contudo, têm dado lugar, nesta Corte, à concessão de efeito suspensivo ao recurso extraordinário interposto, desde que utilizada, pelo interessado, providência processual juridicamente idônea. Vale dizer, esta Suprema Corte – uma vez proferido o juízo de admissibilidade do recurso extraordinário – tem, em situações de absoluta excepcionalidade, deferido eficácia suspensiva ao apelo extremo, desde que requerida, nos termos do que prescrevem os arts. 8º, I, 21, IV, e 304, todos do seu Regimento Interno, a competente medida cautela inominada (*RTJ* 110/458, 112/957)". Cf. AI 144.799-I-SP, *DJU* 17.5.1993, p. 9.256; v. também Pet. 734-4-RO, rel. Min. Carlos Velloso, *DJU* 23.6.1993, p. 12.500. Se o apelo extremo recebeu juízo negativo de admissibilidade na instância *a quo*, a medida cautelar é indeferida liminarmente, ainda que interposto agravo de instrumento (cf. 1ª Turma, AgR na Pet. 721-2-SP, rel. Min. Celso de Mello, *DJU* 13.8.1993, p. 15.675). V. também Theotônio Negrão e José Roberto F. Gouvêa, *Código de Processo Civil e Legislação Processual em Vigor*, pp. 2.098-2.099 e 2.039-2.044.

A alternativa do mandado de segurança para esse fim, portanto, tornou-se praticamente desnecessária. Aliás, não pode a técnica processual ser totalmente subvertida, a pretexto de fazer justiça, mediante a banalização dessa via processual. Sua utilização para atacar ato judicial deve ser admitida de maneira absolutamente excepcional, apenas para cobrir as falhas do sistema. Não pode ser aceito como alternativa, à livre escolha do interessado.[176] Exatamente por isso, é vedado a quem abriu mão de meio processual adequado e eficaz para evitar dano a seu interesse valer-se do *writ* para atacar sentença transitada em julgado[177] ou impugnar decisão de inadmissibilidade de recurso.[178] Para essas situações o sistema processual é dotado de vias específicas.

31.2 Admissibilidade da tutela provisória

Os requisitos exigidos pelo legislador para concessão da tutela provisória variam em conformidade com a espécie pleiteada. Se urgente, necessária a demonstração do perigo de dano ao resultado útil do processo e da verossimilhança do direito (art. 300). Já a tutela da evidência é admissível se a situação apontada pelo autor se subsumir em uma das hipóteses descritas no art. 311. A verificação de tais requisitos é feita à luz da relação material deduzida em juízo e, mediante cognição superficial, é possível ao juiz concluir sobre se a concessão da medida é, em tese, viável. Por isso, se formular o pedido de tutela provisória em caráter antecedente, deve o autor indicar o pedido da tutela final e expor a lide com o respectivo fundamento (arts. 303 e 305).

Ao fazer essa análise inicial, considerando tão somente os elementos indicados pelo requerente, o juiz já tem condições de verificar se a pretensão é admissível, Se negativa a resposta,

176. Cf. Kazuo Watanabe, *Controle Jurisdicional e Mandado de Segurança Contra Atos Jurídicos*, p. 106.

177. Cf.: Teresa Arruda Alvim Pinto, *Medida Cautelar*, *Mandado de Segurança e Ato Judicial*, p. 72; TJSP, Câmara Especial, MS 13.115-0, São Paulo, rel. Des. César de Moraes, j. 24.10.1991.

178. Cf. STJ, 3ª Turma, RMS 1.869-6-SP, rel. Min. Dias Trindade, *DJU* 23.8.1993, p. 16.575.

pode rejeitá-la de plano, pois desnecessária a prática de atos pertinentes a esse pedido.

Pois bem. A tutela provisória não visa diretamente à atuação do direito substancial. Seu escopo não é colocar fim a litígio, oferecendo tutela jurisdicional definitiva, mas apenas contribuir para a eficácia prática do processo, assegurando, inclusive, o equilíbrio entre os litigantes.[179] Ainda assim, aspectos da relação material influem decisivamente na própria admissibilidade da medida.

E, pela própria natureza dessa modalidade de tutela, a cognição feita pelo juiz da relação material jamais será exaustiva. Mesmo para concessão da tutela, o juízo limita-se à verossimilhança. Contenta-se ele com a mera plausibilidade, possibilidade. Como a cognição é sempre superficial, sumária, o *fumus* e o *periculum* dizem respeito sempre ao mérito da tutela provisória, pois o juiz se contenta com essa análise superficial da situação de direito material para deferir ou não a medida.[180] O provimento tem objeto dúplice: provável existência do direito e possibilidade de dano.[181]

A cognição inicial feita pelo juiz, destinada exclusivamente ao exame da adequação, em tese, da situação descrita pelo requerente ao modelo legal, é semelhante, em termos de profundidade, à realizada com o fim de identificar as condições

179. Segundo afirma Adolfo Gelsi Bidart, o que caracteriza o processo cautelar consiste exatamente no fato de estar ele a serviço de algo ulterior, para assegurar sua eficácia: "un elemento procesal en asistencia o garantía de otro elemento también procesal. Si lo que se garantiza es algo fuera del proceso, en ámbito sustantivo, ya no estamos en lo propiamente – en nuestro concepto – cautelar, sino en el ámbito del proceso preventivo" (cf. "Tutela procesal 'diferenciada'", p. 102).

180. Sustentando que o *periculum in mora* e o *fumus boni iuris* constituem o mérito da cautelar, cf. Marinoni, *Tutela Cautelar e Tutela Antecipatória*, p. 142.

181. Luigi Comoglio e Corrado Ferri, "La tutela cautelare in Italia", pp. 963 e ss. Distinguem dois tipos de perigo: a imutabilidade do futuro provimento; o retardamento desse mesmo provimento. Para o primeiro o Código prevê a ação cautelar atípica (art. 700), que admite ampla discricionariedade do juiz. Tutela o próprio direito, na ausência de tutela sumária. Não deve ter necessariamente caráter antecipatório e pode ser quantitativamente diverso daquele futuro (cf. pp. 975-977).

da ação, necessárias ao julgamento do mérito e eliminação definitiva da crise de direito material. Trata-se simplesmente de conclusão sobre a admissibilidade do exame da tutela provisória em concreto, para o fim de concedê-la ou rejeitá-la. Superada essa etapa, passa-se à verificação de efetiva presença, ou não, dos requisitos necessários à concessão da tutela provisória. O grau de profundidade desse exame, todavia, permanece relacionado à probabilidade, à verossimilhança. Não há juízo de certeza.

Em síntese: para verificar as condições da ação no pedido de tutela definitiva o juiz trava contato com a relação material, na forma de cognição superficial, *in statu assertionis*. Para acolher ou rejeitar o pedido de tutela provisória, análogo é o exame realizado pelo juiz. Não obstante a semelhança no que se refere à profundidade da cognição, diferem os elementos da relação material analisados em um e outro, mesmo porque a conclusão sobre o pedido de tutela provisória pode ser precedida de produção de prova, o que, em princípio, não ocorre com as condições da ação.

De todo o exposto, não obstante as diferenças e considerada a ideia central deste trabalho, aponta-se, também, a relevância da relação de direito material para a solução de aspectos processuais.

31.3 Tutela provisória cautelar e relação material

Era corrente o entendimento segundo o qual a tutela cautelar, hoje considerada espécie de tutela provisória, constituía mecanismo puramente processual, visando a conferir eficácia à tutela jurisdicional final. Parece-me importante insistir no equívoco dessa posição, conforme já exposto acima. Não obstante providência de natureza instrumental, pois visa a assegurar o resultado da tutela final, estão presentes também nessa modalidade de tutela elementos inerentes ao direito material. Muito embora a concessão da medida independa da existência ou inexistência do direito da parte, requer-se, ao menos, a plausibilidade dos fatos deduzidos como fundamento da pretensão, ou seja, o *fumus boni iuris*. A existência do direito deve ser verossímil. Além disso, é necessário configurar-se a situação de perigo para o direito e, portanto, para a eficácia da medida definitiva.[182]

Reconhece-se haver especificidades, principalmente quanto à profundidade da cognição feita pelo juiz sobre a realidade externa ao processo. O acolhimento do pedido, todavia, depende fundamentalmente de dados fornecidos pelo direito material. Tais requisitos, o *fumus* e o *periculum*, constituem elementos da relação jurídica substancial. Verifica-se, pois, que a peculiaridade do caráter instrumental inerente à tutela provisória não dispensa o exame de aspectos do direito material.

Também as tutelas provisórias meramente assecuratórias, denominadas cautelares pelo legislador de 2015, têm em seu conteúdo aspectos relacionados ao mérito. Além disso, embora indiretamente, visam à proteção do possível direito.[183] Mesmo se considerado seu caráter duplamente instrumental, qualquer medida provisória de urgência, antecipada ou cautelar, visa a assegurar a eficácia da tutela satisfativa e final. Não se pode negar, pois, a relação entre cautelar e mérito. Em última análise, a providência assecuratória protege o próprio direito material.

Nessa medida, a garantia jurisdicional dos direitos deve encontrar atuação também na vertente da tutela de urgência cautelar.[184]

O poder de agir em juízo não se limita ao direito de pedir, mas abrange o de obter tutela efetiva. Daí por que a garantia constitucional compreende também o direito à tutela provisória,

182. Como observa Armelin: "Sempre que existir a possibilidade de ocorrerem danos graves ou irreparáveis para o titular de um direito, ainda que meramente *in statu assertionis*, e não houver possibilidade de se invocar o processo veiculador da pretensão à prestação de tutela jurisdicional do tipo satisfativo, ou ainda sempre que o desequilíbrio entre as partes seja gritante, a tutela do tipo cautelar terá seu cabimento e indeclinabilidade garantidos" ("A tutela jurisdicional cautelar", p. 116).

183. Cf. Fazzalari, "Profili della cautela", p. 7.

184. Cf. Ferrucio Tommaseo, "La tutela cautelare d'urgenza nelle procedure concorsuali", p. 133. Refere-se o autor à orientação da Corte Constitucional italiana nesse sentido.

sempre que necessária.[185] Andou bem o legislador constitucional, portanto, ao prever a tutela provisória inominada, visando à garantia do princípio da efetividade da jurisdição (CF, art. 5º, XXXV).

Existe necessário e incindível nexo de instrumentalidade entre a tutela de urgência e o julgamento de mérito. Por isso, impõe-se considerá-la instrumentalmente ligada a outra medida, destinada a eliminar definitivamente, com utilidade, a crise verificada na relação substancial.[186]

Toda a problemática envolvendo as tutelas de urgência, desde sua classificação até o alcance de seus efeitos, não pode prescindir da situação da vida sobre que a tutela irá atuar. A solução adequada para essa intrincada questão processual depende fundamentalmente do direito material.[187]

31.4 Antecipação dos efeitos da tutela jurisdicional mediante cognição sumária

Distingue-se a tutela provisória antecipada da sumária definitiva, pois esta última tem por escopo, e em caráter excepcional, a realização antecipada e definitiva do próprio direito da parte, não apenas dos efeitos. Constitui técnica informada pela visão instrumentalista do processo, concebida em função das necessidades e especificidades do direito material. Daí falar-se em tutela jurisdicional diferenciada.[188] Embora ambas sejam precedidas de

185. Luigi Comoglio e Corrado Ferri, "La tutela cautelare in Italia", pp. 979 e 980. O direito constitucional brasileiro já prevê expressamente a garantia da ação frente à ameaça ao direito.

186. Cf. Tommaseo, "La tutela cautelare d'urgenza nelle procedure concorsuali", p. 153.

187. Para um resumo das diversas tendências existentes no Direito Italiano sobre a natureza e o alcance das medidas concedidas à luz do art. 700 do *Codice di Procedura Civile*, cf. Aiello, Giacobbe e Preden, *Guida ai Provvedimenti d'Urgenza*, pp. 3-6.

188. "A tutela sumária antecipatória, como vimos, destina-se à realização antecipada do direito da parte. Portanto, é uma espécie de tutela jurisdicional diferenciada. Tutela jurisdicional diferenciada quer significar, em um certo sentido, tutela adequada à realidade do direito material. Se uma determinada pretensão de direito material está envolvida numa situação emergencial, a única

cognição não exauriente, a provisória destina-se tão somente a assegurar a utilidade do resultado final, seja conservando bens ou situações (cautelar), seja antecipando provisoriamente alguns efeitos da tutela final (antecipada).

A técnica da tutela sumária antecipada, provisória ou definitiva, adotada pelo legislador em situações específicas, visa a assegurar o efetivo acesso à Justiça.[189]

É adequada, segundo orientação de respeitada doutrina, às hipóteses nas quais ficarem caracterizados o abuso do direito de defesa ou a ausência de seriedade no seu exercício. Justifica-se, ainda, quando visa a assegurar a efetividade da tutela jurisdicional relativa a direitos ou situações de vantagem de conteúdo não patrimonial, cujos titulares estão sujeitos a prejuízos não suscetíveis de reparação pelo equivalente monetário. O mesmo ocorre nas situações que devem permanecer inalteradas pelo tempo necessário à emissão da tutela de cognição plena.[190]

A esse rol pode ser acrescentada, mesmo porque admitida pela lei brasileira, hipótese genérica de risco de dano ao resultado útil do processo, independentemente da natureza do bem da vida objeto da controvérsia. Afasta-se, pois, em situações específicas e expressamente previstas pelo ordenamento, a limitação quanto ao conteúdo não patrimonial do objeto da proteção.

Verificada uma dessas situações, o legislador pode optar entre a solução definitiva e a provisória, sendo esta última alternativa a mais comum.

Em caráter excepcional, todavia, admite-se a concessão de tutelas precedidas de cognição sumária, aptas à solução da crise de direito material. Basta conferir-lhes natureza definitiva, embora muitas vezes sem atribuição da imutabilidade decorrente

forma de tutela adequada desta pretensão é aquela que pode satisfazer com base em cognição sumária" (Luiz Guilherme Marinoni, "Considerações acerca da tutela de cognição sumária", p. 290). Sobre a ideia de tutela diferenciada, v. meu "As formas diferenciadas de tutela no processo civil brasileiro", pp. 125 e ss.

189. Cf. Proto Pisani, *Appunti sulla Giustizia Civile*, p. 313.

190. Cf. Proto Pisani, *Appunti sulla Giustizia Civile*, pp. 214 e 215 e 244 e 245.

do trânsito em julgado. Admitem-se, portanto, tutelas sumárias e definitivas, não obstante passíveis de modificação ulterior, em outro processo, por força de nova demanda.

Até a 3ª edição deste trabalho, sustentei haver o legislador brasileiro adotado essa modalidade de tutela em algumas situações. Transcrevo em seguida o trecho correspondente a esse entendimento: "Trata-se de técnica adotada pelo Código de Processo Civil em alguns procedimentos especiais, como nas demandas possessórias de força nova, nos embargos de terceiro e outras. Nesses casos, prescinde-se do *periculum in mora*, sendo suficientes a relevância do bem jurídico tutelado, a plausibilidade do direito afirmado pelo autor e a ausência de argumentos sérios de defesa. Esta tutela sumária antecipatória foi adotada, segundo prestigiada corrente doutrinária, pelo art. 12 da Lei n. 7.347, de 24.7.1985".[191]

Teríamos, aqui, espécie de tutela liminar do direito, sem a característica da provisoriedade.[192]

Como já afirmado em outra oportunidade, alterei em parte minha posição a respeito do tema. Os exemplos acima configuram tutelas sumárias, mas provisórias, cuja concessão, excepcionalmente, pode não depender de perigo de dano. Não se confundem, pois, com as sumárias definitivas.

O legislador, considerando a natureza do direito material, possibilita a antecipação, ainda que inexistente risco concreto à efetividade da tutela final. Trata-se de medidas destinadas a afastar tão somente os efeitos danosos do tempo. Mas são hipóteses de antecipação provisória de efeitos da tutela final, não

191. Cf. Donaldo Armelin, "Tutela jurisdicional do meio ambiente", pp. 55 e 56, para quem a tendência de "ordinarização" do processo, "que o incompatibiliza com as antecipações provisórias de natureza satisfativa, deve ceder passo a técnicas que o tornem mais adequado à efetividade da prestação jurisdicional a que serve" (p. 56).

192. Cf. Arruda Alvim, "O Código de Processo Civil, suas matrizes ideológicas, o ambiente sociopolítico em que foi editado e as duas décadas que se lhe seguiram, com suas novas necessidades – A complementação do sistema processual – Processo e procedimento, no sistema constitucional de 1988", p. 26.

de tutelas sumárias e definitivas.[193] O Código/2015 sistematizou essa espécie de tutela provisória, denominando-a *tutela da evidência* (CPC, art. 311).

Estabelecida essa premissa, as considerações que se seguem permanecem inalteradas, mesmo porque o objetivo do trabalho está limitado à demonstração do nexo de interdependência entre o direito material e o direito processual.

Determinadas situações da vida não comportam a cognição plena e exauriente do procedimento comum, pois requerem proteção mediante tutela mais célere, mesmo se precedida de cognição sumária.[194]

Não só a morosidade da tutela tradicional mas principalmente o desenvolvimento das relações sociais geraram novas necessidades que não podem ser desprezadas pelo processualista. É preciso dar maior atenção também às tutelas provisórias ou definitivas não urgentes, que, se corretamente empregadas, constituem meios eficazes de acesso à ordem jurídica justa.[195]

O processo precisa adequar-se a tais exigências, pois a função jurisdicional somente atingirá plenamente seus escopos se assegurar ao titular de um direito a tutela desejada. Para tanto, não se pode pretender que um modelo processual sirva para conferir proteção a toda espécie de relação substancial.[196]

193. Cf. meu *Tutela Cautelar e Tutela Antecipada: Tutelas Sumárias e de Urgência (Tentativa de Sistematização)*, pp. 126 e ss., esp. ns. 10, 11, 23, 25, 26, 29, 32 e 38-44 (6ª ed. com o título *Tutela Provisória Analisada à Luz das Garantias Constitucionais da Ação e do Processo*, pp. 130 e ss.).

194. Cf. Proto Pisani, *Appunti sulla Giustizia Civile*, p. 39.

195. Sobre as razões da expansão da tutela provisória, cf. Fritz Baur, *Tutela Jurídica Mediante Medidas Cautelares*, pp. 15-18. Classifica o autor as medidas de tutela temporária em primária ou antecedente e secundária ou incidente, dependendo de o provimento judicial criar ou não um título jurídico (cf. pp. 19-29). Tal classificação é importante, segundo ele, para estabelecer o grau de dependência que a tutela provisória tem do direito material (pp. 32 e 33).

196. "L'analisi condotta nel corso di questo studio sui rapporti tra diritto sostanziale e processo, mostra come la funzione giurisdizionale, per assolvere il suo scopo primario di assicurare al titolare del diritto le estesse utilità garantitegli dal diritto sostanziale, devva articolarsi in modo estremamente vario e complesso" (Proto Pisani, *Appunti sulla Giustizia Civile*, p. 64).

A cognição sumária pode ser utilizada, pois, tanto para verificação da admissibilidade das tutelas provisórias, quanto para as antecipações de caráter definitivo. Em qualquer dessas hipóteses, todavia, a tutela não deve adquirir a qualidade da coisa julgada. Nas antecipações provisórias verifica-se a satisfação de efeitos fáticos da tutela final, ao passo que nas cautelares conservativas apenas se evita o dano mediante proteção a bens ou pessoas, garantindo a utilidade do provimento final. Aquelas têm caráter satisfativo, embora provisório, pois existe identidade parcial entre sua eficácia e a do provimento final. Nas conservativas não ocorre esse fenômeno.[197] Não obstante, ambas são instrumentais em relação à tutela satisfativa e final.

A tutela mediante cognição sumária, todavia, por sua instabilidade, deve ser admitida em situações excepcionais, principalmente se concedida em caráter definitivo. Preferível sua adoção no curso do procedimento de cognição plena, mediante antecipação provisória do provimento final.[198]

31.5 Tutela provisória de urgência: cautelar e tutela antecipada

A noção de devido processo legal compreende, segundo consagrada construção doutrinária, os princípios do contraditório, da ampla defesa, da publicidade, do juiz natural, do tempo razoável, além de outros. Se, de um lado, o respeito a tais garantias constitui pressuposto do acesso à ordem jurídica justa, de outro,

197. Em sentido contrário: Marinoni, *Tutela Cautelar e Tutela Antecipatória*, pp. 58 e 142.

198. Cf. Donaldo Armelin, "Tutela jurisdicional diferenciada", pp. 49 e ss. Segundo Fazzalari os provimentos cautelares podem ser concedidos mediante mero procedimento (*inaudita altera parte*) ou em processo, no qual as partes atuam em contraditório (cf. "Profili della cautela", p. 9). No Brasil há propostas legislativas destinadas a conferir estabilidade à antecipação de efeitos da tutela jurisdicional. Em princípio provisória (art. 296), a tutela antecipada poderia tornar-se definitiva, e até adquirir a imutabilidade inerente à coisa julgada, se ambas as partes se conformarem com esse resultado e não provocarem o andamento do processo. Essas propostas podem ser encontradas no sítio do Instituto Brasileiro de Direito Processual (*www.direitoprocessual.org.br*).

a excessiva demora dos processos pode implicar ineficácia da tutela jurisdicional.[199]

Muitas vezes o tempo necessário ao desenvolvimento normal do processo, até o pronunciamento final sobre a crise de direito material, constitui verdadeiro óbice à tutela do direito. Nesses casos verifica-se a existência de conflito entre a já referida tutela pela via específica e o tempo necessário à observância das garantias do devido processo legal. Não se pode admitir que a demora do procedimento possa tornar praticamente inútil a tutela jurisdicional, o que implica benefício injustificado a uma das partes.[200] Foi pensando no aspecto procedimental, aliás, que a Comissão constituída para elaboração do novo Código de Processo Civil brasileiro incluiu regra, infelizmente alterada na redação final, conferindo ao juiz o poder de "adequar as fases do processo e os atos processuais às especificações do conflito, de modo a conferir maior efetividade à tutela do bem jurídico, respeitando sempre o contraditório e a ampla defesa" (art. 107, V).

O enfoque metodológico adotado, que procura flexibilizar o binômio direito-processo, visando ao aperfeiçoamento do sistema, não pode deixar de considerar o direito à adequada cognição; de outro lado, não se deve esquecer da necessidade de rapidez na

199. "É bem de ver que o fator tempo, que permeia a noção de processo, constitui, desde há muito, o principal motivo de crise da Justiça, uma vez que a excessiva dilação temporal das controvérsias vulnera *ex radice* o direito à tutela jurisdicional, acabando por ocasionar uma série de gravíssimos inconvenientes para as partes e para os membros da comunhão social. Despiciendo salientar que justiça tardia corresponde a verdadeira denegação de justiça (...)" (cf. José Rogério Cruz e Tucci, "Garantia da prestação jurisdicional sem dilações indevidas como corolário do devido processo legal", p. 73). Como bem pondera Donaldo Armelin, ao contrário do afirmado por Rosenberg, o processo não é um mal social, mas o remédio para esse mal, que é o conflito de interesses. Daí a necessidade de se alcançar o seu escopo no menor tempo possível: "Por isso mesmo, o processo é um sistema onde mais deve ser acentuado o seu caráter entrópico, de tal sorte que a sua excelência deve ser medida em função do menor espaço de tempo possível entre o seu início e a sua conclusão eficaz, entendida esta expressão como o término do processo que produz resultados normais" ("A tutela jurisdicional cautelar", p. 115).

200. Botelho de Mesquita equipara a inutilidade da sentença pela demora do processo com a admissibilidade das vias de fato em favor do réu (cf. "Limites ao poder do juiz nas cautelares antecipatórias", p. 46).

apresentação da tutela jurisdicional. A grande dificuldade está na conciliação destes postulados, aparentemente incompatíveis. Mais uma vez, deparamo-nos com a necessidade de levar em consideração, na construção do método de trabalho seguro e célere, aspectos relacionados ao direito material. A exata medida da cognição e do tempo guarda íntima relação com as peculiaridades da situação substancial.

Cognição adequada é aquela prevista pelo legislador processual, em função das características da relação jurídica litigiosa. Impõe-se que a profundidade da atividade cognitiva do juiz leve em consideração as peculiaridades do litígio, como urgência da tutela, ainda que provisória. Isto é, ao estabelecer modelos de procedimento, deve o legislador assegurar às partes a cognição adequada à solução daquele litígio. A profundidade do conhecimento, exigida na medida exata das necessidades verificadas no plano material, constitui fator relevante para o acesso à ordem jurídica justa.[201]

Com certa frequência a adequada solução do litígio exige a adoção de medidas urgentes pelo juiz, fundadas em cognição não exauriente da relação substancial. Porque dispensado o conhecimento pleno, aliás, essa forma de tutela tende a ser provisória. Daí falar-se em tutelas sumárias, de que são espécies as cautelares e as antecipadas. Também existe a possibilidade de o sistema processual prever tutelas sumárias não provisórias, cuja característica, como já visto, é a aptidão de colocar fim à crise de direito material, ainda que esse resultado, em regra, não seja dotado de imutabilidade. Trata-se da solução final daquele processo, potencialmente definitiva, pois a parte sucumbente pode conformar-se com o resultado e não tomar a iniciativa de desconstituí-la em outra via. A propósito, a classificação das tutelas sumárias é objeto de controvérsia entre os processualistas.[202]

201. Cf. Kazuo Watanabe, *Da Cognição no Processo Civil*, pp. 93 e 94.

202. Cf. Kazuo Watanabe, *Da Cognição no Processo Civil*, pp. 100 e ss. V. também: Marinoni, *Tutela Cautelar e Tutela Antecipatória*, pp. 99 e ss.; e meu *Tutela Cautelar e Tutela Antecipada: Tutelas Sumárias e de Urgência (Tentativa de Sistematização)*, Capítulo V (6ª ed. com o título *Tutela Provisória Analisada à Luz das Garantias Constitucionais da Ação e do Processo*, Capítulo V).

Os limites desse trabalho exigem seja o tema abordado apenas em função do objetivo pretendido, isto é, demonstrar que, não obstante a divergência doutrinária, dúvida não há de que as soluções teóricas devem adequar-se à realidade jurídico-material, para permitir que as tutelas de urgência, em suas várias modalidades, possam conferir maior rapidez ao processo, sem comprometer a segurança necessária.

Tutela sumária tem no texto o significado original encontrado na bula *Clementina Saepe Contingit*, de 1306, isto é, procedimento de cognição restrita, também denominada de tutela diferenciada.[203]

A preocupação do legislador com tempestivas formas de tutela do direito está fundada em sólidas razões de caráter substancial.[204]

A flexibilização do binômio direito-processo permite verificar as situações em que há necessidade de sacrificar a certeza em favor da efetividade da tutela. Mesmo que isso possa implicar abandono de uma qualidade do provimento jurisdicional e de seus efeitos, qual seja, a imutabilidade decorrente da coisa julgada.[205]

Destaque-se, ainda, a existência de tutelas sumárias definitivas, excepcionalmente aptas ao trânsito em julgado. Tendo em vista as circunstâncias de determinadas situações de direito

203. Cf. Sálvio de Figueiredo Teixeira, "O aprimoramento do processo civil como pressuposto de uma Justiça melhor", p. 164. Em sentido diverso a expressão *tutela jurisdicional diferenciada* foi empregada no Capítulo II, n. 10, representando procedimento adequado à situação de direito material, mas com cognição plena. Sobre tutela diferenciada, v. meu "As formas diferenciadas de tutela no processo civil brasileiro", pp. 125 e ss.

204. Lottario Dettrich, "Dalla tutela cautelare anticipatoria", p. 672.

205. "A coisa julgada material, correspondendo a uma forma de assegurar o princípio da certeza do direito, exigência essencial aos ordenamentos jurídicos modernos, como afirma Vellani, contudo, exatamente porque implica imutabilidade do judicialmente decidido, há de emergir de processo em que se outorguem às partes amplas oportunidades de defesa, consoante constitucionalmente assegurado. Isto não impede não faça ela mister em determinadas situações em que a urgência da prestação jurisdicional sacrifica a certeza em favor da sua eficácia" (cf. Donaldo Armelin, "Tutela jurisdicional diferenciada", p. 47).

material, admite-se a imutabilidade do respectivo julgamento, embora precedido de cognição não exauriente.

Aliás, é preciso muito cuidado para não acabar permitindo, de forma indiscriminada, a utilização das medidas sumárias, muitas vezes pleiteadas sob a forma de tutelas provisórias, mas cujos efeitos acabam se tornando definitivos e irreversíveis, sob o fundamento de não ser possível aguardar o tempo necessário ao desenvolvimento do processo cognitivo. Por isso as noções de provisoriedade e reversibilidade são muito importantes no exame dessa modalidade de tutela, como expressamente previsto na lei (CPC/2015, art. 300, § 3º). E, para correta compreensão do fenômeno, imprescindível a consideração de aspectos da relação de direito material, sem o que as propostas formuladas no âmbito do processo acabam comprometidas pela absoluta falta de nexo com a realidade em que devem atuar.[206]

Também pode o legislador, levando em conta a natureza do direito substancial, admitir tutelas imediatas e provisórias, com conteúdo antecipatório, sem necessidade da existência de ameaça concreta à efetividade da tutela final. É o que ocorre, por exemplo, com a antecipação de efeitos da tutela possessória e da tutela de alimentos. Nesses casos basta a demonstração da verossimilhança do direito para que a providência seja concedida. Visa o legislador a atender, no plano processual, a peculiaridades inerentes à relação substancial, tentando estabelecer adequada

206. Galeno Lacerda admite plenamente a utilização da medida cautelar sob a forma de liminar, em todo procedimento, desde que necessária para a preservação do direito: "Não esqueçamos, enfim, que a necessidade da cautela brota do mesmo litígio" (cf. "Função e processo cautelar: revisão crítica", p. 9; cf. também "Limites ao poder cautelar geral e à concessão de liminares", pp. 43 e 44. Aqui, ressalta o autor que o caráter satisfativo da cautelar depende da natureza do direito acautelado). Também Athos Gusmão Carneiro atribui natureza cautelar às liminares preferidas em processos cognitivos (cf. "Das liminares nos mandados de segurança", pp. 275-284). Já, José Carlos Barbosa Moreira distingue as cautelares das tutelas satisfativas e das liminares (cf. "Os princípios do direito processual civil na Constituição de 1988", p. 239). Elio Fazzalari considera cautelares os provimentos que concedem alimentos provisórios, reintegração imediata na posse, condenação provisória em favor do empregado, que suspendem a execução de sentença condenatória (cf. "Profili della cautela", p. 5).

coordenação entre os dois planos do ordenamento jurídico. Como já observado anteriormente, o Código de Processo Civil/2015 tratou expressamente do tema, ao prever situações genéricas, a seu ver com acentuada dose de verossimilhança, nas quais deve ser tutelada a evidência do direito, independentemente do perigo de dano (art. 311).

De qualquer forma, a tutela provisória é sempre precedida de cognição sumária. *Não se confunde, reitera-se, provimento de mérito com prévia cognição sumária.* Ambos integram a categoria das tutelas sumárias, mas o julgamento de mérito pode, excepcionalmente, adquirir eficácia definitiva, embora não fundado em cognição exauriente. Já, as antecipações de efeitos da tutela final são, em princípio, provisórias (CPC, art. 294). Também se distinguem em razão do objeto da cognição. Aquela que precede os primeiros diz respeito ao mérito; a cognição que antecede a tutela provisória abrange, conforme a espécie, além da plausibilidade do direito, outro elementos ligado à atividade de urgência, ou seja, o perigo da demora.[207]

Durante muito tempo prevaleceu na doutrina pátria entendimento segundo o qual tutela cautelar se opõe à satisfativa. Uma teria por fim simplesmente assegurar a realização de uma pretensão, enquanto a outra realizaria a própria pretensão.

Sempre vi com reservas essa posição, bem como a preocupação exagerada em distinguir tutela sumária cautelar de tutela sumária antecipada.

A antecipação definitiva da própria tutela, porque precedida de cognição sumária, constitui técnica absolutamente excepcional em nosso sistema. Já, a antecipação provisória de efeitos da tutela final, providência generalizada pelo art. 273 do CPC anterior e mais bem sistematizada no atual, muito se aproxima das cautelares, se é que ontologicamente com elas não se identifica, pois são até fungíveis entre si.[208] Daí por que são consideradas

207. Esta é a posição da Fazzalari, "Profili della cautela", p. 10. Acrescenta que, devido à sua função instrumental quanto à efetividade jurisdicional, os provimentos cautelares têm sempre eficácia provisória.

208. CPC/1973, art. 273, § 7º; CPC/2015, art. 298, § 3º.

no Código de Processo Civil/2015 espécies de uma categoria de tutela denominada provisória (arts. 294 e ss.).

As tutelas declaratória e condenatória, não obstante possam propiciar nova tutela, de cunho satisfativo, não visam a assegurar seu resultado prático, pois não são concebidas como simples instrumento. Destinam-se à eliminação da crise de direito material.. Têm, pois, natureza satisfativa, embora sua eficácia concreta possa depender de medidas coercitivas.

Já, a tutela provisória, antecipada ou cautelar, é instrumental, pois tem por escopo afastar eventual risco para a utilidade do resultado definitivo; configura garantia adicional à eficácia destas, suprindo suas eventuais deficiências, normalmente decorrentes do tempo necessário ao desenvolvimento do devido processo legal. Além dessa finalidade, a tutela provisória passou a assegurar o equilíbrio das partes no processo, pois inverte o ônus da demora, retirando-o da parte beneficiada pela verossimilhança das alegações.[209]

As duas espécies de tutela provisória de urgência distinguem-se pelo respectivo conteúdo de cada uma. Não se pode negar, por exemplo, o caráter antecipatório da sustação de protesto, pois, concedida a tutela, um dos efeitos do título está provisoriamente suspenso. Esse resultado tornar-se-á definitivo se concedida a tutela final e definitiva, de natureza declaratória ou constitutiva.

A confusão entre essas duas espécies de tutela, antecipada e cautelar, decorria da ausência de instrumentos processuais adequados às situações da vida, o que obrigava o operador do Direito a improvisar soluções, com o objetivo de assegurar a eficácia da tutela jurisdicional.[210] O próprio Código de Processo Civil/1973 incluía no rol das cautelares nominada medidas tipi-

209. Donaldo Armelin definia assim a cautelar: "Tutela cautelar é aquela prestada *ex officio* ou por provocação das partes, sem caráter satisfativo e com a finalidade de assegurar, quanto possível, o equilíbrio entre os litigantes no processo satisfativo e a eficácia da prestação neste reclamada ou reclamanda" ("A tutela jurisdicional cautelar", p. 121).

210. "A proliferação das medidas cautelares nada mais é do que fenômeno oriundo das novas exigências de uma sociedade urbana de massa, que torna

camente satisfativas (busca e apreensão, alimentos provisionais e todas as apontadas no art. 888).

Era preciso que o legislador tomasse consciência dessa situação e previsse em caráter geral a tutela satisfativa provisória, a fim de evitar o mau uso da medida destinada a atender à necessidade de urgência, não a solucionar o litígio.. Ante a ausência de meios adequados, viam-se as partes e o juiz obrigados a recorrer a providências informadas por cognição sumária, para evitar o perecimento do direito. Sem a necessária regulamentação, todavia, elas acabavam assumindo a natureza de verdadeiras tutelas satisfativas e definitivas, o que desnatura completamente seu escopo.[211] Tratava-se de *grave fenômeno degenerativo*, pois, de instrumento excepcional de tutela preventiva e provisória, transformam-se em provimentos antecipatórios, substituindo a decisão final.[212]

Se a tutela precedida de cognição sumária não deve, ao menos em princípio, assumir a natureza de medida definitiva, não se pode olvidar das situações da vida que requerem tutela satisfativa urgente, impossibilitando a prática dos atos necessários ao conhecimento aprofundado da controvérsia. Por esse motivo, precisa o legislador, com os olhos voltados para a realidade jurídico-material, criar tutelas jurisdicionais eficazes. O que se sugere, em substância, é a adequação das exigências técnicas à necessidade, em muitos casos, de tutela imediata.[213]

Como o Estado, em princípio, não permite o exercício do direito mediante o uso da força pelo titular da pretensão (autotutela), tem de prestar tutela efetiva àquele que recorre à atividade jurisdicional. Precisa estabelecer modelos procedimentais aptos a solucionar as situações de perigo, sob pena de

inaceitável a morosidade jurisdicional imposta pelas formas tradicionais de tutela" (Marinoni, *Tutela Cautelar e Tutela Antecipatória*, p. 18).

211. Cf. Marinoni, *Tutela Cautelar e Tutela Antecipatória*, pp. 18-21.

212. Cf. Liebman, "Per un nuovo Codice di Procedura Civile", p. 28.

213. "O esforço para harmonizar as exigências técnicas do processo com uma estrutura razoavelmente célere vem caracterizado em época contemporânea, nas leis dos mais diferentes ordenamentos processuais" (José Rogério Cruz e Tucci, "Garantia da prestação jurisdicional sem dilações indevidas como corolário do devido processo legal", p. 73).

as garantias da inafastabilidade e do devido processo legal se tornarem letra morta.[214]

Sensível aos apelos da doutrina, o legislador do Código revogado alterou o art. 273 do CPC, para permitir a antecipação provisória, total ou parcial, dos efeitos da tutela pretendida, desde que demonstrado ser a afirmação verossímil e haja fundado receio de dano irreparável ou de difícil reparação.[215] Outras medidas também foram adotadas, como a criação do procedimento injuncional ou monitório, caracterizado pela possibilidade de o provimento condenatório ser dado após cognição sumária e sem participação do réu.[216]

Também o Direito Italiano sofreu modificação no tocante à tutela condenatória antecipada, que passou a ser admitida, possibilitando a formação de título executivo com maior rapidez (arts.186-*bis* e 186-*ter*).[217]

Essas providências estão diretamente relacionadas à garantia constitucional da celeridade (CF, art. 5º, LXXVIII). Devem ser aplicadas com muito cuidado, para não comprometer a segurança

214. "Se o Estado tem o dever de prestar a 'devida tutela jurisdicional', entendida esta como a tutela apta a tornar efetivo o direito material, o homem tem o direito à 'adequada tutela jurisdicional', que é elemento indissociável do *due process of law*" (Marinoni, *Tutela Cautelar e Tutela Antecipatória*, p. 143).

215. Lei 8.952, de 13.12.1994. Tal modificação deve-se ao trabalho dos Mins. Sálvio de Figueiredo Teixeira e Athos Gusmão Carneiro, que coordenaram a Comissão encarregada de propor soluções destinadas à simplificação do Código de Processo Civil. Galeno Lacerda, embora atribuindo a tal medida natureza cautelar, também postula pela possibilidade de o juiz concedê-la em todos os procedimentos, visto que a dinâmica do processo deve adaptar-se ao caso concreto, para garantir o resultado útil das demais funções (cf. "Função e processo cautelar: revisão crítica", p. 4; v. também Marinoni, "Novidades sobre a tutela antecipatória", pp. 106 e ss.).

216. No Direito Italiano, cf. Mandrioli, *Le Modifiche del Processo Civile*, p. 60. Para análise mais aprofundada do tema, com elementos históricos, de Direito Comparado e do Código de Processo Civil Modelo para a Ibero-América, cf. Oscar José Martinez, "El procedimiento monitorio en el Código Procesal Civil Modelo para Iberoamérica", *passim*, e "El proceso monitorio (bases para su legislación uniforme en Iberoamérica)", pp. 61-100.

217. Cf. a respeito: Consolo, Luiso e Sassani, *La Riforma del Processo Civile*, pp. 121-128; La China, *Diritto Processuale Civile: la Novella del 1990*, p. 54; Mandrioli, *Le Modifiche del Processo Civile*, pp. 67-78; José Rogério Cruz e Tucci, "Diretrizes do novo processo civil italiano", pp. 115-117.

proporcionada pelo processo, valor também assegurado pelo legislador constitucional (arts. 5º, XXXVII, LIII e LV, e 93, IX).

Com relação à tutela antecipada, sempre discordei da preocupação exagerada com o aspecto processual dessa modalidade de tutela A suposta diferença entre a antecipação provisória de efeitos e a cautelar passou a ser nosso tema preferido. Verdadeira obsessão. A polêmica acabou gerando efeitos danosos ao sistema processual, pois exacerbou o formalismo. Tutelas de urgência foram denegadas apenas com fundamento no equívoco quanto à adequação da medida e ao procedimento. Para acabar com a controvérsia inútil foi necessário previsão expressa sobre a fungibilidade entre as medidas de urgência (CPC/1973, art. 273, § 7º).[218]

A controvérsia, todavia, está solucionada. O Código de Processo Civil/2015 tratou do tema no Livro V. Tutela antecipada e tutela cautelar são classificadas como espécies de tutela provisória de urgência. Os requisitos para concessão são os mesmos e ambas, além de fungíveis entre si, independem de processo autônomo. De qualquer modo, o que parece relevante ressaltar nesta oportunidade, em função dos limites da investigação ora levada a efeito e dos estritos objetivos do trabalho, consiste na importância de aspectos da relação jurídica material trazida pelo autor para determinação dos limites da atividade cognitiva do julgador. Daí os processos diferenciados em razão da plenitude ou sumariedade da cognição,[219] que visam a proporcionar tutelas adequadas às diversas pretensões de direito material.[220] O próprio

218. Cf. Bedaque, *Tutela Cautelar e Tutela Antecipada: Tutelas Sumárias e de Urgência (Tentativa de Sistematização)*, *passim* (6ª ed. com o título *Tutela Provisória Analisada à Luz das Garantias Constitucionais da Ação e do Processo*).

219. "Haverá sempre direitos, pretensões materiais e interesses legítimos que, pela sua natureza, sua simplicidade ou pela urgência da tutela em razão da iminência de dano irreparável, exigirão processos diferenciados, seja em termos de procedimentos de cognição plena e exauriente ajustados às peculiaridades das situações substanciais controvertidas, seja em forma de procedimentos de cognição sumária, que atendam aos reclamos de extrema rapidez na concessão do provimento jurisdicional" (Kazuo Watanabe, *Da Cognição no Processo Civil*, p. 110).

220. "É que, levando-se em conta a pretensão de direito material, torna-se possível concluir, através da adequação da cognição que lhe é própria, qual

conteúdo do provimento sumário varia em função da natureza do direito tutelado.[221]

A profundidade da cognição irá determinar, inclusive, o grau de imunização da sentença e de seus efeitos. Sustenta-se que os processos de cognição sumária, salvo exceções, não podem determinar a solução definitiva do litígio.[222]

Há quem defenda entendimento segundo o qual mesmo as tutelas tipicamente cautelares adquiram certo grau de imunização, evitando-se sua repropositura com os mesmos fundamentos quando anteriormente rejeitadas, pois hoje a denegação não está coberta pela preclusão.[223]

Antes da vigência do Código/2015 fiz as seguintes considerações:

"Talvez já esteja na hora de refletirmos sobre a conveniência de instituir no sistema processual, de forma mais abrangente, a tutela final não dotada de imutabilidade, porque precedida de cognição sumária. Constitui técnica destinada a inverter os ônus a serem suportados pela demora do processo. Se, após exame não exauriente da relação substancial e com contraditório adequado a essa limitação cognitiva, o direito afirmado pelo autor mostrar-se verossímil, talvez seja mais justo conceder-lhe a tutela, transferindo ao réu o ônus de, em outra via processual, desconstituir esse resultado. Não há explicação para que o autor deva suportar as consequências da demora inerente aos processos de cognição exauriente, nas situações em que afirma direito altamente provável.

"Trata-se de solução tecnicamente possível, mas cuja adoção e adequada regulamentação dependem do conhecimento,

a forma de tutela que lhe é mais compatível" (Marinoni, "Novidades sobre a tutela antecipatória", p. 105).

221. Com muita propriedade, Marinoni aponta a necessidade de o juiz, ao conceder tutela antecipatória, indicar os meios para sua efetivação, que irão constituir uma forma peculiar de execução, visando à efetividade da tutela dos direitos (cf. "Novidades sobre a tutela antecipatória", p. 109).

222. Cf. Marinoni, *Tutela Cautelar e Tutela Antecipatória*, pp. 25, 31 e 141. Assim também Donaldo Armelin, que chama a atenção para os problemas que essa falta de imunização pode acarretar (cf. "Tutela jurisdicional diferenciada", pp. 47 e ss.).

223. Cf. Fazzalari, "Profili della cautela", p. 13.

pelo processualista, da realidade jurídico-substancial sobre que incidirão essas tutelas sumárias. Elas devem ser admitidas em situações especiais, pois generalizá-las implica abandonar, completamente, a segurança, o que também pode revelar-se prejudicial à efetividade do processo.[224]

"Pretende-se, assim, oferecer àquele que necessita da tutela jurisdicional um instrumento adequado à situação por ele apresentada, possibilitando-lhe obtê-la *num breve espaço de tempo.*[225]

"Tanto faz que tal se dê mediante tutela jurisdicional diferenciada, antecipada ou cautelar. A necessidade de sua adoção somente pode ser notada a partir da relação jurídica material. Daí a utilidade em flexibilizar o binômio, como método para aperfeiçoar o direito processual, dotando-o de efetividade.

"Pela falta de instrumentos adequados, vem a jurisprudência admitindo a utilização do processo cautelar. Por isso, a cautela angariou súbita antipatia e acabou arcando com as consequências do colapso do processo civil de cognição. Deve supri-lo de qualquer modo, com frequência.

"Mas a ineficiência da Justiça requer remédio drástico, porque o cidadão não pode ficar abandonado às vicissitudes de um processo cuja morosidade possa influir em seu resultado.[226]

"Por outro lado, a redução da distância entre direito e processo permite verificar as situações em que a antecipação da tutela seria indesejada. A necessidade da tutela urgente não pode ser satisfeita quando se pretende antecipar efeitos que a tutela ordinária não pode dar."[227]

224. Para análise dessa técnica, v. meu *Tutela Provisória*. Existem algumas propostas visando a alterar o sistema processual, para dotar a tutela antecipada de estabilidade. Presentes determinadas circunstâncias, relacionadas especialmente à inércia das partes após a antecipação parcial ou total dos efeitos da tutela final, a decisão poderia transitar em julgado, tornando-se imutável.

225. Cf. Cruz e Tucci, "Garantia da prestação jurisdicional sem dilações indevidas como corolário do devido processo legal", p. 76.

226. Cf. Fazzalari, "Profili della cautela", p. 14.

227. Cf. Tommaseo, "La tutela cautelare d'urgenza nelle procedure concorsuali", p. 152.

Tal ponderação foi parcialmente acolhida pelo Código de Processo Civil/2015, ao instituir a tutela provisória da evidência, admissível, independentemente do perigo de dano, sempre que o grau de verossimilhança do direito se revelar elevado, em decorrência do comportamento do réu ou da prova documental apresentada pelo autor (art. 311).

De qualquer modo, a efetividade do processo encontra limitação natural na liberdade jurídica do réu, que não pode sofrer sacrifício desnecessário. Nessa linha, segundo interessante construção doutrinária, a concessão de tutela provisória antecipada deve ser proibida, obrigatória ou simplesmente permitida em função da natureza do direito objeto da tutela. Quando sua satisfação pela via específica puder ser feita, ou quando a substituição pela via subsidiária da reparação em dinheiro for possível (direito alienável), veda-se a antecipação. Se a satisfação específica somente pode ocorrer mediante a tutela antecipada, ainda que indenizáveis os danos (direito inalienável), ou se a satisfação pela via subsidiária for faticamente impossível, a antecipação torna-se obrigatória. Caso a satisfação específica somente seja possível em tempo inferior ao necessário para o desenvolvimento do processo e a via subsidiária seja difícil, a tutela antecipada é permitida.[228] Percebe-se com muita nitidez a importância do direito material na elaboração dessa tese. E assim é sempre. Não obstante, tenho restrições aos critérios propostos, especialmente quanto à vedação da tutela antecipada nas hipóteses mencionadas.

32. O mandado de injunção e o controle de constitucionalidade

Neste item, pretende-se demonstrar a relevância do processo no controle de constitucionalidade das leis ordinárias. A compreensão das técnicas instituídas para esse fim revela, mais uma vez, a necessidade de aproximação do direito processual ao direito material.

228. Cf.: Botelho de Mesquita, "Limites ao poder do juiz nas cautelares antecipatórias", pp. 47-51; Galeno Lacerda, "Limites ao poder cautelar geral e à concessão de liminares", p. 44.

A ordem constitucional instituída em 1988 trouxe para o sistema processual brasileiro instrumento de grande utilidade prática: o mandado de injunção.

Constitui meio processual destinado a proporcionar aos titulares de direitos e liberdades assegurados por normas constitucionais condições de usufruí-los, embora não regulamentados pelo órgão competente.

Trata-se de instrumento constitucional-processual intimamente relacionado ao controle da constitucionalidade das leis.

Vale a pena, portanto, tecer algumas considerações sobre o tema, que, por sinal, constitui importantíssimo dado revelador da grande aproximação do processo ao direito material. Isso porque, se, de um lado, podemos identificar no conjunto de garantias e princípios previstos na Constituição verdadeira tutela constitucional do processo, de outro, verifica-se que o sistema processual possui instrumentos cuja finalidade direta e imediata é assegurar a supremacia da própria Constituição Federal.[229] Constituem a chamada jurisdição constitucional. Dentre eles encontra-se o controle jurisdicional da constitucionalidade das leis, considerado o mais moderno dos instrumentos destinados a tornar efetivo o princípio da supremacia constitucional.[230] O controle judicial de constitucionalidade constitui verdadeira garantia do Estado de Direito e encontra sua razão de ser no reconhecimento da existência de uma legalidade superior.[231]

Sabe-se que as normas de Direito encontram fundamento em outros dispositivos; apresentam-se hierarquizadas no sistema. Esta é a razão pela qual algumas regras adquirem posição de superioridade, não podendo ser contrariadas.

229. Com propriedade, Cândido Dinamarco aponta os dois sentidos vetoriais em que as relações entre processo e Constituição se desenvolvem: a tutela constitucional do processo e dos princípios que devem regê-lo e a jurisdição constitucional, representada pelos mecanismos processuais voltados ao controle de constitucionalidade e à garantia da ordem constitucional (*A Instrumentalidade do Processo*, p. 25).

230. Cf. Dinamarco, *A Instrumentalidade do Processo*, pp. 24-32.

231. Cf. Cappelletti, *O Controle Judicial de Constitucionalidade das Leis no Direito Comparado*, p. 129.

Há, todavia, um conjunto de normas no qual todo o ordenamento jurídico do País deve inspirar-se, pois elas estabelecem os pressupostos mínimos para sua existência, criando órgãos de cúpula do Estado, fixando o processo legislativo e, muitas vezes, o conteúdo mínimo para elaboração das leis. São normas de caráter bastante genérico, pois incorporam princípios e garantias. Exigem, assim, interpretação criativa, para adequá-las às mutações dos valores nelas contidos. Representam a tentativa de transformar em regra escrita os valores supremos da sociedade. E a justiça constitucional é o instrumento destinado a adaptá-las a tais exigências concretas.[232]

Esse conjunto de normas compõe a Constituição Federal, que não pode ser contrariada, quer quanto ao processo a ser seguido para a elaboração legislativa, quer quanto ao conteúdo adotado, sob pena de inconstitucionalidade.

O controle da constitucionalidade da lei é previsto no próprio texto constitucional, expressa ou implicitamente.[233]

Trata-se, evidentemente, de fenômeno atinente às Constituições rígidas, pois se flexíveis não existe controle de constitucionalidade, ficando o poder constituinte nas mãos do legislador ordinário.

A missão institucional de fazer com que o poder político atue nos limites da Constituição pode ser atribuída a órgãos políticos ou judiciais. Há, portanto, dois tipos de controle. O primeiro é o modelo francês, que não tem caráter jurisdicional, pois realizado por órgãos próximos do Parlamento. O outro, de origem americana, atribui à Suprema Corte a responsabilidade

232. Cf. Cappelletti, *O Controle Judicial de Constitucionalidade das Leis no Direito Comparado*, p. 130.

233. Para Manoel Gonçalves Ferreira Filho *controle de constitucionalidade* é "a verificação da adequação de um ato jurídico (particularmente a lei) à Constituição. Envolve a verificação tanto dos requisitos formais – subjetivos, como a competência do órgão que o editou – objetivos, como a forma, os prazos, o rito, observados em sua edição – quanto dos requisitos substanciais – respeito aos direitos e às garantias consagradas na Constituição – de constitucionalidade do ato jurídico" (*Curso de Direito Constitucional*, p. 40).

pela interpretação da Constituição, com o que se pretende impedir desmandos indesejáveis.[234]

No Brasil, desde a República, adota-se o controle jurisdicional, não obstante tanto o Legislativo quanto o Executivo também tenham competência para realização de controle preventivo e repressivo (arts. 58, 66, § 1º, 49, V, e 62).[235]

A Constituição de 1824 não previa o controle de constitucionalidade das leis, pois o próprio Legislativo fiscalizava sua atividade. Iniciou-se, ainda que de forma rudimentar, na Constituição de 1891, sob a responsabilidade do Judiciário. O sistema foi aperfeiçoado pela Constituição de 1934 e praticamente suprimido pela de 1937, na qual se permitia ao Presidente reapresentar lei declarada inconstitucional. A Constituição de 1946 manteve o controle por via de exceção, sendo que em 1965, por força da Emenda Constitucional 16, o sistema adquiriu plenitude, com a introdução do controle direto, por via de ação. A Carta de 1967 previa ambos os sistemas.

O controle jurisdicional da constitucionalidade pode ser classificado em função de dois critérios. Levando-se em conta o aspecto subjetivo ou orgânico, é difuso ou concentrado. No primeiro, compete a todos os órgãos judiciais; no segundo, a alguns apenas, criados especialmente para tal mister. Também pode a classificação ser feita em função do critério formal, que compreende o controle incidental e por via principal, ou seja, a

234. Manoel Gonçalves Ferreira Filho afirma que o controle judiciário tem por si a naturalidade, pois "a verificação de constitucionalidade não é senão um caso particular de verificação de legalidade, ou seja, da verificação da concordância de um ato qualquer, como de um regulamento, à lei, tarefa que rotineiramente é desempenhada pelo Judiciário" (*Curso de Direito Constitucional*, p. 42). Acrescenta o ilustre constitucionalista ser ineficaz o controle político, visto que com frequência a análise é feita pelo critério da conveniência, e não da concordância com a Constituição. Além disso, verifica-se, aí, verdadeira redundância (cf. *Curso de Direito Constitucional*, p. 43). No mesmo sentido: Celso Ribeiro Bastos, *Curso de Direito Constitucional*, p. 57. Para um estudo completo de Direito Comparado, cf. Mauro Cappelletti, *O Controle Judicial de Constitucionalidade das Leis no Direito Comparado*, *passim*.

235. Cf.: José Afonso da Silva, *Curso de Direito Constitucional Positivo*, pp. 45-53; Alexandre de Moraes, *Direito Constitucional*, pp. 699-798; André Ramos Tavares, *Curso de Direito Constitucional*, pp. 265-359.

matéria constitucional é apreciada como questão prejudicial no processo relativo a caso concreto, ou constitui objeto exclusivo de uma demanda. Exemplo de controle difuso e incidental nos é dado pelo ordenamento norte-americano. O sistema concentrado, por via principal, é adotado pela Áustria. Há Países, como Itália e Alemanha, que apresentam sistemas ecléticos.[236]

Na Constituição de1967, conforme já se viu, havia o controle difuso, para os casos concretos, e o concentrado, para a decretação de inconstitucionalidade da lei em tese. É o sistema eclético, no qual coexistem o controle incidental e o direto.[237]

No Direito anterior, portanto, duas eram as formas de controle de constitucionalidade das leis e dos atos do Poder Público: pela prejudicial de inconstitucionalidade em demanda individual (controle difuso de constitucionalidade, para o qual eram competentes todos os magistrados); ou controle centralizado, pela ação direta de inconstitucionalidade, cuja titularidade exclusiva era do Procurador-Geral da República.

A ação direta para a declaração de inconstitucionalidade em tese independe de lesão a direito subjetivo e visa a assegurar a supremacia da Constituição. Declarada a violação, a decisão tem eficácia *erga omnes*, ao contrário da proferida em controle por via de exceção, cuja declaração é *incidenter tantum* e só vale para o caso concreto. Tratando-se de ação direta a decisão não precisa ser comunicada ao Senado, para efeito suspensivo da regra, como acontece no controle incidental. Neste, a decisão do STF só adquire eficácia geral após a suspensão da lei pelo

236. Cf. José Rogério Cruz e Tucci, "Aspectos processuais da denominada ação declaratória de constitucionalidade", pp. 56 e 57.

237. "Tínhamos, destarte, um controle imediatamente voltado para a tutela do direito subjetivo e outro desvinculado dele e a serviço exclusivo do direito objetivo. No primeiro, afastava-se a incidência da lei no caso concreto, dada sua invalidade em face da Constituição (controle difuso). No segundo, afastava-se a incidência da lei de um modo geral, dada sua invalidade em face da Constituição (controle centralizado)" (Calmon de Passos, *Mandado de Segurança Coletivo, Mandado de Injunção e "Habeas Data"*, p. 90; cf. também Marcelo Figueiredo, "Ação declaratória de constitucionalidade – Inovação infeliz e inconstitucional", pp. 81 e ss.).

Senado. A eficácia da decisão do STF em representação por inconstitucionalidade não comporta posterior exame pelo Senado

Nessa medida, a regra do art. 52, X, da CF/1988 refere-se apenas ao controle por via de exceção.[238]

Assim, o controle incidental difuso foi mantido, inclusive com a necessidade do incidente de inconstitucionalidade, se a questão for submetida ao Tribunal (art. 97). Quanto ao controle centralizado, por via de ação, a novidade reside na legitimidade ativa, estendida a outros entes, e, em decorrência de alteração do texto original, da ação direta de constitucionalidade (art. 103).[239]

A ampliação da legitimidade ativa constitui afirmação das novas tendências do direito processual, que visa a facilitar o acesso à Justiça.[240]

A Constituição trouxe, todavia, substancial inovação no tema do controle da constitucionalidade. O art. 103, § 2º, prevê a possibilidade de ação direta, visando à adoção de medida de caráter geral.

Para as situações concretas, individuais ou coletivas, o legislador constitucional previu o mandado de injunção (art. 5º, LXXI).

238. Nesse sentido manifestou-se o Min. Djaci Falcão, em sede doutrinária: "Desde que compete privativamente ao Supremo Tribunal Federal declarar a inconstitucionalidade, em tese, de norma legal ou ato normativo, completa-se a sua função ao determinar o momento da perda de sua eficácia" ("O Poder Judiciário e a nova Carta Constitucional", p. 204). Cf.: André Ramos Tavares, *Curso de Direito Constitucional*, pp. 348-351; José Afonso da Silva, *Comentário Contextual à Constituição*, pp. 415-416; Luís Roberto Barroso, *O Controle de Constitucionalidade no Direito Brasileiro*, pp. 128-131, e *Constituição da República Federativa do Brasil Anotada*, pp. 487-488; Gilmar Ferreira Mendes, *Direitos Fundamentais e Controle de Constitucionalidade*, p. 265. A matéria pode ser objeto de súmula vinculante, o que dispensará a intervenção do Senado Federal (cf. Alexandre de Moraes, *Direito Constitucional*, pp. 713-715.

239. Sobre o controle de constitucionalidade na Constituição/1988, v.: Luís Roberto Barroso, *O Controle de Constitucionalidade no Direito Brasileiro*, pp. 62 e ss.; José Afonso da Silva, *Curso de Direito Constitucional Positivo*, p. 50, e *Comentário Contextual à Constituição*, pp. 537 e ss.; Gilmar Ferreira Mendes, *Direitos Fundamentais e Controle de Constitucionalidade*, pp. 189 e ss., e *Jurisdição Constitucional*, pp. 146 e ss.

240. Cf. Dinamarco, *A Instrumentalidade do Processo*.

Assim, para evitar que as situações de direito subjetivo ficassem insatisfeitas, por ausência de norma regulamentadora do Poder Público, constitucionalmente prevista ou necessária, o constituinte estabeleceu essa garantia.

Dessa forma, além do controle quanto ao comportamento ativo do Estado em desacordo com as normas constitucionais, temos o controle da inconstitucionalidade por omissão, que se caracteriza pelo caráter legislativo do ato omitido.[241]

Trata-se de inatividade do Poder Público, que impede a efetivação de um direito assegurado por norma constitucional, cuja aplicabilidade depende de atos legislativos ou executivos.[242]

Em suma, diante da vigente ordem constitucional, existe a ação direta para controle da constitucionalidade, que tutela o direito objetivo. Versa conduta ativa ou omissiva do Poder Público. Há, ainda, o controle incidental, no qual a matéria constitucional configura questão prejudicial. Nesse caso, tratando-se de inconstitucionalidade por ação, o próprio juiz do processo tem competência para examiná-la. Cuidando-se, porém, de inconstitucionalidade por omissão, o tema é levado ao órgão competente, segundo as normas constitucionais, mediante mandado de injunção.[243]

A diferença entre a ação direta de inconstitucionalidade por omissão e o mandado de injunção reside no fato de que aquela não ampara direito concreto, mas visa a suprir omissão de medida para tornar efetiva norma constitucional em tese. Tanto assim

241. Cf. Calmon de Passos, *Mandado de Segurança Coletivo, Mandado de Injunção e "Habeas Data"*, p. 92.

242. Para estudo da aplicabilidade das normas constitucionais, v. José Afonso da Silva, *Aplicabilidade das Normas Constitucionais*, pp. 89-91; André Ramos Tavares, *Curso de Direito Constitucional*, pp. 88-98; Alexandre de Moraes, *Direito Constitucional*, pp. 12-14.

243. A Emenda Constitucional 3, de 18.3.1993, alterou os arts. 102 e 103 da CF, que passaram a prever ação declaratória de *constitucionalidade*. Trata-se de nova ação constitucional, destinada à declaração da constitucionalidade de lei ou de ato normativo federal (cf.: Marcelo Figueiredo, "Ação declaratória de constitucionalidade – Inovação infeliz e inconstitucional", pp. 77 e ss.; José Rogério Cruz e Tucci, "Aspectos processuais da denominada ação declaratória de constitucionalidade" pp. 53 e ss.).

que a legitimidade para o mandado de injunção é do titular do direito constitucional atingido; já, para a ação direta é das pessoas referidas no art. 103, I a IX, investidas de legitimidade extraordinária, ou seja, atuam como substitutas processuais, pois defendem, em nome próprio, interesse da comunidade.[244]

Insere-se a Constituição de1988 na tendência evolutiva contemporânea do *novo constitucionalismo*.[245]

32.1 Os direitos tutelados pelo mandado de injunção

Sobre o objeto do mandado de injunção reina grande controvérsia na doutrina. Divergem os autores sobre quais direitos estariam sob sua proteção, prevalecendo, hoje, a interpretação ampliativa da norma, que abrangeria todos os direitos e liberdades constitucionais.[246]

244. Cf. Odyr José Pinto Porto, "Mandado de injunção", p. 13. V. também Roque A. Carrazza, "Ação direta de inconstitucionalidade por omissão e mandado de injunção", pp. 43 e 44.

245. Para Cappelletti a expressão *costituzionalismo moderno* ou *nuovo costituzionalismo* representa "non tanto una rigida 'divisione' dei poteri, ma uno *sharing of powers*, e dunque un potere politico limitato e controlato: limitato da una *lex superior* che, seppure non immutabile in senso assoluto, ha un grado di permanenza superiore alle leggi ordinarie, richiedendo maggioranze e procedure, speciali per il suo emendamento; e controlato dai giudici che tal *lex superior* hanno il compeito di attuare" ("Costituzionalismo moderno e ruolo del potere giudiziario nelle società contemporanee", p. 49).

246. Cf.: Vicente Greco Filho, *Tutela Constitucional das Liberdades*, p. 186; José Afonso da Silva, *Curso de Direito Constitucional Positivo*, p. 392; J. M. Othon Sidou, *As Garantias Ativas dos Direitos Coletivos, segundo a Nova Constituição*, p. 455; Calmon de Passos, *Constituição e Processo*, p. 111; Manoel Gonçalves Ferreira Filho, *Curso de Direito Constitucional*, pp. 276 e 277; Sérgio Bermudes, "O mandado de injunção", p. 21; Nelson Nery Jr., *Princípios do Processo Civil na Constituição Federal*, p. 106.

Segundo José Carlos Barbosa Moreira, ao se referir a direitos e liberdades constitucionais e a prerrogativas inerentes à nacionalidade, à soberania e à cidadania o legislador constituinte pretendeu ampliar a garantia do mandado de injunção. Na primeira parte do dispositivo estariam previstos todos os direitos e garantias constitucionais, sem qualquer limitação; na parte final refere-se "às prerrogativas inerentes à nacionalidade, à soberania e à cidadania, ainda que não diretamente contempladas no texto constitucional, e sim em alguma norma de nível hierárquico inferior ao da Constituição" ("Mandado de injunção", p. 40).

Assim, o novo instrumento constitui via processual adequada para assegurar o gozo de direito constitucional, previsto em norma cuja aplicação depende de ato de natureza legislativa ou administrativa, destinado a regulamentá-la. Essa é justamente a distinção entre mandado de injunção e mandado de segurança, pois, enquanto este tutela direito líquido e certo, aquele assegura direito constitucional ainda não integrado à ordem jurídica por legislação infraconstitucional.[247]

Para o cabimento do mandado de injunção é preciso que a norma regulamentadora não tenha sido promulgada, nem se encontre em regular processo de regulamentação.[248]

32.2 O mandado de injunção e o direito material constitucional

Após estas breves anotações sobre controle de constitucionalidade e mandado de injunção, chega-se ao ponto fundamental para este trabalho, que diz respeito à eficácia, no plano do direito material, da decisão proferida pelo órgão jurisdicional.

Conforme já afirmado, o objetivo dessa via processual é conferir atuação à norma constitucional não dotada de aplicabilidade imediata, ante a omissão do ente estatal competente A finalidade é, pois, tornar viável o exercício de direito estabelecido na Constituição, possibilitando ao indivíduo o pleno gozo de seus direitos e conferindo eficácia à regra constitucional.

Nessa medida, ao conceder a ordem, deve o órgão jurisdicional competente, além de formular a regra jurídica, suprindo a lacuna do ordenamento, aplicá-la à situação da vida descrita pelo impetrante. Tal conclusão visa a conferir efetividade ao mandado de injunção, previsto no plano constitucional exatamente para tornar viável o exercício de direitos ou garantias, exercício esse

247. Cf. Lúcia Valle Figueiredo, "Breves reflexões sobre o mandado de segurança no novo texto constitucional", p. 25.

248. Cf. Sérgio Bermudes, "O mandado de injunção", p. 23; v. também STJ, MI 27-RJ, rel. Min. José Cândido, *DJU* 19.3.1990, p. 1.929.

obstado pela injustificável inércia daqueles que deveriam criar a norma regulamentadora.[249]

De qualquer modo, esta solução não constitui inovação no sistema, visto que se assemelha à denominada jurisdição de equidade, ou seja, à formulação de regra pelo juiz, que não a encontrou no ordenamento.[250]

Não obstante isso, o colendo STF adotou posição extremamente restritiva. A procedência do pedido implicaria apenas a declaração, pelo Poder Judiciário, da ocorrência de omissão inconstitucional, a ser comunicada ao órgão legislativo inadimplente, para que promova a integração normativa do dispositivo constitucional nela objetivado. Impossível falar-se, pois, em efeitos concretos dela decorrentes. O Judiciário não estaria, pela via do mandado de injunção, autorizado a suprir a omissão legislativa ou regulamentar, editando o ato normativo omitido, nem, menos ainda, lhe permitiria ordenar, de imediato, ato concreto de satisfação do direito reclamado.[251]

249. A respeito do tema assim se manifestou o Min. Carlos Velloso, em sede doutrinária: "No mandado de injunção, reconhecendo o juiz ou tribunal que o direito que a Constituição concede é ineficaz ou inviável, em razão da ausência de norma infraconstitucional, fará ele, juiz ou tribunal, por força do próprio mandado de injunção, a integração do direito à ordem jurídica, assim tornando-o eficaz e exercitável" ("As novas garantias constitucionais", p. 13). No mesmo sentido: Sérgio Bermudes, "O mandado de injunção", pp. 21-23 e 24; Celso Agrícola Barbi, "Mandado de injunção", p. 9; Marcos Alaor Diniz Grangeia, "Pontos controvertidos do mandado de segurança coletivo e do mandado de injunção", p. 87; José Ignácio Botelho de Mesquita, "Mandado de injunção", p. 34; Luiz Flávio Gomes, "Anotações sobre o mandado de injunção", p. 39; José Carlos Barbosa Moreira, "Mandado de injunção", p. 46; Luís Roberto Barroso, *O Controle de Constitucionalidade no Direito Brasileiro*, pp. 137-141.

250. "Isso não é novidade absoluta; está longe de ser algo que desperte em nós a sensação de ver alguma coisa inédita. Os casos são raros, excepcionais, mas existem. O Código Civil suíço tem até um dispositivo interessante a esse respeito, em que autoriza o juiz, no caso de não haver na lei norma aplicável à hipótese concreta, a editar aquela que ele formularia se fosse legislador" (José Carlos Barbosa Moreira, "Mandado de injunção", p. 47).

251. Segundo essa posição, o "mandado de injunção não é o sucedâneo constitucional das funções político-jurídicas atribuídas aos órgãos estatais inadimplentes. Não legitima, por isso mesmo, a veiculação de provimentos normativos que se destinem a substituir a faltante norma regulamentadora, sujeita à competência, não exercida, dos órgãos públicos. O STF não se

O mesmo STF já teve oportunidade de aproximar o mandado de injunção de sua verdadeira função. Depois de reconhecer a mora do Legislativo na regulamentação de norma constitucional, estipulou o prazo de seis meses para a adoção das medidas cabíveis para o cumprimento da obrigação de legislar, sob pena de, vencido esse prazo sem que essa obrigação se cumpra, o requerente passar a gozar do direito constitucional pleiteado.[252]

Ainda aqui, porém, mostra-se tímida a conclusão. Demonstrado o descumprimento, por órgãos legislativos ou administrativos, do dever de regulamentar direitos assegurados pela

substitui ao legislador ou ao administrador que se hajam abstido de exercer a sua competência normatizadora. A própria excepcionalidade desse novo instrumento jurídico impõe ao Judiciário o dever de estrita observância do princípio constitucional da divisão funcional do Poder" (cf. STF, MI 191-0-RJ, rel. Min. Celso de Mello, *DJU* 1.2.1990; v. também MI 372-6/400-SP, rel. Min. Celso de Mello, *DJU* 7.11.1991).

Aliás, vale anotar que o próprio Min. Celso de Mello havia afirmado que esse singularíssimo meio formal visa à tutela concretizadora de direitos, liberdades e prerrogativas de índole constitucional e deriva da necessidade de tornar viável seu exercício. Trata-se de ação constitucional de caráter especial, "que se destina – em sua precípua função jurídico-processual – a viabilizar, *in concreto*, o exercício das liberdades públicas, obstado pela ausência de norma regulamentadora, derivada de inércia imputável aos órgãos estatais competentes (...). Nesse contexto, a omissão inconstitucional dos Poderes Públicos e das autoridades estatais, concretizada pelo inadimplemento de seu dever de emanar regramentos normativos – encargo jurídico que lhes é imposto pela própria Constituição –, encontra nesse *writ* – que é um meio de tutela constitucional das liberdades, direitos e prerrogativas das pessoas – um poderoso fator de neutralização da inércia legiferante e da abstenção normatizadora do Estado" (STF, MI 164-2-SP, *DJU* 24.10.1989, pp. 16.230 e 16.231). Esta, sim, é a conclusão compatível com os fins do mandado de injunção.

252. STF, MI 232-1-RJ, rel. Min. Moreira Alves, *DJU* 27.3.1992. Também já se decidiu que, se ultrapassado o prazo fixado sem que esteja promulgada a lei, tem o impetrante "a faculdade de obter, contra a União, pela via processual adequada, sentença líquida de condenação à reparação constitucional devida, pelas perdas e danos que se arbitrem" (MI 283-5-DF, *DJU* 14.11.1991, p. 16.356). Nessa mesma linha, objetivando resgatar a verdadeira função do mandado de injunção visando à regulamentação da aposentadoria para quem trabalha em condições especiais, cf. MI 721-DF, rel. Min. Marco Aurélio, j. 30.8.2007. Até mesmo em ação direta de inconstitucionalidade por omissão, versando sobre regulamentação do prazo para conclusão dos procedimentos visando à criação, incorporação, ao desmembramento e fusão de Municípios, a Suprema Corte estabeleceu parâmetro temporal para atuação do Congresso Nacional (cf. ADI 3.682-MT, rel. Min. Gilmar Mendes, j. 9.5.2007).

Constituição, cabe ao Judiciário garantir sua satisfação pela via do mandado de injunção.

Já há algum tempo, todavia, a Suprema Corte conferiu ao mandado de injunção a efetividade que dele se espera. Destacou-se a função integrativa da respectiva tutela jurisdicional, destinada a assegurar plena eficácia à norma constitucional. Para tanto, deve o órgão judicial competente emitir a norma regulamentadora específica, necessária a viabilizar o exercício do direito previsto no plano constitucional.[253]

Os institutos processuais somente existem e se justificam quando hábeis para conferir eficácia ao direito material. A posição inicial do STF tornava praticamente inócuo o meio processual imaginado pelo legislador constituinte, para evitar que a inércia indevida do Poder Público acarretasse a inaplicabilidade de regra constitucional programática. A própria Constituição delegou função atípica ao Poder Judiciário, de criação da norma regulamentadora.[254] Cabe ao órgão jurisdicional máximo assumir efetivamente

253. STF, Tribunal Pleno, MI 795-1-DF, rela. Min. Carmen Lúcia, j. 15.4.2009. Recomenda-se a leitura desse acórdão, não só pelos precedentes mencionados, que revelam a alteração do entendimento da Suprema Corte sobre a natureza do mandado de injunção, mas principalmente pelas precisas lições doutrinárias desenvolvidas pela ilustre Relatora. O TJSP tem acompanhado essa posição. No MI 90.10.037533-4, São Paulo, o eminente Relator, Des. Renato Nalini, observou que: "A Constituição *vale* e incumbe ao Poder Judiciário *cumprir as promessas do constituinte*. Por isso é que ele é cognominado de *guardião das promessas*, na linha do pensamento do jurista e magistrado francês Antoine Garapon, em boa hora seguido pela hermenêutica atual". Nessa decisão, aliás, reconheceu-se a eficácia *erga omnes* da tutela jurisdicional obtida em mandado de injunção. Nesse sentido, v. também TJSP, Órgão Especial, MI 99010040639-6, rel. Des. Artur Marques, j. 25.8.2010. Sobre os fundamentos adotados por essa Corte para conferir eficácia *erga omnes* à decisão proferida em mandado de injunção, cf. MI 990.10.103.184-1, rel. Des. Mathias Coltro.

254. A respeito desta questão, Nelson Nery Jr. faz severa crítica à posição restritiva do STF quanto à função e ao objetivo do mandado de injunção. Reportando-se a julgado relatado pelo Min. Moreira Alves, que concluiu ser objetivo do *writ* apenas a ciência à autoridade competente, para que tome as providências necessárias, afirma o autor que o STF confundiu dois institutos constitucionais distintos: o mandado de injunção e a inconstitucionalidade por omissão. Para ele a finalidade do mandado de injunção "não é obter 'recomendação' do Poder Judiciário para que o Poder ou órgão omisso implemente a norma constitucional programática, mas exatamente o contrário: aplique o direito constitucional ao caso concreto, sendo que a solução dada

o papel a ele reservado pelo constituinte quanto ao controle da constitucionalidade por omissão, nos casos concretos.[255]

De resto, não se pode falar em invasão indevida de uma das funções do Estado em atribuições típicas de outra. Se intromissão existe, é ela legítima, pois autorizada pela própria Constituição, que, entre a absoluta separação das funções inerentes a cada uma das atividades do Estado e sua própria efetividade, optou claramente por este último valor.[256]

A interpretação restritiva da Suprema Corte, no que se refere aos objetivos do mandado de injunção, em boa hora modificada, eliminou o instituto no seu nascedouro, impedindo a renovação do ordenamento substancial e obstando ao gozo de direitos fundamentais estabelecidos na Constituição, não implementados por inércia injustificada do Legislativo.[257]

O mandado de injunção configura típico mecanismo processual, criado à luz das necessidades verificadas no plano substancial. Isto é, devido à existência de normas constitucionais não

pelo Poder Judiciário valerá única e exclusivamente para aquela hipótese. Não se configura, portanto, como intromissão do Poder Judiciário na função típica do Poder Legislativo, pois não há emissão de sentença com caráter genérico" (*Princípios do Processo Civil na Constituição Federal*, pp. 104 e 105; no mesmo sentido: José Carlos Barbosa Moreira, "Mandado de injunção", p. 49).

255. "Le leggi, e le Costituzioni stesse, hanno poco valore senza quella che già i Romani chiamarono la *constans voluntas* – gli sforzi, i sacrifici, il coraggio di coloro che le debbono applicare" (Mauro Cappelletti, "Costituzionalismo moderno e ruolo del potere giudiziario nelle società contemporanee", p. 49). Como muito bem observa Roque Carrazza, o STF deveria, ao conceder a injunção, criar a norma individual, possibilitando ao impetrante "fruir do direito constitucional inviabilizado pela falta da norma regulamentadora". E conclui: "O mandado de injunção pode não ter agradado a muitos, mas é uma ação constitucional e, portanto, inafastável. Quem estiver descontente com o instituto, que pugne, dentro da ordem jurídica, para que a Constituição seja, neste ponto, modificada. O que não se pode fazer é pura e simplesmente ignorar a existência do mandado de injunção ou dar-lhe um alcance diverso do determinado pela Carta Magna" ("Ação direta de inconstitucionalidade por omissão e mandado de injunção", pp. 51 e 52).

256. José Carlos Barbosa Moreira ressalta a preocupação da Constituição/1988 com sua própria efetividade, ao prever outros meios de controle da constitucionalidade das leis (cf. "Mandado de injunção", p. 55).

257. Cf. José Eduardo Faria, "As transformações do Judiciário em face de suas responsabilidades sociais", p. 153.

passíveis de aplicação sem a devida regulamentação, o legislador imaginou instrumento processual próprio para afastar o risco de que esses dispositivos jamais fossem aplicados. Partiu-se do direito material para o processual, com a criação de um instrumento especialmente adequado a seu objeto.[258]

A posição adotada inicialmente pela Suprema Corte, ao que parece, decorre de visão equivocada da natureza da tutela jurisdicional a ser obtida pela via do mandado de injunção, exatamente porque não identificada corretamente sua função no plano material.

Na medida em que a Constituição previu instrumento processual destinado à regulamentação de regras constitucionais, pressupõe a existência de direito subjetivo à obtenção desse resultado. Há, portanto, o direito constitucional-substancial à regulamentação das normas não passíveis de aplicação imediata.

A omissão do poder regulamentador confere ao titular dessa situação de vantagem a necessidade de obter tutela jurisdicional, que lhe permita valer-se de seus efeitos.

Desde o julgamento proferido no MI 107 vem o STF afirmando a natureza declaratória da tutela injuncional.

Não se atentou, todavia, a que essa modalidade de tutela se destina, tão somente, à eliminação de dívidas objetivas, de incertezas quanto à existência ou não de um direito.

Mas não é essa a situação da vida descrita pelo impetrante, que não quer apenas a declaração de seu direito à regulamentação, mesmo porque inexiste dúvida ou incerteza quanto à sua existência. Ele pretende, na verdade, a efetivação desse direito, mediante tutela mandamental.

No julgamento acima referido desenvolveu-se a ideia de normas constitucionais programáticas, em relação às quais a regulamentação não é por si só suficiente, pois o exercício do

258. Há quem sustente, todavia, ser ilegítima e afrontosa essa delegação ao Judiciário de atividade inerente ao Legislativo, postulando pela abolição do instituto (cf. Galeno Lacerda, "Revisão do conceito de Federação. Sistema de recursos e de ações constitucionais. Abolição do mandado de injunção", pp. 90 e 91).

direito depende de instância administrativa material (participação nos lucros, seguro-desemprego). São regras definidoras de políticas públicas, estabelecem planos de metas, dependendo de recursos orçamentários e planejamento. Estabelecem direitos para os quais é necessária a organização prévia de determinados serviços, ou a alocação de recursos.

Por isso, concluiu-se que a tutela possível no mandado de injunção é sempre declaratória.

Ocorre que, para tais normas constitucionais, o mandado de injunção mostra-se inadmissível, pois o sistema veda a tutela jurisdicional destinada à regulamentação de normas programáticas.[259] Trata-se de pedido juridicamente impossível.

O mandado de injunção, na verdade, é mecanismo processual adequado à efetivação dos direitos previstos nas chamadas regras constitucionais preceptivas não autoaplicáveis, ou seja, não exequíveis por si mesmas, e que dependem simplesmente de regulamentação.

Se concedida a ordem, a tutela injuncional deve conferir ao impetrante a efetiva satisfação do direito subjetivo material à regulamentação da norma constitucional. Outra forma não há, senão regulamentando-a, mediante tutela de natureza evidentemente constitutiva.[260]

A orientação inicialmente adotada pela Corte Suprema acabava por ignorar a situação da vida carente da tutela injuncional, levando à absoluta ineficácia do instituto, o que não se coaduna com a garantia constitucional à efetividade da tutela. Olvidou-se, aqui, do princípio da máxima efetividade das normas constitucionais.[261]

A partir dessa premissa, não parece correta a conclusão sobre a necessidade de regulamentação do art. 192, § 3º, da

259. Mesmo a norma constitucional programática, segundo entendimento de parcela da doutrina, é suscetível ao controle por omissão, realizado pelo Judiciário (cf. André Ramos Tavares, *Curso de Direito Constitucional*, pp. 96/98).

260. Cf. Luís Roberto Barroso, *O Controle de Constitucionalidade no Direito Brasileiro*, p. 143.

261. Cf. Carlos Alberto Alvaro de Oliveira, "A natureza do mandado de injunção", pp. 86-90.

CF, revogado pela Emenda Constitucional 40/2003. Tratava-se de preceptivo autoaplicável. Mas, ainda que imprescindível a atividade complementar do poder regulamentador, por não se tratar de norma programática, poderia a omissão ter sido perfeitamente suprida pelo mandado de injunção.

Não obstante, o STF tem limitado o alcance do instituto, conferindo caráter meramente declaratório à decisão.[262]

De tudo, conclui-se que, por absoluta falta de coordenação entre os planos processual e material, tutela jurisdicional prevista expressamente pela Constituição/1988 correu sério risco de se transformar em instrumento inútil e sem qualquer dose de efetividade. A nova orientação adotada pelo STF, e seguida nas instâncias ordinárias, vem resgatando paulatinamente o verdadeiro papel do mandado de injunção no sistema constitucional brasileiro. Deve ser recebida com aplausos, pois permite a efetivação de direitos constitucionais pela via processual.[263]

Ressalte-se, todavia, não se tratar de entendimento aplicável a todas as hipóteses de omissão legislativa. O STF limita a regulamentação aditiva a determinadas situações de direito material: "a atuação do Poder Judiciário como legislador positivo é admitida quando as decisões aditivas ou modificativas se limitam a integrar ou completar um regime previamente adotado pelo legislador ou, ainda, quando a solução adotada pelo Tribunal incorpora aquilo que os italianos chamam de "solução constitucionalmente obrigatória" (*a rime obbligate*).[264]

262. Cf.: MI 457, rel. Min. Moreira Alves; MI 430, rel. Min. Maurício Corrêa.

263. Luís Roberto Barroso, *O Controle de Constitucionalidade no Direito Brasileiro*, p. 152.

264. A ponderação é do Min. Gilmar Mendes, em estudo sobre a posição do STF em relação à eficácia da decisão proferida em mandado de injunção. Assim, conclui o ilustre constitucionalista: "Afastando-se do entendimento inicialmente adotado, de índole não concretista, o Tribunal passou a perfilhar solução conciliatória que, a um só tempo, reafirma a efetividade do mandado de injunção e preserva as bases da democracia representativa, especialmente a liberdade de atuação das instâncias políticas" ("MI e seus respectivos limites constitucionais: análise do julgamento da renda básica", *Consultor Jurídico* 1.5.2021).

Capítulo V
Conclusões

33. Conclusão geral. 34. Conclusões específicas.

33. Conclusão geral

O trabalho teve como objetivo fundamental demonstrar a necessidade de flexibilizar o binômio direito-processo. Isso em razão da natureza instrumental da ciência processual, que tem como objeto exatamente as relações da vida regradas pelo direito substancial.

Depois de considerações de ordem genérica a respeito dos dois planos de regras existentes no ordenamento jurídico, tratou-se da "revisitação" do direito processual, como decorrência da metodologia adotada, ou seja, em razão da conscientização a respeito da instrumentalidade do processo e da reaproximação deste com o direito substancial. Ressaltou-se o caráter ético, e não meramente técnico, da ciência processual. Algumas considerações históricas a respeito da relação entre direito e processo encerraram o Capítulo I.

Em seguida procurou-se desenvolver ideias sobre a tutela jurisdicional, que representa a proteção efetiva que o direito processual proporciona aos interesses amparados no plano material. Trata-se de estudar o processo a partir das situações jurídico-materiais passíveis de tutela, verificando em que medida essa visão contribui para a efetividade do instrumento.

No capítulo seguinte tratou-se da técnica processual e dos escopos do processo, analisados ambos sempre em função das relações da vida em crise, cuja solução depende da tutela jurisdicional. Verificou-se a necessidade de adequar a técnica aos escopos, flexibilizando aquela em função destes, segundo as especificidades do direito controvertido.

Por último, foram abordados alguns institutos tipicamente processuais, como jurisdição contenciosa e voluntária, competência, condições e elementos da ação, pressupostos processuais, pluralidade de partes, nulidades, coisa julgada, tutela executiva, tutela preventiva, tutela cautelar e mandado de injunção. Verificou-se que todos eles são concebidos em função de elementos inerentes ao direito material e que a conscientização desse fenômeno facilita sobremaneira sua compreensão.

Daí a conclusão segundo a qual a ciência processual deve orientar-se pelo instrumentalismo substancial, revendo os institutos ou criando novos, "sempre com a preocupação de fazer com que o processo tenha plena e total aderência à realidade sociojurídica a que se destina, cumprindo sua primordial vocação que é a de servir de instrumento à efetiva realização de direitos".[1]

34. Conclusões específicas

34.1 A razão de ser do direito processual está no direito material, pois seu objetivo é assegurar, mediante a tutela jurisdicional, a integridade do ordenamento e dos interesses juridicamente protegidos, além de restabelecer a paz social.

34.2 A flexibilização do binômio direito-processo não compromete a autonomia da ciência processual, mas torna necessário rever seus institutos fundamentais, a fim de adaptá-los às necessidades exteriores.

1. Kazuo Watanabe, *Da Cognição no Processo Civil*, p. 16. A propósito, Liebman adverte: "Se non ci affrettiamo a dare al nostro paese il processo di cui ha bisogno, provvederà esso stesso a procurarsi i mezzi indispensabili" ("Per un nuovo Codice di Procedura Civile", p. 28).

34.3 A visão instrumentalista do direito processual preocupa-se com resultados, sem comprometer a segurança do método de trabalho.

34.4 A eficácia do direito processual é medida em função de sua utilidade para o ordenamento e para a pacificação social.

34.5 A identificação do nexo entre direito e processo facilita a compreensão do sistema processual, contribuindo para seu aperfeiçoamento.

34.6 A flexibilização do binômio contribui decisivamente para a eficiência do sistema processual.

34.7 Deve o processualista conscientizar-se da natureza ética de sua ciência, reconhecendo a identidade ideológica entre processo e direito material.

34.8 Tutela jurisdicional corresponde à efetiva proteção, pelo processo, de direitos ou de situações jurídicas substanciais.

34.9 A classificação das sentenças em declaratórias, condenatórias e constitutivas, que traduz as espécies de tutelas, é feita à luz de elementos inerentes à relação material.

34.10 Analisada pelo ângulo da utilidade prática, a tutela condenatória é a menos efetiva de todas, pois nem sempre é suficiente para afastar a crise de adimplemento.

34.11 O tipo de tutela é determinado pela natureza do direito (individual, individual homogêneo, coletivo ou difuso).

34.12 O estudo da tutela jurisdicional revela o fim da fase autonomista do direito processual e a preocupação com resultados, possibilitando a identificação das falhas existentes no instrumento.

34.13 Para conferir tutela efetiva, o sistema processual deve ser organizado em função das situações tutelandas.

34.14 Regras específicas de determinados procedimentos levam em conta elementos da relação substancial.

34.15 A inversão do ônus da prova, como regra excepcional que é, deve ser anunciada na decisão de saneamento (CPC/2015, art. 357, III), assegurada às partes, em caso de reconsideração dessa técnica, a reabertura da instrução.

34.16 A técnica processual é importante como instrumento de trabalho, servindo como meio para que o processo atinja seus resultados.

34.17 Deve o juiz participar ativamente do contraditório, buscando alcançar os escopos do processo.

34.18 Importante é o papel do processualista, que deve conscientizar-se da natureza instrumental de sua ciência.

34.19 As grandes alterações verificadas no campo do direito material devem ser levadas em conta na elaboração de um sistema processual adequado à realidade.

34.20 O escopo jurídico do processo absorve o social e o político.

34.21 Deve o procedimento adaptar-se às necessidades da relação substancial.

34.22 As tutelas jurisdicionais diferenciadas levam em conta a natureza do direito e os mecanismos necessários para sua efetivação.

34.23 Só se pode falar em efetividade do processo se o resultado for socialmente útil, proporcionando o acesso à ordem jurídica justa.

34.24 Deve ser admitida a possibilidade de rescisão de julgado injusto e ilegal, ainda que existente divergência jurisprudencial sobre o tema.

34.25 O prazo para a ação rescisória tem início a partir da última decisão judicial que considerar inviável o recurso e colocar fim à relação processual.

34.26 Não há litisconsórcio necessário passivo na rescisória movida pelo devedor aos credores solidários.

34.27 A Lei 8.009, de 30.3.1990, que regula a impenhorabilidade do bem de família, não pode atingir situações substanciais consolidadas antes de sua vigência.

34.28 A distinção entre jurisdição voluntária e jurisdição contenciosa é feita à luz de circunstâncias da relação material e tem relevância prática.

34.29 Os dados para delimitação da competência jurisdicional são buscados na relação jurídica substancial.

34.30 A ação é identificada e individualizada com dados da relação substancial.

34.31 O princípio da demanda está vinculado a uma situação da vida, deduzida na inicial.

34.32 A garantia constitucional de ingresso em juízo compreende a oferta de tutela efetiva, assegurando os meios necessários à obtenção desse resultado, em tempo razoável.

34.33 As condições da ação estabelecem íntima relação entre direito material e processo.

34.34 O limite entre condições da ação e mérito é determinado pela profundidade da cognição.

34.35 As condições da ação são verificadas a partir da análise da relação substancial, feita *in statu assertionis*.

34.36 O legítimo interesse processual é determinado pela utilidade da tutela a uma situação da vida afirmada pelo autor e supostamente regulada pelo direito material.

34.37 Possibilidade jurídica da demanda, considerada pelo legislador de 2015 matéria de mérito, significa admissibilidade da tutela pleiteada, pois amparada, em tese, por regras de direito substancial.

34.38 Legitimidade processual constitui reflexo da própria legitimação da parte perante a relação de direito material.

34.39 A natureza do provimento que reconhece a decadência depende da profundidade da cognição feita pelo juiz.

34.40 Os arts. 75 do CC e 5º, XXXV, da CF Federal devem ser submetidos a releitura, a partir da perspectiva assertista das condições da ação. Conclusão idêntica aplicava-se ao art. 75 do CC/1916.

34.41 Apesar de fundada em cognição sumária, a sentença que reconhece a carência da ação faz coisa julgada material.

34.42 Existe nexo entre os pressupostos processuais e a relação material.

34.43 As questões inerentes à pluralidade de partes no processo (litisconsórcio e intervenção de terceiros) são solucionadas à luz da relação material.

34.44 Com a flexibilização do binômio direito-processo ganha maior relevância o princípio da instrumentalidade das formas.

34.45 A coisa julgada e seus limites são concebidos em função da natureza do direito material a que o provimento judicial diz respeito.

34.46 Peculiaridades inerentes aos direitos metaindividuais determinaram a ampliação dos limites subjetivos da coisa julgada.

34.47 Coisa julgada consiste na imutabilidade da sentença e de seus efeitos.

34.48 A tutela executiva é classificada em função de elementos da relação material.

34.49 A técnica da autoexecutoriedade das sentenças condenatórias deve ser estendida a outras hipóteses, visando a evitar atitudes procrastinatórias.

34.50 Deve ser ampliada a possibilidade de concessão da tutela preventiva.

34.51 A tutela provisória constitui instrumento da tutela jurisdicional, pois visa a conferir-lhe eficácia. É provisória e decorre de cognição sumária da relação material.

34.52 A concessão de efeito suspensivo a recurso tem a mesma natureza da tutela provisória de urgência cautelar.

34.53 O exame do pedido de tutela provisória é realizado mediante cognição sumária, tal como ocorre para verificação das condições da ação.

34.54 O *fumus* e o *periculum*, cuja demonstração é necessária à concessão da tutela de urgência, são aferidos a partir de elementos da relação substancial.

34.55 A adoção da tutela de urgência antecipada visa a conferir adequada proteção a situações da vida que requerem soluções urgentes e definitivas.

34.56 O controle de constitucionalidade mediante o mandado de injunção tem por objetivo efetivar concretamente norma constitucional não autoaplicável.

Bibliografia

AIELLO, Michele, Giacobbe, Giovanni, e Preden, Roberto. *Guida ai Provvedimenti d'Urgenza*. Milão, Giuffrè Editore, 1982.

ALCALÁ-ZAMORA Y CASTILLO, Niceto. *Estudios de Teoría General e Historia del Proceso*. t. 1. México, Instituto de Investigaciones Jurídicas, 1974.

ALVARO DE OLIVEIRA, Carlos Alberto. "A garantia do contraditório". *RF* 346, separata. Rio de Janeiro, Forense.

————. "A natureza do mandado de injunção". *RePro* 56/86-90. São Paulo, Ed. RT, 1990.

————. "Direito material, processo e tutela jurisdicional". In: AMARAL, Guilherme Rizzo, e MACHADO, Fábio Cardoso. *Polêmica sobre a ação – A Tutela Jurisdicional na Perspectiva das Relações entre Direito e Processo*. Porto Alegre, Livraria do Advogado, 2006 (pp. 285 e ss.)

————. *Do Formalismo no Processo Civil. Proposta de um Formalismo-Valorativo*. 3ª ed. São Paulo. Saraiva, 2009.

————. "Efetividade e tutela jurisdicional". In: AMARAL, Guilherme Rizzo, e MACHADO, Fábio Cardoso. *Polêmica sobre a Ação – A Tutela Jurisdicional na Perspectiva das Relações entre Direito e Processo*. Porto Alegre, Livraria do Advogado, 2006 (pp. 83 e ss.).

————. "O problema da eficácia da sentença". In: AMARAL, Guilherme Rizzo, e MACHADO, Fábio Cardoso. *Polêmica sobre a Ação – A Tutela Jurisdicional na Perspectiva das Relações entre Direito e Processo*. Porto Alegre, Livraria do Advogado, 2006 (pp. 41 e ss.).

————. *Teoria e Prática da Tutela Jurisdicional*. Rio de Janeiro, Forense, 2008.

AMARAL, Guilherme Rizzo, e MACHADO, Fábio Cardoso. *Polêmica sobre a Ação – A Tutela Jurisdicional na Perspectiva das Relações entre Direito e Processo*. Porto Alegre, Livraria do Advogado, 2006.

ARAÚJO FILHO, Luiz Paulo da Silva. *Comentários ao Código de Defesa do Consumidor*. São Paulo, Saraiva, 2002.

ARMELIN, Donaldo. "A tutela jurisdicional cautelar". *Revista da Procuradoria-Geral do Estado* 23. Junho/1985.

————. *Legitimidade para Agir no Direito Processual Civil Brasileiro*. São Paulo, Ed. RT, 1979.

————. "Tutela jurisdicional diferenciada". *RePro* 65/45-55. São Paulo, Ed. RT, janeiro-março/1992.

————. "Tutela jurisdicional do meio ambiente". *Revista do Advogado* 37/43 e ss. São Paulo, AASP, setembro/1992.

ARRUDA ALVIM, José Manoel de. "Anotações sobre as perplexidades e os caminhos do processo civil contemporâneo". *RePro* 64. São Paulo, Ed. RT.

————. "O Código de Processo Civil, suas matrizes ideológicas, o ambiente sociopolítico em que foi editado e as duas décadas que se lhe seguiram, com suas novas necessidades – A complementação do sistema processual – Processo e procedimento, no sistema constitucional de 1988". *Revista do Advogado* 40/22-29. São Paulo, AASP, julho/1993.

————. *Tratado de Direito Processual Civil*. 2ª ed. São Paulo, Ed. RT, 1990 e 1996.

ASCENSÃO, José de Oliveira. *O Direito – Introdução e Teoria Geral*. Lisboa, Fundação Calouste Gulbenkian, 1977.

ATTARDI, Aldo. *Le Nuove Disposizioni sul Processo Civile*. Pádua, CEDAM, 1991.

BANDEIRA DE MELLO, Celso Antônio. *Curso de Direito Administrativo*. 12ª ed. São Paulo, Malheiros Editores, 2000; 35ª ed. São Paulo, Malheiros Editores, 2021.

BAPTISTA DA SILVA, Ovídio. *Curso de Processo Civil*. vol. I. Porto Alegre, Sérgio Antônio Fabris Editor, 1987.

——————. "Direito subjetivo, pretensão de direito material e ação". *Ajuris* 17/99-125; também In: AMARAL, Guilherme Rizzo, e MACHADO, Fábio Cardoso. *Polêmica sobre a Ação – A Tutela Jurisdicional na Perspectiva das Relações entre Direito e Processo*. Porto Alegre, Livraria do Advogado, 2006.

BARBI, Celso Agrícola. "Mandado de injunção". *RT* 637. São Paulo, Ed. RT.

BARBOSA MOREIRA, Carlos Roberto. "Os direitos difusos nas grandes concentrações demográficas". Palestra proferida em 13.11.1992 na Subseção de Nova Iguaçu da Ordem dos Advogados do Brasil.

BARBOSA MOREIRA, José Carlos. "A justiça no limiar do novo século". *Jornal Magistratura e Trabalho* 4. Órgão oficial da Associação dos Magistrados da Justiça do Trabalho da 2ª Região. 1992.

——————. "A legitimação para a defesa dos 'interesses difusos' no Direito brasileiro". In: *Temas de Direito Processual – 3ª Série*. São Paulo, Saraiva, 1984.

——————. "A tutela específica do credor nas obrigações negativas". In: *Temas de Direito Processual – 2ª Série*. São Paulo, Saraiva, 1988.

——————. "Aspectos da 'extinção do processo' conforme o art. 329 do CPC". *RePro* 57/198-205. São Paulo, Ed. RT.

——————. "Coisa julgada e declaração". In: *Temas de Direito Processual*. São Paulo, Saraiva, 1977.

——————. "Dimensiones sociales del proceso civil". In: *Temas de Direito Processual – 4ª Série*. São Paulo, Saraiva, 1989.

——————. "Julgamento e ônus da prova". In: *Temas de Direito Processual – 2ª Série*. São Paulo, Saraiva, 1988 (pp. 73-82).

——————. "La iniciativa en la defensa judicial de los intereses difusos y colectivos". *RePro* 68/55-58, São Paulo, Ed. RT, *Revista de Derecho Procesal* 3/527-532. Madri, outubro-dezembro/1992.

————. "Legitimidade para agir. Indeferimento da petição inicial". *Temas de Direito Processual – 1ª Série*. São Paulo, Saraiva.

————. "Legitimação passiva: critério de aferição. Mérito". In: *Direito Aplicado II (Pareceres)*. Rio de Janeiro, Forense, 2000.

————. "Mandado de injunção". In: *Livro de Estudos Jurídicos*. vol. 1. Rio de Janeiro, Instituto de Estudos Jurídicos (pp. 35-57).

————. "Notas sobre o problema da 'efetividade' do processo". In: *Temas de Direito Processual – 3ª Série*. São Paulo, Saraiva, 1984.

————. "O processo civil hoje: um Congresso da Associação Internacional de Direito Processual". In: *Reflexões sobre Direito e sobre Processo*. Rio de Janeiro, 1992 (discurso proferido na sessão de encerramento do IX Congresso Mundial de Direito Processual).

————. "O transitório e o permanente no Direito". In: *Reflexões sobre Direito e Processo*. Rio de Janeiro, 1992 (discurso proferido na sessão de encerramento do IX Congresso Mundial de Direito Processual).

————. "Os princípios do direito processual civil na Constituição de 1988". In: *Livro de Estudos Jurídicos*. vol. 4. Rio de Janeiro, Instituto de Estudos Jurídicos, 1992 (pp. 238-251).

————. "Sobre os pressupostos processuais". In: *Temas de Direito Processual – 4ª Série*. São Paulo, Saraiva, 1989.

————. *Temas de Direito Processual – 3ª Série*. São Paulo, Saraiva, 1984.

————. "Tutela sancionatória e tutela preventiva". In: *Temas de Direito Processual – 2ª Série*. São Paulo, Saraiva, 1988.

BARROSO, Luís Roberto. *Constituição da República Federativa do Brasil Anotada*. 5ª ed. São Paulo, Saraiva, 2006.

————. *O Controle de Constitucionalidade no Direito Brasileiro*. 4ª ed. São Paulo, Saraiva, 2009.

BASTOS, Celso Ribeiro. *Curso de Direito Constitucional*. São Paulo, Saraiva, 1978.

BAUR, Fritz. *Tutela Jurídica Mediante Medidas Cautelares*. Trad. bras. Porto Alegre, Sérgio Antônio Fabris Editor, 1985.

BEDAQUE, José Roberto dos Santos. "Algumas considerações sobre o cumprimento da sentença condenatória". *Revista do Advogado* 85. São Paulo, AASP, maio/2006.

————. "As formas diferenciadas de tutela no processo civil brasileiro". In: *Temas Atuais do Direito Processual Ibero-Americano*. Rio de Janeiro, Forense, 1998.

————. *Código de Processo Civil Interpretado*. 3ª ed. São Paulo, Atlas, 2008.

————. *Comentários ao Código de Processo Civil*. vol. III. São Paulo, Saraiva, 2019.

————. *Efetividade do Processo e Técnica Processual*. 2ª ed. São Paulo, Malheiros Editores, 2007.

————. "Garantia de constitucional de acesso ao Poder Judiciário". In: *Execução Civil – Novas Tendências, Estudos em Homenagem ao Professor Arruda Alvim*. Indaiatuba/SP, Editora Foco.

————. "Instrumentalismo e garantismo: visões opostas do fenômeno processual?". In: *Garantismo Processual. Garantias Constitucionais Aplicadas ao Processo* (obra coletiva). Brasília, Gazeta Jurídica, 2016 (pp. 1-40).

————. "Nulidade processual e instrumentalidade do processo". *RePro* 60/31-43. São Paulo, Ed. RT, outubro-dezembro/1990.

————. "O Ministério Público no processo civil: algumas questões polêmicas". *RePro* 61/36-56. São Paulo, Ed. RT, janeiro-março/1991.

————. "Os elementos objetivos da demanda examinados à luz do contraditório". In: BEDAQUE, José Roberto dos Santos, e CRUZ E TUCCI, José Rogério (coords.). *Causa de Pedir e Pedido no Processo Civil (Questões Polêmicas)*. São Paulo, Ed. RT, 2002.

————. *Poderes Instrutórios do Juiz*. 4ª ed. São Paulo, Ed. RT, 2009.

————. "Pressupostos processuais e condições da ação". *Justitia* 156/48-66, outubro-dezembro/1991; *Revista da Procura-*

doria-Geral do Estado de São Paulo 35/183 e ss. São Paulo, junho/1991.

——————. *Tutela Cautelar e Tutela Antecipada: Tutelas Sumárias e de Urgência (Tentativa de Sistematização)*. 5ª ed. São Paulo, Malheiros Editores, 2009 (6ª ed., refundida, com o título *Tutela Provisória Analisada à Luz das Garantias Constitucionais da Ação e do Processo*, 2021).

——————. "Tutelas provisórias no novo Código de Processo Civil – Primeiro ano de vigência". In: *Tutelas Provisórias – 39º Grupo Arruda Alvim de Debates* 3.5.2017.

BEDAQUE, José Roberto dos Santos, e CRUZ E TUCCI, José Rogério (coords.). *Causa de Pedir e Pedido no Processo Civil (Questões Polêmicas)*. São Paulo, Ed. RT, 2002.

BERMUDES, Sérgio. "O mandado de injunção". *RT* 642. São Paulo, Ed. RT.

BIDART, Adolfo Gelsi. "Tutela procesal 'diferenciada'". *RePro* 44/100-105. São Paulo, Ed. RT.

BONGIORNO, Girolamo. "La tutela giurisdizionale dei creditori e dei terzi nelle procedure concorsuali vista da un giudice delegato". *Riv. Dir. Proc.* 4/1.122 e ss. 1922.

BOTELHO DE MESQUITA, José Ignácio. "A *causa petendi* nas ações reivindicatórias". *Revista de Direito Processual Civil* VI/183-198. 1967.

——————. *Da Ação Civil*. São Paulo, Ed. RT, 1975.

——————. "Limites ao poder do juiz nas cautelares antecipatórias". *Revista Brasileira de Direito Processual* 56/43-52. Outubro-dezembro/1987.

——————. "Mandado de injunção". *O Estado de S. Paulo* 26.8.1989 (p. 34).

——————. "O mandado de segurança, contribuição para seu estudo". *RePro* 66/122 e ss. São Paulo, Ed. RT, abril-junho/1992.

CALAMANDREI, Piero. "Istituzioni di diritto processuale civile". In: *Opere Giuridiche*. Nápoles, Morano Editore, 1970.

CALMON DE PASSOS, José Joaquim. *A Ação no Direito Processual Civil Brasileiro*. Livraria Progresso Editora.

————. *Comentários ao Código de Processo Civil*. 1ª ed., vol. III. Rio de Janeiro, Forense.

————. *Constituição e Processo*. Rio de Janeiro, Forense, 1989.

————. "Dimensão política do processo: direito, poder e justiça". In: *Livro de Estudos Jurídicos*. vol. 5. Rio de Janeiro, Instituto de Estudos Jurídicos, 1992 (pp. 321-338).

————. *Mandado de Segurança Coletivo, Mandado de Injunção e "Habeas Data"*. Rio de Janeiro, Forense, 1989.

————. "Substituição processual e interesses difusos, coletivos e homogêneos. Vale a pena 'pensar' de novo?". In: *Livro de Estudos Jurídicos*. vol. 6. Rio de Janeiro, Instituto de Estudos Jurídicos, 1993 (pp. 267-283).

CAPPELLETTI, Mauro. "Algunas reflexiones sobre el rol de los estudios procesales en la actualidad". *RePro* 64/145-157.São Paulo, Ed. RT

————. "Costituzionalismo moderno e ruolo del potere giudiziario nelle società contemporanee". *RePro* 68/47-54. São Paulo, Ed. RT, outubro-dezembro/1992.

————. *O Controle Judicial de Constitucionalidade das Leis no Direito Comparado*. Trad. bras. Porto Alegre, Sérgio Antônio Fabris Editor, 1984.

————. "Problemas de reforma do processo civil nas sociedades contemporâneas". Conferência proferida em 18.11.1991 no Congresso Brasileiro de Direito Processual realizado em Curitiba.

————. *Proceso, Ideologías, Sociedad*. Trad. argentina. Buenos Aires, EJEA, 1974.

CAPPELLETTI, Mauro, e GARTH, Bryant. *Acesso à Justiça*. Trad. bras. Porto Alegre, Sérgio Antônio Fabris Editor, 1988.

CARMONA, Carlos Alberto. *A Arbitragem no Processo Civil Brasileiro*. São Paulo, Malheiros Editores, 1993.

———. "Quinze anos de reforma no Código de Processo Civil". In: *Reflexões sobre a Reforma do Código de Processo Civil*. São Paulo, Atlas, 2007.

CARNEIRO, Athos Gusmão. "Das liminares nos mandados de segurança". In: *Livro de Estudos Jurídicos*. vol. 5. Rio de Janeiro, Instituto de Estudos Jurídicos, 1992 (pp. 275-284).

———. *Intervenção de Terceiros*. São Paulo, Saraiva, 1982.

CARNEIRO, Athos Gusmão, e TEIXEIRA, Sálvio de Figueiredo. "A reforma do processo civil – Simplificação e agilização". In: *Livro de Estudos Jurídicos*. vol. 6. Rio de Janeiro, Instituto de Estudos Jurídicos, 1993 (pp. 386-407).

CARNELUTTI, Francesco. *Diritto e Processo*. Nápoles, Morano Editore, 1958.

———. *Instituciones del Proceso Civil*. vol. I, trad. argentina. Buenos Aires, EJEA.

CARRAZZA, Roque Antônio. "Ação direta de inconstitucionalidade por omissão e mandado de injunção". *Justitia* 163/35-52. MP/SP, julho-setembro/1993.

CARVALHO, Milton Paulo de. *Do Pedido no Processo Civil*. Porto Alegre, Sérgio Antônio Fabris Editor, 1992.

CATTONI DE OLIVEIRA, Marcelo Andrade. "Da constitucionalização do processo à procedimentalização da Constituição: uma reflexão no marco da teoria discursiva do direito". In: SARMENTO, Daniel, e Souza Neto, Cláudio Pereira de (coords.). *A Constitucionalização do Direito: Fundamentos Teóricos e Aplicações Específicas*. vol. I. Rio de Janeiro, Lumen Juris, 2006.

CHIOVENDA, Giuseppe. *Instituições de Direito Processual Civil*. vols. I e II. Trad. de J. Guimarães Menegale. São Paulo, Saraiva, 1965.

CIANCI, Mirna, e QUARTIERI, Rita (coords.). *Temas Atuais da Execução Civil – Estudos em Homenagem ao Professor Donaldo Armelin*. São Paulo, Saraiva, 2007.

CINTRA, Antônio Carlos de Araújo, DINAMARCO, Cândido Rangel, e GRINOVER, Ada Pellegrini. *Teoria Geral do Processo*. 10ª ed. São Paulo, Malheiros Editores, 1994; 25ª ed. São Paulo, Malheiros Editores, 2009.

COMOGLIO, Luigi Paolo. "I modelli di garanzia costituzionale del processo". *Riv. Trim. di Dir. e Proc. Civ.* 3/673-742. Setembro/1991.

————. "Note riepilogative su azione e forme di tutela, nell'ottica della domanda giudiziale". *Rivista di Diritto Processuale* 2/465-490. 1993.

————. "Stato di Diritto e crisi dei modeli processuali nei sistemi di democrazia socialista". *Riv. Dir. Proc.* 1. Pádua, CEDAM, 1992.

COMOGLIO, Luigi Paolo, e FERRI, Corrado. "La tutela cautelare in Italia". *Riv. Dir. Proc.* 4/963 e ss. 1990.

CONSOLO, Claudio, Luiso, Francesco P., e Sassani, Bruno. *La Riforma del Processo Civile*. Milão, Giuffrè Editore, 1991.

COSTA, Sergio. *Manuale di Diritto Processuale Civile*. 5ª ed. Turim, UTET, 1980.

COSTA, Susana Henriques (coord.). *A Nova Execução Civil*. São Paulo, Quartier Latin, 2006.

COUTURE, Eduardo J. *Fundamentos del Derecho Procesal Civil*. Buenos Aires, Depalma, 1978.

CRUZ E TUCCI, José Rogério. *A "Causa Petendi" no Processo Civil*. 2ª ed. São Paulo, Ed. RT, 2001.

————. "A denominada 'situação substancial' como objeto do processo na obra de Fazzalari". *RePro* 68/271-282. São Paulo, Ed. RT, outubro-dezembro/1992.

————. "A regra da eventualidade como pressuposto da denominada teoria da substanciação". *Revista do Advogado* 40. São Paulo, AASP, julho/1993.

————. "Aspectos processuais da denominada ação declaratória de constitucionalidade". *Justitia* 163/53-66. MP/SP, julho-setembro/1993.

————. "Diretrizes do novo processo civil italiano". *RePro* 69/113-121. São Paulo, Ed. RT, janeiro-março/1993.

————. "Garantia da prestação jurisdicional sem dilações indevidas como corolário do devido processo legal". *RePro* 66/72-78. São Paulo, Ed. RT, abril-junho/1992.

————. In: *Comentários ao Código de Processo Civil* (obra coletiva). vol. VIII. São Paulo, Ed. RT, 2016.

CRUZ E TUCCI, José Rogério, e BEDAQUE, José Roberto dos Santos (coords.). *Causa de Pedir e Pedido no Processo Civil (Questões Polêmicas)*. São Paulo, Ed. RT, 2002.

DAMATTA, Roberto. In: *O Estado de S. Paulo*, 17.11.2010. Caderno 2 (p. D10).

DENTI, Vittorio. *Estudios de Derecho Probatorio*. "Apresentação" à trad. argentina de Santiago Sentís Melendo. Buenos Aires, EJEA, 1974.

DETTRICH, Lottario. "Dalla tutela cautelare anticipatoria". *Riv. Dir. Proc.* 3/672 e ss. 1988.

DI MAJO, Adolpho. *La Tutela Civile dei Diritti*. Milão, Giuffrè, 1987.

DI PIETRO, Maria Sylvia Zanella. *Direito Administrativo*. 12ª ed. São Paulo, Atlas, 2000.

DIDIER JR., Fredie. "A sentença meramente declaratória como título executivo – Aspecto importante da reforma processual civil brasileira de 2005". In: CIANCI, Mirna, e QUARTIERI, Rita (coords.). *Temas Atuais da Execução Civil – Estudos em Homenagem ao Professor Donaldo Armelin*. São Paulo, Saraiva, 2007.

DINAMARCO, Cândido Rangel. *A Instrumentalidade do Processo*. 3ª ed. São Paulo, Malheiros Editores, 1993; 15ª ed. São Paulo, Malheiros Editores, 2013.

————. "Bem de família e direito intertemporal". Inédito.

————. *Direito Processual Civil*. São Paulo, José Bushatsky Editor, 1975.

————. *Execução Civil*. 2ª ed., vol. I. São Paulo, Ed. RT; 8ª ed. São Paulo, Malheiros Editores, 2002.

————. *Fundamentos do Processo Civil Moderno*. 2ª ed. São Paulo, Ed. RT; 6ª ed. São Paulo, Malheiros Editores, 2009.

————. *Instituições de Direito Processual Civil*. 3ª ed., vols. I, II e IV. São Paulo, Malheiros Editores, 2003; 10ª ed., vol. I. São

Paulo, Malheiros Editores, 2020; 8ª ed., vols. II e III. São Paulo, Malheiros Editores, 2019; 4ª ed., vol. IV. São Paulo, Malheiros Editores, 2019.

————. *Litisconsórcio*. 7ª ed. São Paulo, Malheiros Editores, 2002; 9ª ed. São Paulo, Malheiros Editores, 2021.

————. "Momento de eficácia da sentença constitutiva". *RePro* 63/7-17. São Paulo, Ed. RT.

————. "Os gêneros do processo e o objeto da causa". Exposição feita no Encontro Nacional de Processo Civil de Curitiba em 19.11.1991.

————. "Universalidade da tutela jurisdicional". Artigo inédito.

DINAMARCO, Cândido Rangel, CINTRA, Antônio Carlos de Araújo, e GRINOVER, Ada Pellegrini. *Teoria Geral do Processo*. 10ª ed., São Paulo, Malheiros Editores, 1994; 25ª ed. São Paulo, Malheiros Editores, 2009.

DINIZ GRANGEIA, Marcos Alaor. "Pontos controvertidos do mandado de segurança coletivo e do mandado de injunção". *RT* 641. São Paulo, Ed. RT.

FALCÃO, Djaci. "O Poder Judiciário e a nova Carta Constitucional". *RePro* 53. São Paulo, Ed. RT.

FARACO DE AZEVEDO, Plauto. *Crítica à Dogmática e Hermenêutica Jurídica*. Porto Alegre, Sérgio Antônio Fabris Editor, 1989.

FARIA, José Eduardo. "As transformações do Judiciário em face de suas responsabilidades sociais". *Revista da Procuradoria-Geral do Estado de São Paulo* 38/139-154. São Paulo, dezembro/1992.

————. "Burocracia legal resiste aos novos direitos". *O Estado de S. Paulo*, Suplemento "Cultura", 27.11.1993 (p. Q2).

FAZZALARI, Elio. *Istituzioni di Diritto Processuale*. Pádua, CEDAM, 1975.

————. *Note in Tema di Diritto e Processo*. Milão, Giuffrè Editore, 1957.

————. "Profili della cautela". *Riv. Dir. Proc.* 1/1-14. 1991.

FERRAZ, Sérgio. *Assistência Listisconsorcial no Direito Processual Civil*. São Paulo, Ed. RT, 1979.

FERREIRA, Álvaro Érix. "Garantia constitucional de acesso à tutela jurisdicional". *RT* 659/40-48. São Paulo, Ed. RT.

FERREIRA FILHO, Manoel Gonçalves. *Curso de Direito Constitucional*. São Paulo, Saraiva, 1989.

FERRI, Corrado, e Comoglio, Luigi Paolo. "La tutela cautelare in Italia". *Riv. Dir. Proc.* 4/963 e ss. 1990.

FIGUEIREDO, Lúcia Valle. "Breves reflexões sobre o mandado de segurança no novo texto constitucional". *RT* 635. São Paulo, Ed. RT.

FIGUEIREDO, Marcelo. "Ação declaratória de constitucionalidade – Inovação infeliz e inconstitucional". *Revista da Procuradoria-Geral do Estado de São Paulo* 39/77-104. São Paulo, junho/1993.

FLAKS, Mílton. *Denunciação da Lide*. Rio de Janeiro, Forense, 1984.

FURTADO FABRICIO, Adroaldo. "A coisa julgada nas ações de alimentos". *RePro* 62. São Paulo, Ed. RT, abril-junho/1992.

——————. "Absolvição criminal por negativa de existência ou de autoria do fato: limites de sua influência sobre o juízo cível". *RePro* 66/8-24. São Paulo, Ed. RT, abril-maio/1992.

——————. "Extinção do processo e mérito da causa". *RePro* 58. São Paulo, Ed. RT.

GARTH, Brian, e Cappelletti, Mauro. *Acesso à Justiça*. Trad. bras. Porto Alegre, Sérgio Antônio Fabris Editor, 1988.

GIACOBBE, Giovanni, Aiello, Michele, e Preden, Roberto. *Guida ai Provvedimenti d'Urgenza*. Milão, Giuffrè Editore, 1982.

GOLDSCHMIDT, James. *Derecho Procesal Civil*. Trad. espanhola. Barcelona, Editorial Labor, 1936.

——————. *Principios Generales del Proceso, Teoría General del Proceso*. vol. I. Buenos Aires, EJEA, 1961.

GOMES, Luiz Flávio. "Anotações sobre o mandado de injunção". *RT* 647. São Paulo, Ed. RT.

——————. "Não basta a sentença judicial". *O Estado de S. Paulo* 4.1.1991 (p. 19).

GOMES DA CRUZ, José Raimundo. *Estudos sobre o Processo e a Constituição de 1988*. São Paulo, Ed. RT, 1993.

GOUVÊA, José Roberto F., e NEGRÃO, Theotônio. *Código de Processo Civil e Legislação Processual em Vigor*. 40ª ed. São Paulo, Saraiva, 2008.

GRAIF, Jaime, LANDONI SOSA, Angel, e outros. "Hacia un modelo común de enseñanza del derecho procesal". *Revista de Derecho Procesal* 17. Santiago, Departamento de Direito Processual da Faculdade de Direito da Universidade do Chile, 1992.

GRECO FILHO, Vicente. *Da Intervenção de Terceiros*. 2ª ed. São Paulo, Saraiva, 1986.

——————. *Tutela Constitucional das Liberdades*. São Paulo, Saraiva, 1989.

GRINOVER, Ada Pellegrini. "A coisa julgada perante a Constituição, a Lei da Ação Civil Pública, o Estatuto da Criança e do Adolescente e o Código de Defesa do Consumidor". In: *Livro de Estudos Jurídicos*. vo. 5. Rio de Janeiro, Instituto de Estudos Jurídicos, 1992; In: *O Processo em Evolução*. Rio de Janeiro, Forense Universitária, 1996.

——————. "A tutela jurisdicional dos interesses difusos do consumidor brasileiro". Comunicação apresentada nas XIII Jornadas Ibero-Americanas de Direito Processual, de 9 a 13.8.1992. Cuernavaca/México.

——————. *As Condições da Ação Penal*. São Paulo, José Bushatsky Editor, 1977.

——————. *As Garantias Constitucionais do Direito de Ação*. São Paulo, Ed. RT, 1973.

——————. *Comentários ao Código de Defesa do Consumidor*. 3ª ed. Rio de Janeiro, Forense Universitária, 1993.

——————. "Da coisa julgada no Código de Defesa do Consumidor". In: *Livro de Estudos Jurídicos*. Rio de Janeiro, Instituto de Estudos Jurídicos (pp. 381-405).

——————. "Mandado de segurança coletivo: legitimação, objeto e coisa julgada". *Revista da Procuradoria-Geral do Estado de São Paulo* dezembro/1989 (pp. 13-25).

————. "Notas" à *Eficácia e Autoridade da Sentença*, de Liebman.

————. *Novas Tendências do Direito Processual*. Rio de Janeiro, Forense Universitária, 1990.

————. "O novo processo do consumidor". *RePro* 62/141-152. São Paulo, Ed. RT.

————. *O Processo em sua Unidade-II*. Rio de Janeiro, Forense, 1984.

GRINOVER, Ada Pellegrini, CINTRA, Antônio Carlos de Araújo, e DINAMARCO, Cândido Rangel. *Teoria Geral do Processo*. 10ª ed. São Paulo, Malheiros Editores, 1994; 25ª ed. São Paulo, Malheiros Editores, 2009.

GUERRA, Marcelo Lima. *Estudos sobre o Processo Cautelar*. São Paulo, Malheiros Editores, 1995; 1ª ed., 2ª tir. São Paulo, Malheiros Editores, 1997.

GUERRA FILHO, Willis Santiago. "Jurisdição voluntária estudada pela teoria geral do processo". *RePro* 69/31-62. São Paulo, Ed. RT, janeiro-março/1993.

KOMATSU, Roque. *Da Invalidade no Processo Civil*. São Paulo, Ed. RT, 1991.

LA CHINA, Sergio. *Diritto Processuale Civile: la Novella del 1990*. Milão, Giuffrè Editore, 1991.

LACERDA, Galeno. "Função e processo cautelar: revisão crítica". In: *Livro de Estudos Jurídicos*. vol. 5. Rio de Janeiro, Instituto de Estudos Jurídicos, 1992 (pp. 1-9).

————. "Limites ao poder cautelar geral e à concessão de liminares". *RT* 700/40-45. São Paulo, Ed. RT.

————. "Revisão do conceito de Federação. Sistema de recursos e de ações constitucionais. Abolição do mandado de injunção". In: *Livro de Estudos Jurídicos*. vol. 6. Rio de Janeiro, Instituto de Estudos Jurídicos, 1993 (pp. 84-94).

LAMBAUER, Mathias. *Do Litisconsórcio Necessário*. São Paulo, Saraiva, 1982.

LANDONI SOSA, Angel, Graif, Jaime, e outros. "Hacia un modelo común de enseñanza del derecho procesal". *Revista de Derecho Procesal* 17. Santiago, Departamento de Direito Processual da Faculdade de Direito da Universidade do Chile, 1992.

LEONEL, Ricardo de Barros. *Manual do Processo Coletivo*. São Paulo, Ed. RT, 2002.

LIEBMAN, Enrico Tullio. *Eficácia e Autoridade da Sentença*. 3ª ed. Rio de Janeiro, Forense, 1984.

————. "Limites à coisa julgada nas questões de estado". In: *Processo de Execução*. São Paulo, Saraiva, 1980.

————. *Manual de Direito Processual*. vol. I, trad. e notas de Cândido Rangel Dinamarco. Rio de Janeiro, Forense, 1984; 3ª ed., vol. I. São Paulo, Malheiros Editores, 2005.

————. "O despacho saneador e o julgamento de mérito". In: *Estudos sobre o Processo Civil Brasileiro*. São Paulo, José Bushatsky Editor, 1976.

————. "Per un nuovo Codice di Procedura Civile". *Rivista di Diritto Processuale* 1. Anno XXXVII. 1982.

LUISO, Francesco Paolo, Consolo, Claudio, e Sassani, Bruno. *La Riforma del Processo Civile*. Milão, Giuffrè Editore, 1991.

MACHADO, Fábio Cardoso, e AMARAL, Guilherme Rizzo. *Polêmica sobre a Ação – A Tutela Jurisdicional na Perspectiva das Relações entre Direito e Processo*. Porto Alegre, Livraria do Advogado, 2006.

MACHADO GUIMARÃES, Luiz. *Estudos de Direito Processual Civil*. Rio de Janeiro, Editora Jurídica e Universitária, 1969.

MALACHINI, Edson Ribas. "Responsabilidade civil do Estado e denunciação da lide". *RePro* 41/20-75. São Paulo, Ed. RT.

MANDRIOLI, Crisanto. *Corso di Diritto Processuale Civile*. 2ª ed., vol. I. Turim, G. Giappichelli Editore, 1978.

————. *Le Modifiche del Processo Civile*. Turim, G. Giappichelli Editore, 1991.

MARCATO, Antonio Carlos. "Breves considerações sobre jurisdição e competência". *Revista da Procuradoria-Geral do Estado de São Paulo* 36.

MARINONI, Luiz Guilherme. "Considerações acerca da tutela de cognição sumária". *RT* 675/268-295. São Paulo, Ed. RT.

——————. "Novidades sobre a tutela antecipatória". *RePro* 69/105-110. São Paulo, Ed. RT, janeiro-março/1993.

——————. *Tutela Cautelar e Tutela Antecipatória.* São Paulo, Ed. RT, 1992.

MARTINEZ, Oscar José. "El procedimiento monitorio en el Código Procesal Civil Modelo para Iberoamérica". Trabalho apresentado nas XIII Jornadas Iberoamericanas de Derecho Procesal. Cuernavaca/México, agosto/1992.

——————. "El proceso monitorio (bases para su legislación uniforme en Iberoamérica)". *Jus Revista Jurídica.* La Plata, Librería Editora Platense, 1990.

MATOS, Cecília. *O Ônus da Prova no Código de Defesa do Consumidor*. Dissertação de Mestrado. Inédita.

MAURICIO, Ubiratan de Couto. *Assistência Simples no Direito Processual Civil*. São Paulo, Ed. RT, 1983.

MEDAUAR, Odete. *Direito Administrativo Moderno*. 4ª ed. São Paulo, Ed. RT, 2000.

MENCHIN1, Sergio. "Il giudicato civile". In: *Giurisprudenza Sistematica di Diritto Processuale Civile*. Turim, UTET, 1988.

——————. *I Limiti Oggettivi del Giudicato Civile*. Milão, Giuffrè Editore, 1987.

MENDES, Gilmar Ferreira. *Direitos Fundamentais e Controle de Constitucionalidade*. 3ª ed. São Paulo, Saraiva, 2009.

——————. *Jurisdição Constitucional*. 5ª ed. São Paulo, Saraiva, 2009.

——————. "MI e seus respectivos limites constitucionais: análise do julgamento da renda básica". *Consultor Jurídico* 1.5.2021.

MICCHELI, Gian Antonio. *Corso di Diritto Processuale Civile*. vol. I. Milão, Giuffrè Editore, 1959.

MONIZ DE ARAGÃO, Egas Dirceu. *Comentários ao Código de Processo Civil*. vol. II. Rio de Janeiro, Forense, 1976.

————. "Conexão e 'tríplice identidade'". *RePro* 8/50-56. São Paulo, Ed. RT, janeiro-março/1983.

MONTESANO, Luigi. *Le Tutele Giurisdizionale dei Diritti*. Bari, Cacucci Editore, 1981.

————. "Limiti oggettivi di giudicati su negozi invalidi". *Riv. Dir. Proc.* 1/15-51. Pádua, CEDAM, 1991.

————. "'Pubblico' e 'privato' in norme del Codice Civile sulla tutela giurisdizionale dei diritti". *Riv. Dir. Proc.* 4/1.011 e ss. 1992.

MORAES, Alexandre de. *Direito Constitucional*. 24ª ed. São Paulo, Atlas, 2009.

MORALES MOLINA, Hernando. "La prueba en el Derecho Colombiano". In: RUDOLF, Sergio Dunlop (coord.). *Nuevas Orientaciones de la Prueba*. Santiago, Editorial Jurídica de Chile, 1981.

MOREIRA ALVES, José Carlos. "Direito subjetivo, pretensão e ação". *RePro* 47/109-123. São Paulo, Ed. RT.

MORELLO, Augusto Mario. "Proceso y realidad". *RePro* 56/62-74. São Paulo, Ed. RT, outubro-dezembro/1989.

NEGRÃO, Theotonio, e GOUVÊA, José Roberto F. *Código de Processo Civil e legislação processual em vigor*. 40ª ed. São Paulo, Saraiva, 2008.

NERY JR., Nelson. "O processo civil no Código de Defesa do Consumidor". *RePro* 61/25. São Paulo, Ed. RT.

————. *Princípios do Processo Civil na Constituição Federal*. São Paulo, Ed. RT, 1992.

————. *Princípios Fundamentais – Teoria Geral dos Recursos*. 2ª ed. São Paulo, Ed. RT, 1993.

OLIVEIRA, Bruno Silveira de. *Conexidade e Efetividade Processual*. São Paulo, Ed. RT, 2007.

OLIVIERI, Giuseppe. "I provvedimenti cautelari nel nuovo processo civile". *Riv. Dir. Proc.* 3/688-738. 1991.

ORESTANO, Ricardo. *Azione, Diritti Soggettivi, Persone Giuridiche*. Bolonha, Il Mulino, 1978.

OTHON SIDOU, J. M. *As Garantias Ativas dos Direitos Coletivos, Segundo a Nova Constituição*. Rio de Janeiro, Forense, 1989.

PARÁ FILHO, Tomás. *Estudo sobre a Sentença Constitutiva*. São Paulo, 1973.

PARODI REMON, Carlos Augusto. "El Proyecto de Código Procesal Civil Modelo para Iberoamérica". Trabalho apresentado nas XIII Jornadas Iberoamericanas de Direito Processual. Cuernavaca/México, agosto/1992.

PELUSO, Antônio Cézar. "A nova leitura da Súmula 380 do Supremo Tribunal Federal". *Revista do Advogado* 41. São Paulo, AASP, setembro/1993.

PERÁCIO DE PAULA, Adriano. *Direito processual do consumo*. Belo Horizonte, Del Rey, 2002.

PESTANA DE AGUIAR, João Carlos. "A Constituição Federal de 1988 e o processo civil". In: *Livro de Estudos Jurídicos*. vol. 1. Rio de Janeiro, Instituto de Estudos Jurídicos (pp. 59-105).

PEYRANO, Jorge W. *El Proceso Civil – Principios y Fundamentos*. Buenos Aires, Editorial Astrea, 1978.

PINTO, Nelson Luiz. *Recurso Especial para o Superior Tribunal de Justiça – Teoria Geral e Admissibilidade*. São Paulo, Malheiros Editores, 1992.

PINTO, Teresa Celina Arruda Alvim. *Medida Cautelar, Mandado de Segurança e Ato Judicial*. São Paulo, Malheiros Editores, 1992.

——————. *Nulidades da Sentença*. 2ª ed. São Paulo, Ed. RT.

PINTO PORTO, Odyr José. "Mandado de injunção". Separata da *RJTJSP*-Lex 115.

PONTES DE MIRANDA, Francisco Cavalcanti. *Tratado de direito privado*. 4ª ed., t. I. São Paulo, Ed. RT, 1983.

PREDEN, Roberto, Aiello, Michelle, e Giacobbe, Giovanni. *Guida ai Provvedimenti d'Urgenza*. Milão, Giuffrè Editore, 1982.

PROTO PISANI, Andrea. "Appunti sul giudicato e sul suoi limiti oggettivi". *Riv. Dir. Proc.* 2/386-419. 1990.

————. *Appunti sulla Giustizia Civile*. Bari, Cacucci Editore, 1982.

————. "Appunti sulla tutela costitutiva (e sulle tecniche di produzione degli effetti sostanziali)". *Riv. Dir. Proc.* 1/60-100. 1991.

————. *Lezioni di Diritto Processuale Civile*. Nápoles, Jovene Editore, 1994 e 1999.

————. "Sulla tutela giurisdizionale differenziata". *Riv. Dir. Proc.* 4/536-591.

QUARTIERI, Rita, e CIANCI, Mirna (coords.). *Temas Atuais da Execução Civil – Estudos em Homenagem ao Professor Donaldo Armelin*. São Paulo, Saraiva, 2007.

RAMOS MÉNDEZ, Francisco. "El derecho procesal del futuro. Nuevos planteamientos y sus proyecciones". *Cuadernos de Análisis Jurídico* 23/101-116. Santiago do Chile, Escola de Direito da Universidade Diego Portales, agosto/1992.

RAMOS RIBEIRO, Paulo de Tarso. "Processo e conflito: a crise de legitimação das decisões judiciais". Trabalho apresentado no Curso de Pós-Graduação em Direito Processual da Faculdade de Direito do Largo de S. Francisco. Junho/1992.

RAMOS TAVARES, André. *Curso de Direito Constitucional*. 5ª ed. São Paulo, Saraiva, 2007.

RIZZATO LARA, Betina. *Liminares no Processo Civil*. São Paulo, Ed. RT, 1993.

RIZZATTO NUNES, Luiz Antônio. *Comentários ao Código de Defesa do Consumidor*. São Paulo, Saraiva, 2000.

ROCCO, Alfredo. *La Sentenza Civile*. Milão, Giuffrè Editore, 1962.

RUDOLF, Sergio Dunlop (coord..). *Nuevas Orientaciones de la Prueba*. Santiago, Editorial Jurídica de Chile, 1981.

SALETTI, Achille. "Appunti sulla nuova disciplina delle misure cautelari". *Riv. Dir. Proc.* 2. Abril-junho/1992.

SAMPAIO, Marcus Vinícius de Abreu. *Breves Comentários ao Novo Código de Processo Civil*. Rio de Janeiro, Forense, 2016.

SANCHES, Sydney. *Denunciação da Lide no Direito Processual Civil Brasileiro*. São Paulo, Ed. RT, 1984.

SARMENTO, Daniel, e Souza Neto, Cláudio Pereira de (coords.). *A Constitucionalização do Direito: Fundamentos Teóricos e Aplicações Específicas*. vol. I. Rio de Janeiro, Lumen Juris, 2006.

SASSANNI, Bruno, Consolo, Claudio, e Luiso, Francesco P. *La Riforma del Processo Civile*. Milão, Giuffrè Editore, 1991.

SCARPINELLA BUENO, Cássio. *A Nova Etapa da Reforma do Código de Processo Civil*. vol. I. São Paulo, Saraiva, 2006.

——————— (coord.). *Comentários ao Código de Processo Civil*. vols. I e IV. São Paulo, Saraiva, 2017.

SCHWAB, Karl Heinz. *El Objeto Litigioso en el Proceso Civil*. Trad. argentina. Buenos Aires, EJEA, 1968.

SICA, Heitor Vitor Mendonça; In: *Comentários ao novo Código de Processo Civil* (obra coletiva). 2ª ed. Rio de Janeiro, Forense, 2016.

SILVA, José Afonso da. *Aplicabilidade das Normas Constitucionais*. 8ª ed., 2ª tir. São Paulo, Malheiros Editores, 2015.

———————. *Comentário Contextual à Constituição*. 6ª ed. São Paulo, Malheiros Editores, 2009; 9ª ed. São Paulo, Malheiros Editores, 2014.

———————. *Curso de Direito Constitucional Positivo*. 9ª ed., 4ª tir. São Paulo, Malheiros Editores, 1994; 43ª ed. São Paulo, Malheiros Editores, 2020.

SOUZA NETO, Cláudio Pereira de, e SARMENTO, Daniel (coords.). *A Constitucionalização do Direito: Fundamentos Teóricos e Aplicações Específicas*. vol. I. Rio de Janeiro, Lumen Juris, 2006.

TARZIA, Giuseppe. "Crisi e riforma del processo civile". *Riv. Dir. Proc.* 3/632-642. 1991.

———————. *I Procedimenti Cautelari*. Pádua, CEDAM, 1990.

TEIXEIRA, Sálvio de Figueiredo. *Código de Processo Civil Anotado*. 4ª ed. São Paulo, Saraiva, 1992.

————. "O aprimoramento do processo civil como pressuposto de uma Justiça melhor". *RePro* 65/162-173. São Paulo, Ed. RT, janeiro-março/1992.

TEIXEIRA, Sálvio de Figueiredo, e CARNEIRO, Athos Gusmão. "A reforma do processo civil – Simplificação e agilização". In: *Livro de Estudos Jurídicos*. vol. 6. Rio de Janeiro, Instituto de Estudos Jurídicos, 1993 (pp. 386-407).

TEIXEIRA DE SOUZA, Miguel. "Sobre o sentido e a função dos pressupostos processuais". *Repro* 63/65-87. São Paulo, Ed. RT.

THEODORO JR., Humberto. *Curso de Direito Processual Civil*. vols. I e II. Rio de Janeiro, Forense, 1989; 59ª ed. Rio de Janeiro, Forense, 2017.

TOMMASEO, Ferrucio. "La tutela cautelare d'urgenza nelle procedure concorsuali". *Riv. Dir. Proc.* 1/133 e ss. 1991.

TORNAGHI, Hélio. *Comentários ao Código de Processo Civil*. vol. I. São Paulo, Ed. RT, 1976.

————. *Instituições de Processo Penal*. vol. I. São Paulo, Saraiva, 1977.

VASCONCELOS, Ronaldo. "Eficácia executiva das sentenças declaratórias no CPC (Lei n. 11.232/2005)". In: COSTA, Susana Henriques (coord.). *A Nova Execução Civil*. São Paulo, Quartier Latin, 2006.

VELLOSO, Carlos Mário. "As novas garantias constitucionais". *RT* 644. São Paulo, Ed. RT.

VERDE, Giovanni. *L'Onere della Prova nel Processo Civile*. Nápoles, Jovene Editore, 1974.

————. "Processo, giudice, giustizia". *Rivista di Diritto Processuale* 3/746-760. 1992.

————. *Profili del Processo Civile – Parte Generale*. Nápoles, Jovene Editore, 1978.

VITERBO, Mario Cesarino. *Manual de Derecho Procesal*. t. I. Santiago do Chile, Editorial Jurídica de Chile, 1992.

VOCINO, Corrado. *Considerazioni sul Giudicato*. Milão, Giuffrè Editore, 1963.

VOLPE CAMARGO, Luiz Henrique, *Comentários ao novo Código de Processo Civil*. 2ª ed. Rio de Janeiro, Forense, 2016.

WATANABE, Kazuo. *Controle Jurisdicional e Mandado de Segurança Contra Atos Jurídicos*. São Paulo, Ed. RT, 1980.

————. *Da Cognição no Processo Civil*. São Paulo, Ed. RT, 1987.

————. "Demandas coletivas e os problemas emergentes da práxis forense". *RePro* 67. São Paulo, Ed. RT, julho-setembro/1992.

YARSHELL, Flávio Luiz. In: SCARPINELLA BUENO, Cássio (coord.). *Comentários ao Código de Processo Civil*. vol. IV. São Paulo, Saraiva, 2017.

————. *Tutela Jurisdicional Específica nas Obrigações de Declaração de Vontade*. São Paulo, Malheiros Editores, 1993.

ZANETI JR., Hermes. "A teoria circular dos planos (direito material e direito processual)". In: AMARAL, Guilherme Rizzo, e MACHADO, Fábio Cardoso. *Polêmica sobre a Ação – A Tutela Jurisdicional na Perspectiva das Relações entre Direito e Processo*. Porto Alegre, Livraria do Advogado, 2006.

ZANZUCCHI, Marco Tullio. *Diritto Processuale Civile*. vol. I. Milão, Giuffrè Editore, 1964.

***

EDITORA JusPODIVM | MALHEIROS EDITORES
www.editorajuspodivm.com.br
COLOR system